Flavia Amabile • Marco Tosatti

Das Hotel von Aleppo

FLAVIA AMABILE • MARCO TOSATTI

DAS HOTEL VON ALEPPO

Die Geschichte eines Landes
und einer Familie

Aus dem Italienischen
von Franziska Kristen

btb

1

Sie lebten in einem kleinen Dorf inmitten der Berge Ostanatoliens. Die genauen Daten sind längst in Vergessenheit geraten, doch in jener Gegend und zu jenen Zeiten hatten sie ohnehin nie eine große Rolle gespielt. Es mag etwa um 1860 gewesen sein. Die Armenier nannten ihr Dorf Antchurty, »Ort ohne Wasser«, und Tag um Tag stellte sich dieses hartnäckige Volk entschlossen der Herausforderung, dem kargen Land zu trotzen. Einer von ihnen, Krikor, war besonders hartnäckig: Er betete und arbeitete, bis er ein *Agha*, ein kleiner Grundbesitzer, wurde, der einige Hektar harten, trockenen Bodens, der jedes Frühjahr wie durch ein Wunder aufs Neue zu keimen begann, sein Eigentum nannte. Niemand hat jemals den Grund erfahren, aber eines Morgens rief er seine Familie zusammen und kündete seine Abreise an: Er würde nach Jerusalem gehen, um am Grab Christi zu beten und eine geheime Schuld zu begleichen.

Einige Tage später verließ er noch vor Tagesanbruch das Haus, lud zwei Taschen mit Kleidung und Vorräten auf das Maultier, nahm das Halfter in die Hand und begab sich auf den Weg. Auf einer Anhöhe hielt er inne, während das Morgenlicht bereits die ersten Schatten auf die sorgfältig bestellten Felder seiner in der Ferne liegenden Ländereien warf. Er aß ein wenig Brot und warf den Vögeln die Krumen zu. Daheim begann man mit dieser Geste einen langen Arbeitstag. Hier war es der Beginn eines großen Abenteuers, das er selbst und drei weitere Generationen der Familie Mazloumian bestehen sollten.

Das Osmanische Reich war bereits im Niedergang begriffen, doch noch nahm es die heiligen Stätten – Jerusalem, Mekka und Medina – unter seine Fittiche. Krikor trennten Ängste und Nöte von dem Moment, in dem er das kleine, auf den Arm tätowierte Kreuz, Beweis und Stolz eines jeden christlichen Pilgers, würde bewundern können. Sobald man die bewohnten Zentren verließ, schwand die staatliche Macht. Diebe, Räuber und Banditen lauerten überall im Hinterhalt. Aus Angst vor Überfällen und Gewalt wurden bei Sonnenuntergang die Tore der Städte und Dörfer versperrt. Das Osmanische Reich war groß und zerbrechlich, ein wahrhaft »kranker Mann«, wie die europäischen Mächte es nannten, während sie begierig darauf warteten, diesen gewaltigen, zwischen persischem Golf und Kaukasus gelegenen Körper in Stücke zu reißen.

Krikor kam durch Aleppo, Damaskus und schließlich nach Beirut an die Küste, wo es sicherer war als in der von Beduinenstämmen umkämpften Steppen- und Wüstenregion im Landesinneren. Die Reise durch die Provinzen des Reiches dauerte Wochen. Doch eines Tages zeichnete sich am fernen Horizont endlich der golden im Sonnenlicht schimmernde Mauerring ab, und beim Näherkommen konnte man die ersten Kuppeln der heiligen Stadt erkennen. Krikor weinte, betete und fand endlich die Kraft, sich der heiligsten aller heiligen Städte zu nähern, durch das Jaffator zu schreiten und, wie man ihm geraten hatte, bei der Jakobus-Bruderschaft in dem großen, im Mittelalter als Herberge für armenische Pilger entstandenen Kloster um Obdach zu bitten. Er rastete in den Gärten des armenischen Viertels im Schatten der ältesten Bäume von ganz Jerusalem, warf sich vor dem Heiligen Grab auf die Knie, legte die Hand auf den Salbungsstein, entzündete am Berg Golgatha eine Kerze, dort, wo das Kreuz im Fels ein – heute von einer glänzenden Silberplatte verdecktes – Loch hinterlassen hatte. Dann überbrachte er in der St.-Jakobus-Kathedrale seine kostbare Votivgabe. Es war ein Tropfen in einem Meer aus Mitren, Kronen, edelsteinverzierten Goldkelchen, kostbaren liturgischen Gewändern, Gold- und Silberleuchtern, in dieser prächtigsten Basilika der Stadt. Ein Meer, das der Strom armenischer Dankbarkeit im Lauf von Jahrhunderten gefüllt hatte.

Als Geist und Seele sich beruhigt hatten und das Gelübde eingelöst war, füllte Krikor die Satteltaschen mit Vorräten und begab sich auf den Weg in Richtung Norden. Nach so vielen Annehmlichkeiten war es nicht einfach, sich wieder an den Rücken des Maulesels und die am Weg gelegenen Behelfsunterkünfte zu gewöhnen, doch das war nicht der Grund, weshalb er so oft die Gerte auf die Flanken seines Tieres niedersausen ließ. Vielmehr war es ein Gefühl der Unruhe, eine Angst, geschürt durch in Jerusalem aufgeschnappte Gerüchte und Geschichten von osmanischen Soldaten, die in das Land um den Berg Ararat und den Vansee einmarschierten: in sein Land. Er hoffte auf neue Nachrichten in Aleppo, doch diese Stadt bescherte ihm nichts als Enttäuschungen. Es war die zweite Metropole des Osmanischen Reiches, der Ort, an dem – laut islamischer Überlieferung – Abraham seine Kuh gemolken hatte, und von Halab, »Milch«, so hieß es, stammte der arabische Name der Stadt. Sie war der Schauplatz der Welt, zumindest dieses Teils der Welt, das Zentrum der Windrose und letzte Anlaufstation antiker Reiserouten, der Seidenstraße sowie der Handelswege für Gewürze und Weihrauch. Doch sowohl beim ersten als auch beim zweiten Besuch fanden Krikor und sein Maulesel lediglich Unterkunft in einem *Khan,* einer Karawanserei. Dicht an dicht drängten sich Tiere und Waren auf dem Hof und in den ringsum liegenden Räumen. Die Menschen, ein Stockwerk weiter oben, mussten sich den Platz und das Ungeziefer teilen, es gab weder Türen noch irgendeine Rückzugsmöglichkeit. Im Suk kamen ihm vage, unzusammenhängende Neuigkeiten über die Situation in Anatolien und die Streifzüge der Männer aus Konstantinopel zu Ohren. Nein, dem Khan von Aleppo würde er nicht nachtrauern, dachte Krikor, während er seinen Maulesel im von Regen kündenden Morgenrot über die Gebirgsstraße Richtung Zeytun führte.

Langsam passierte er das Amanosgebirge. Mit Bedacht wählte er die Straße, die direkt nach Norden führte und nicht den bequemeren, aber längeren Weg Richtung Meer, über Alexandrette. Er kam durch Beilan und überschritt bei Tchork Marzemene die Grenze des Vilâyet von Aleppo. Es begann bereits zu dämmern, als er Akbes erreichte und bei der Familie des Pfarrers um Obdach bat, nachdem er auf dem nackten Steinboden der kleinen Kirche kniend sein Gebet verrichtet hatte. Er fand das Dorf in großer Aufregung und Angst.

»Habt ihr von Adana gehört?«, fragte der Pfarrer, als sie an der bescheidenen Tafel zusammensaßen. »Die Türken haben die Christen massakriert und drei Tage lang den Suk geplündert, und die Regierung hat nichts oder fast nichts dagegen unternommen. In der Nacht vor dem Gemetzel haben sie die muslimischen Geschäfte gekennzeichnet, um sie zu verschonen, die anderen haben sie geplündert und niedergebrannt. Und es heißt, dass die Christen auf dem Land ebenso wenig sicher seien. Passt auf euch auf, meidet muslimische Ortschaften.« Krikor erhob sich noch vor Morgengrauen und begab sich auf den Weg nach Norden, in Richtung Islahia und Entilli. Auf den Feldern war kein Mensch zu sehen und die wenigen Reisenden näherten sich vorsichtig und entfernten sich eilig. Türen und Fenster der Gehöfte waren verschlossen und verriegelt. In Babdje' suchte er sich Unterkunft für die Nacht. An den Toren des Dorfes wurde er von bewaffneten Männern aufgehalten. Sie ließen ihn erst passieren, nachdem sie sich vergewissert hatten, dass er Armenier war und er das auf den Arm tätowierte Kreuz – ewiges Wahrzeichen seiner Pilgerreise zum Grab Christi – vorgezeigt hatte. »Wir rechnen jeden Moment mit ihnen«, erklärten sie, »nach dem, was sie in Missis angerichtet haben.«

Missis war ein Eintausend-Seelen-Städtchen, halb armenisch, halb türkisch. Der einzige überlebende Armenier war ein Bäcker. Seine Leidensgeschichte, eine Chronik des Grauens, war in aller Munde. Versteckt unter einem Dach hatte er mitangesehen, wie die Häuser der Christen von osmanischen Soldaten überfallen und in Brand gesteckt wurden. Der Lärm des Feuers und der Schreie wurde von der Stimme einer Frau übertönt, die wie eine Wahnsinnige brüllte: »Muselmanen, eilt herbei, um euch am Feuer der Giaours zu wärmen! Das ist das Ende der Ungläubigen!« Es war Sinè Hanoum, die Tochter einer angesehenen Persönlichkeit der Stadt. Sie führte die muslimischen Banden an und befahl, alle Bäckereiöfen anzufeuern und die Christen hineinzuwerfen.

Die Flammen erreichten das Versteck des Bäckers, er musste in die vom Feuer erhellte Nacht hinaus. Sie sahen ihn. Er schaffte es, bis zu einem nahegelegenen Hügel zu flüchten und sich dort in einer tiefen Höhle zu verstecken. Seine Verfolger wagten nicht, dort hineinzudringen. Sie entzündeten Zweige und Gestrüpp vor dem Höhleneingang, um ihn zu ersticken oder zum Herauskommen zu zwingen. Schließlich versperrten sie die Öffnung mit schweren Steinen. »Ich zitterte am ganzen Körper, spürte, dass der Tod nahe war«, erzählte der Bäcker. »Ich verlor das Bewusstsein und muss wohl geschlafen haben. Doch als ich erwachte, bemerkte ich, dass die Steine fort waren. Erst später erfuhr ich, dass einige Zigeuner, die gehört hatten, dass sich ein Giaour dort drinnen versteckt hielt, die Felsbrocken beiseitegeschoben hatten. Sie wagten sich allerdings nicht hinein, es war zu eng und zu dunkel, sie hatten Angst.«

Der Bäcker blieb drei Tage in der Höhle versteckt, dann kam er heraus. Das Massaker war beendet. Sein Städtchen und alles, was ihm auf dieser Welt etwas bedeutet hatte, war zerstört.

2

Nur noch etwa zehn Kilometer, dann würde er endlich Antchurty erreichen. Nur noch wenige Stunden, die längsten der gesamten Reise. Krikor trieb seinen Maulesel an. Aufgewühlt von den Gedanken an die grauenvollen Berichte des Bäckers aus Missis, wollte er so rasch als irgend möglich nach Hause. Das Tier wechselte kurz in den Galopp, um gleich darauf zum Trab überzugehen und dann erneut in seinen gewohnten, gleichmütig dumpfen Schritt zurückzufallen. Krikor musste sich damit abfinden, musste die Qualen bis zum Ende ertragen, bis zur Haustür, wo der älteste Sohn ihm um den Hals fiel und die Ehefrau vor Freude aufschrie, während die Last der Sorgen und Ängste mit einem Schlag von ihm wich und er wie trunken war ob der unsagbaren Erleichterung.

Nachdem auch der letzte Willkommenstrunk geleert war, versuchte er, sein altes Leben wiederaufzunehmen. Vergeblich. Das alte Leben war ein zerbrochener Kelch und die Furcht das tägliche Brot der Armenier. Nach den Massakern jener Tage hatten die Türken als Erkennungszeichen weiße Turbane aufgesetzt und verbündeten sich mit den Soldaten, die der Sultan von Konstantinopel Abdul Hamid gesandt hatte, um die östlichen Regionen des Reichs zu kontrollieren und jegliches Streben der Armenier nach Unabhängigkeit im Keim zu ersticken.

In jenem Jahr nahm die Erde von Antchurty sowohl Saatgut als auch Waffen auf. Unter Brombeersträuchern, am Fuß der Apfelbäume, zwischen den Reihen des wachsenden Getreides: Überall wurde gegraben, um Gewehre und Pistolen zu verstecken. Als sich dem Dorf die schweren Schritte der Soldaten näherten, bekam jede Hand, die ruhig genug zum Schießen zu sein schien, eine Waffe anvertraut. Fenster und Türen der Häuser wurden verriegelt. Das Warten begann. Es wurde Abend, die Nacht brach an. Krikor und seine Frau hatten die Kinder zu Bett gebracht und vor dem Kamin Platz genommen, in dem kein Feuer brannte, um nicht die Neugier der Soldaten zu wecken. Die geöffnete Bibel lag vor ihnen, und einzig die geflüsterten Verse des 1. Buch Mose aus dem Mund der Frau unterbrachen die herrschende Stille.

Stiefelschritte hallten durch Antchurty. Sie hielten nicht inne: Die Kolonne setzte ihren Marsch in Richtung Kaukasus, nach Erzurum, Van, Bitlis und Sivas fort. Das kleine Dorf stand nicht auf der von den Beratern des Sultans abgefassten Liste. »Noch nicht«, sagte Krikor zu seiner Frau und seinen Kindern. »Aber es wird nicht mehr lange dauern. Wir warten auf die Rückkehr meiner Brüder, dann wollen wir über die Zukunft entscheiden.« Die Brüder waren bereits vor etlichen Tagen geschäftlich nach Eriwan abgereist. Dort hatten sie von dem Durchmarsch der Truppen Abdul Hamids erfahren. Rasch hatten sie ihre Geschäfte beendet und sich eiligst auf den Heimweg begeben. Vielleicht waren sie unterwegs auf die Soldaten gestoßen. Vielleicht eine Auseinandersetzung, ein Wort zu viel, eine kleine Provokation. Sie kehrten nicht zurück.

Stattdessen kamen die Soldaten wieder. Zum zweiten Mal verriegelte das kleine Antchurty die Haustüren und wieder saßen Krikor und seine Frau beisammen, um, Psalmen lesend, auf was auch immer zu warten. »Der Herr ist mein Licht und mein Heil, vor wem sollt' ich mich fürchten?«, rezitierte Krikor, als ein dumpfer Lärm von den Feldern hereindrang, der bald darauf ein weiteres und noch ein weiteres Mal zu hören war. Hastig griff die Frau nach dem Arm des Mannes, um ihn daran zu hindern, zur Tür zu stürzen und hinauszutreten, einem unbekannten Schicksal entgegen. Sie drückte ihn an sich, bis der Lärm verstummte und zwischen den Ritzen der geschlossenen Fensterläden das graue Licht eines von Wolken und Bitterkeit erfüllten Tages hereindrang.

Erbarmungslos gab die Morgendämmerung die Katastrophe preis. Eine verwüstete Landschaft, abgehackte Bäume, zerstörte Saaten und verzweifelte Menschen boten sich Krikors Blick. Felder, Mauern, der sorgfältig bestellte Boden – all das existierte nicht mehr. Die Ernte und all die Jahre mühevoller Arbeit waren vernichtet. Krikor kehrte ins Haus zurück. Lange sprach er mit seiner Frau, dann rief er die Arbeiter zu sich. »Wir werden morgen früh aufbrechen«, verkündete er. »Wir haben beschlossen, Antchurty zu verlassen. Wir gehen nach Aleppo. Das ist eine große Stadt mit vielen Armeniern. Wir werden dort arbeiten. Wer mit uns will, ist gern willkommen. Wir brechen bei Morgengrauen auf.«

Niemand kam der Aufforderung nach. Krikor und seine Frau beluden zwei Maulesel mit ihren Habseligkeiten, schlossen die Tür und begaben sich auf den Weg. An der letzten Wegbiegung, bevor Antchurty endgültig aus dem Blickfeld entschwand, hielt Krikor inne, um Abschied von seinem alten Leben zu nehmen. Er nahm ein Stück Brot, teilte es mit seiner Frau und den Kindern und warf den Vögeln die Krumen zu. Ein weiterer arbeitsreicher Tag hatte begonnen.

3

Zwei Wochen dauerte die Reise nach Aleppo. Krikor hatte seine Pilgerfahrt nach Jerusalem noch lebhaft in Erinnerung, seine Frau und die beiden Knaben hatten das kleine Antchurty dagegen nie zuvor verlassen. Zum ersten Mal durchquerten sie die hier und dort von üppig wuchernden grünen Inseln übersäte Steppe; enge, zwischen hellgrauen Naturterrassen aus Kalksteinschotter gelegene Täler lösten nach und nach das zerklüftete, weiche, für Anatolien so typische rötliche Gestein ab. Und all die Menschen in den Khanen: Araber aus der Wüste, hager und feingliedrig, Bauern aus der Ebene des Euphrat und Tscherkessen mit hellen Augen und rosafarbener Haut – alle waren so anders als die Bewohner von Antchurty.

Nach zwei Wochen des Staunens, der Eindrücke und Bilder, lag eines Nachmittags Aleppo zu ihren Füßen. Die klare Luft gab den Blick auf Befestigungsanlagen und Häuser, auf Minarette und den dunklen Streifen des Wassergrabens frei. Die Strahlen der sinkenden Sonne warfen Schatten auf Mauern und Kuppeln und zeichneten die Konturen der Zitadelle gegen den Himmel ab. Eine Pracht aus weißem Gestein, die das Abendlicht rosa färbte. Krikor, seine Frau Turvanda und die Kinder verharrten reglos, um mit den Augen ihre neue Heimat in sich aufzusaugen, während sie aus der Ferne das Gewirr aus Stimmen und Lockrufen der Stadt vernahmen. Dann ließen sie sich auf die Knie nieder und beteten.

Ein alter Mann grüßte sie auf Armenisch, während sie zur Stadtmauer hinabliefen. Krikor erwiderte den Gruß und der Alte bedeutete ihm mit einem Wink näher zu treten. Schweigend hörte er sich Krikors Geschichte an, dann sagte er: »Wir Christen leben in Aleppo in einem Viertel namens Salibe. Im Zentrum befindet sich ein kleiner Platz, umgeben von engen Gassen und überdachten Straßen. Dort haben die Christen ihre Gotteshäuser: die griechisch-katholischen, syrischen, melchitischen, armenischen und chaldäischen Christen. Doch in Sicherheit sind sie dort nicht. Vor vierzig Jahren plünderten Muslime Kirchen und Häuser, verlangten Geld, um sich vom Militärdienst freizukaufen. Zehn Christen wurden ermordet, der griechische und der syrische Patriarch wurden durch Dolchstöße verletzt, sie konnten sich nur retten, weil sie in den Häusern ausländischer Konsuln Zuflucht fanden. Schließlich wurden einige Schuldige verhaftet und in die Zitadelle gesperrt. Ihre Freunde versuchten, sie zu befreien, und wiegelten eine Menschenmenge auf, um die Festung zu stürmen, doch die Soldaten vertrieben sie mit einer Feuersalve.« Auf Turvandas Gesicht legte sich ein Schatten. »Lass uns nicht hierbleiben«, flüsterte sie, »lass uns nach Jerusalem gehen, dort sind wir sicherer.« Krikor antwortete nicht sofort. Schweigend starrte er auf die Zitadelle und auf die bereits in nächtliches Dunkel getauchten Kuppeln. »Sorge dich nicht, du wirst sehen, es geht alles gut, wir werden keine Schwierigkeiten bekommen.«

Sie verabschiedeten sich von dem Alten und setzten ihren Weg fort. Die Stadt war inzwischen nahe gerückt und der Lärm löste sich auf in einzelne Stimmen, Schreie und Rufe. Lange Reihen von Mauleseln kamen ihnen entgegen, Reiter zu Pferd und auf Eseln trabten an ihnen vorbei und die Frauen in den Hauseingängen warfen ihnen neugierige Blicke zu. Mit jedem Schritt wurde die Menge dichter, sie hatten das Gefühl, in einen Wirbel aus Körpern und fremden Worten geraten zu sein, bedrängt von den Rufen der Händler. Der Suk war das Herz dieses Strudels. In den engen, überdachten Straßen drängte sich ein Strom hastender, drängelnder, sprechender und schreiender Menschen. Der jüngste Sohn musste sich an Krikors Ärmel festklammern, um nicht von einem Orangenkarren und den beiden Jungen, die ihn zogen, fortgerissen zu werden. Der größere beobachtete alles ringsum mit vor Staunen aufgerissenen Augen. Begeistert fragte er: »Was ist das für ein Fest? Was ist das für ein Fest?« Krikor fasste ihn bei der Hand und vergewisserte sich mit einem Seitenblick, ob seine Frau noch da war, bevor er in schroffem Ton erwiderte: »Das ist kein Fest. Es ist jeden Tag so. Das ist der Markt.«

Er war müde. Zwei Wochen lang nichts als Behelfsunterkünfte und Entbehrungen, und keine Nacht, in der er sich nicht nach seinem Massivholzbett in Antchurty gesehnt hätte, nach den geliebten, dezent bestickten Leinenlaken, die nach getrocknetem Lavendel und nach den Kräutern dufteten, auf denen die Frauen sie zum Trocknen ausbreiteten. Nun waren sie am Ziel, aber Aleppo hatte nichts Besseres zu bieten. Noch lange Zeit sollte der Khan ihr Zuhause bleiben.

In jener Nacht konnte Krikor nicht einschlafen. Er hörte den Atem seiner Frau und der Kinder und dachte nach. Er knüpfte so lange Gedankenfetzen aneinander, bis sich aus diesem Geflecht eine Idee formte. Er brauchte ein Haus und Arbeit. Und Aleppo brauchte etwas Würdigeres als einen Khan, um Reisende und Pilger zu beherbergen. Krikor würde ein Hotel eröffnen, das erste Hotel der Stadt.

Am folgenden Morgen begab er sich zum Patriarchat und begann, sich nach Beratung, nach Unterstützung und nach passenden Räumlichkeiten umzusehen. Als sich im Suk das Gerücht verbreitete, der gerade aus den Bergen eingetroffene Armenier suche ein Gebäude zum Kauf, gab es keine Hütte oder noch so elende Behausung, die ihm nicht angeboten wurde. Am Ende entschied sich Krikor für ein kleines, schmales und hohes Bauwerk im Herzen des Gewürz-Suks. Die Fenster lagen zur überdachten Straße hin. Am Tage waren die Zimmer von den Schreien der Händler und dem Geruch nach Kreuzkümmel erfüllt, der so durchdringend war, dass man meinen konnte, die Wände seien davon durchdrungen. Aber das Haus befand sich in unmittelbarer Nähe der Zoll-Karawanserei Khan al-Gumruk, die jeder, der nach Aleppo kam, passieren musste: Händler, Reisende und Pilger kamen notgedrungen hier vorbei.

Unter den neugierigen Blicken der Menschen aus dem Suk und der gesamten Stadt leitete Krikor die Arbeiten in die Wege. Kalkgeruch übertönte den Duft der Gewürze, aus großen Sälen entstanden zahlreiche kleinere Räume. Schluss mit den Schlafsälen der Khane, entschied Krikor: Sein Hotel sollte Zimmer bekommen, wie sie Aleppo noch nie gesehen hatte. Jedes mit einer verschließbaren Tür, mit Waschschüssel, Wasserkrug und mit Kerzen. Zum Schluss kam das Schild mit der Aufschrift »Hotel Ararat«. Die Mazloumians stießen mit einem Glas *Arak*, so klar wie das Eis der Berge, auf die Zukunft des neuen Hotels an. Draußen liefen die Einwohner Aleppos mit staunenden Blicken vorbei. Sie bewunderten das Schild. Aber es war nicht etwa der Ararat – Symbol des fernen Armenien –, der sie stutzen ließ, sondern das Wort »Hotel« – Inbegriff von Komfort und Annehmlichkeiten, wie sie der größte Suk des Nahen Ostens noch nie zuvor gesehen hatte.

4

»Genug, wir wollen europäische Musik«, protestierte jemand, der offenbar ein Glas Champagner zu viel getrunken hatte, vom Ende des Saals her. Die türkische Militärkapelle beendete das melancholische osmanische Stück und stimmte *Deutschland, Deutschland über alles* an. Im Saal hallte das Klappern von Stiefelabsätzen wider. Die deutschen Offiziere standen stramm. So verharrten sie: kerzengerade, feierlich und ein wenig fehl am Platz in dieser Menge aus Arabern, Armeniern, Türken und weiteren Fremden. Die Hymne – eine Huldigung an das große und gefürchtete Deutschland, das entschlossen war, die Macht Englands und Frankreichs im Nahen Osten zu schwächen – erfüllte den gesamten mit Lampen, Kerzenhaltern und goldbemaltem Stuck geschmückten Saal.

Als der letzte Ton verklungen war und die Trompeten *Eine feste Burg* anstimmten, gaben die kaiserlichen Offiziere ihre hölzern steife Haltung, zu der sie die Vaterlandsliebe und die Gegenwart all der zum Fest der Mazloumians erschienenen Fremden genötigt hatten, endlich auf.

Es war im November 1911. Man feierte die Eröffnung des größten, modernsten und wohl bekanntesten Hotels in der im nördlichen Syrien gelegenen Metropole: ein mondänes Ereignis ersten Ranges für das damalige Aleppo. Für die Gestaltung des musikalischen Rahmens hatte das türkische Kommando eine Kapelle nach preußischem Vorbild entsandt: Trommeln, Holz- und Blechbläser und dazu Uniformen mit Schnurbesatz von martialischer Pracht.

Etwa 20 Jahre waren seit dem Nachmittag vergangen, an dem Krikor, Turvanda und ihre Kinder niedergekniet waren, um Gott für das neue Leben zu ihren Füßen zu danken. Ein neues Jahrhundert war angebrochen, die Armenier hatten diese Schwelle unter Leiden, Trauer und Verfolgung überschritten. Argwohn, Misstrauen und aufkeimender Rassenhass, der in unverhohlene Grausamkeit und Brutalität münden sollte, waren das gängige Verhalten, das man den Nachkommen eines der ältesten Völker der Welt entgegenbrachte. Gezwungen, ein Leben als Christen unter Muslimen, als Armenier unter Türken zu führen, wurden ihre Aussichten auf Gleichstellung seitens der osmanischen Regierung ebenso enttäuscht wie die feierlichen Schutzversprechen der mit ihren Grabenkämpfen an der Schwelle zur Hohen Pforte anderweitig beschäftigten europäischen Mächte.

Doch Aleppo war anders und die Familie Mazloumian ebenfalls. Krikor hatte recht daran getan, sich zur Auswanderung zu entschließen. Und ebenso, sein Vermögen in ein Hotel zu investieren. Die Geschäfte florierten derart, dass auch die beiden Söhne Onnig und Armen in seine Fußstapfen traten. Sie eröffneten zwei kleine Hotels, jeder auf eigene Faust. 1904 beschlossen sie, sich zusammenzutun, und gründeten mit dem Segen des Vaters das Hotel du Parc, eine Perle an Eleganz und Fortschrittlichkeit, mit der ein erster Schritt zu internationaler Berühmtheit vollzogen war. Vor allem aber bot dieses Hotel eine willkommene Abwechslung für Abenteuerlustige und Reisende. Türkische Paschas und sächsische Fürsten, Gertrude Bell und der Schah von Persien waren zu Gast bei den beiden Brüdern, und niemand betrachtete die Mazloumians länger als Flüchtlinge oder Leute vom Land, die es zu meiden galt. Zum Zeichen des Respekts sprach man sie mit *Baron* an, was auf Armenisch so viel wie »Herr« bedeutet.

Einige Jahre später begann in den Augen der beiden Barone von Aleppo auch diese neue Perle ihren Glanz zu verlieren. In jener Zeit wurde die Idee eines großen, komplett neuen und modernen Hotels, wie es die Stadt noch nie gesehen hatte, geboren. Ab 1908 hatten Onnig und Armen für nichts anderes mehr Zeit und Geld als für dieses Projekt. Etwas außerhalb von Aleppo, in der Nähe des Bahnhofs, hatten sie Land erworben. Sie ließen – eigens aus Paris! – den armenischen Modearchitekten der französischen *Belle Époque,* Kaspar Nafilyan, kommen und arbeiteten gemeinsam mit ihm die Entwürfe aus. Aus dem avantgardistischen Ägypten kam der Zement, ein für Aleppo höchst ungewöhnliches Material. In dieser orientalischen Stadt war man gewohnt, mit dem weißen Gestein aus dem nahen Gebirge zu bauen. Ebenfalls aus Ägypten stammten die Keramikfliesen, die Maurer und Zimmerleute. Aleppo seinerseits steuerte Neugierde bei. Geschwätz und Staunen waren die täglichen Begleiter der Arbeiten. In den Cafés und den großen Suks wurde das Hotel zum Pflichtthema eines jeden Gesprächs, so wie man sich über das Wetter oder Politik unterhielt. Und bereits damals war es das *Hotel Baron*, das Hotel der Barone.

Endlich brach der große Tag der Eröffnung an, *das* weltliche Ereignis des Jahres: eine schwere Niederlage für das Ansehen derer, die nicht geladen waren. Nach Sonnenuntergang setzte sich ein Zug aus Kutschen in Bewegung. Alle waren dabei: die Deutschen, denen die Fertigstellung der Bagdadbahn oblag, jener Eisenbahnstrecke, mit der die Expansionspläne der Junker bis zum Persischen Golf ausgedehnt wurden. Da waren der *Wali* von Aleppo, die Offiziere der Jungtürken, die ausländischen Konsuln und die Brüder der Kustodie des Heiligen Landes, an deren Schule Onnig und Armen Französisch und Italienisch gelernt hatten. Und dann all die ausländischen Familien, die seit Jahrhunderten in Aleppo lebten und für immer aus dem Handel mit den ihnen inzwischen fremd gewordenen Herkunftsländern ausgeschlossen blieben: die Marcopolis, Gerardis, Draghis und Levantis und ihre griechischen, französischen oder englischen Pendants.

Das neue Hotel erhob sich einige Hundert Meter entfernt von der Stadtmauer und dem Suk einsam inmitten einer unbewohnten Gegend, ganz in der Nähe des Flussufers. Wie nicht anders zu erwarten, überkam die edelsteingeschmückten Damen ein Schaudern, als sie diesen verlassenen Landstrich mit der Kutsche durchquerten, und sie wurden nicht müde, immer wieder die längst bekannte Leier anzustimmen: »Die Mazloumians sind wirklich verrückt, an so einem Ort zu bauen! Wer wird schon hier draußen, der Willkür von Banditen ausgeliefert, nach einer Unterkunft suchen.«

Am Eingangstor kam es zur nächsten Überraschung und zu Kritik. Der für Aleppo so ungewöhnliche graue Zement verlieh dem massiven Gebäude eine düstere Aura. »Das entspricht nicht dem Stil unserer Stadt«, kommentierten die Honoratioren. Vor allem den Türken entging nicht, dass das Schild über dem Eingangstor mit der Aufschrift Hotel Baron auf Arabisch, Armenisch und Englisch, nicht jedoch in ihrer Sprache gedruckt war. Und ihre pomadisierten Schnurrbärte verzogen sich zu einer missbilligenden Grimasse.

Doch diese verwandelte sich sogleich in ein Lächeln: Im Eingangstor standen Baron Armen und Baron Onnig, beide schmal und zum Zeichen erlangter Reife mit gestutzten Oberlippenbärten, um jeden mit ausgestreckter Hand zu empfangen. Abwechselnd führten sie die Gäste durch die weitläufige, mit der wohl eindrucksvollsten Freitreppe der Stadt versehene Vorhalle bis in den Festsaal, um gleich darauf zum Eingang zurückzukehren.

Dutzende Petroleumlampen und hundertarmige Kerzenleuchter tauchten den Saal in taghelles Licht. Auf den Blechblasinstrumenten der türkischen Kapelle im Hintergrund reflektierten funkelnde Lichtschimmer. An der

Wand gegenüber bog sich eine gigantische Tafel unter der Last von Tabletts, Tellern, Speisen und Champagner. Alles stand derart dichtgedrängt, dass selbst die Türken die auf das schneeweiße Tischtuch gestickten armenischen Monogramme nicht bemerkten. Hier und dort hielten, zu kleinen Grüppchen versammelt, die internationalen Akteure Konversation. Engländer, Franzosen, Araber und Deutsche diskutierten lebhaft das Thema des Tages: die neue Eisenbahnlinie und ihre militärische Nutzung. Seit Kurzem reichte sie bis nach Aleppo und würde das Leben und die Perspektiven dieser zweitwichtigsten Stadt des Reiches verändern.

Stolze Protagonisten des ganzen Unterfangens waren die Deutschen mit ihren Ingenieuren und Offizieren. Hellhäutig und mit kurzgeschorenem Blondhaar, die Mützen unterm Arm und die Handschuhe in der Hand, erläuterten sie allen Interessierten die Wunder der zukünftigen Eisenbahn und deren strategische Vorteile, um im Wettlauf um Mesopotamien den Zaren und die britische Krone zu schlagen. »Wir werden nach Bagdad gelangen, so wie man zwei Punkte durch eine Linie verbindet«, erklärten sie, »während die englische Flotte einen ganzen Kontinent umschiffen muss, um dasselbe Ziel zu erreichen.«

Genau in diesem Augenblick geschah es, dass ein türkischer Offizier, der ein Glas Champagner zu viel getrunken hatte, wie bereits erwähnt, nach europäischer Musik verlangte. Die Wahl von *Deutschland, Deutschland über alles* war keine Glanzleistung der Diplomatie.

Um das verärgerte Murren aus der französisch-britischen Ecke zu beschwichtigen, hob jemand eilig sein Glas und rief in entschiedenem Ton: »Meine Herrschaften, stoßen wir auf das Hotel Baron an!« Ein vielstimmiger Chor aus Glückwunschbekundungen erfüllte den Saal. Die gefüllten erhobenen Gläser schillerten im Licht der Kerzenleuchter, der drohende Eklat war abgewendet. »Lasst uns auch auf unsere Stadt anstoßen!«, schlug jemand anderes vor. Während sich die Gläser erneut hoben, sank auf dem spiegelblanken Holzparkett eine helle Gestalt in sich zusammen.

Es war Armens Frau Ieranik. Neun Jahre zuvor hatte sie ihrem Mann einen Sohn, Antranik, geschenkt. Danach war ein Mädchen zur Welt gekommen. Nun war sie seit dem Frühjahr erneut schwanger und ihre Zeit war fast gekommen. Doch an diesem Abend hatte sie hartnäckig jeden Rat, sich zu schonen und sich bloß nicht anzustrengen, zurückgewiesen: »Ich bin nicht krank, sondern erwarte ein Kind.« Sie hatte sich mit der für das große Fest gebotenen Eleganz gekleidet. »Sie ist ohnmächtig. Riechsalz, gebt ihr Riechsalz«, schrien die Damen. »Ein Arzt muss her, schnell ein Arzt«, rief ein anderer. Der Arzt, ein alter Freund der Familie namens Asadur Altunian, war bereits zur Stelle.

Auch er war armenischer Herkunft, und nach Aleppo hatte es ihn etwa zu derselben Zeit verschlagen, als die Mazloumians von Antchurty hierher geflüchtet waren. Mit seinem frisch in den Vereinigten Staaten erworbenen Medizindiplom hatte er ein Krankenhaus eröffnet, das innerhalb kurzer Zeit das bedeutendste der gesamten Region geworden war. Sein Ruf reichte von Istanbul bis in die südlichen Regionen des Reiches. »Die ruhigste Hand des Nahen Ostens« nannte man ihn. Wenn er es ablehnte, einen Patienten zu behandeln, war allen klar, was das hieß. »Altunian hat ihm die Ausreisepapiere ausgestellt«, kommentierten sie. Und alle wussten: Für diesen Menschen bestand keine Hoffnung mehr.

Klein, mit gestärkten Manschetten und wie stets steifem, schneeweißem Kragen bahnte sich der Arzt mit sicherem Schritt seinen Weg durch die Menge. Er bat um Abstand und kniete nieder, um den Puls der Frau zu fühlen, dann befahl er zwei Kellnern, sie vorsichtig aufzuheben und in einen anderen Raum, weitab vom Getümmel, zu bringen. Er beruhigte Armen: »Es ist nichts weiter, wirklich nicht, geh und kümmere dich um deine Gäste, es reicht, wenn ich bei ihr bleibe.« Etliche Zeit später kehrte Doktor Altunian in den Festsaal zurück. Bei seinem Eintreten verstummten die Klänge eines schnellen Walzers mit einem Schlag. Die Paare lösten sich voneinander und die Musiker verharrten auf dem letzten Ton. »Spielt nur weiter, spielt!«, rief Altunian. »Die Herrin hatte einen vorübergehenden Schwächeanfall, sie ist zuhause und es geht ihr gut. Sie lässt um Verzeihung bitten für den Zwischenfall und dafür, dass sie sich nicht verabschieden kann, doch ich habe ihr geraten, sich weiterhin zu schonen. Die heutige Anstrengung war einfach zu viel.« Man begann erneut zu tanzen. Auf den Walzer folgte eine Polka und dann eine Quadrille, die Stimmung steigerte sich zusehends. Das Fest dauerte bis spät in die Nacht. Als auch der letzte Gast zu seiner Kutsche geführt war, überließ Armen das Löschen der Lichter seinem Bruder und eilte nach Hause. Er trat in das Zimmer seiner Frau und fand sie schlafend. Doktor Altunian hatte ihm versichert, es wäre nichts Ernstes und nach einer durchschlafenen Nacht sei alles wieder in Ordnung. Er näherte die Kerze dem Gesicht der Frau und streichelte sanft ihre Wange. Sie öffnete die Augen, erkannte ihn und stützte sich auf einen Ellenbogen: »Wenn es ein Junge wird, wollen wir ihn Krikor nennen, wie deinen Vater«, sagte sie entschlossen.

5

Es wurde tatsächlich ein Junge. Er kam am Nachmittag des 8. November, an einem Mittwoch, und mit ihm kam die Kälte eines frühzeitigen Winters. Die Mazloumians hatten das Hotel du Parc verlassen und wohnten inzwischen in dem großen, strengen Gebäude, dem Schmuckstück der Familie. An jenem Nachmittag, während der anhaltende Regen dem dunklen Gemäuer des Barons einen düsteren Glanz verlieh, reichte Ieranik in dem Zimmer im Erdgeschoss im schwachen Licht der Kerzen erst dem Ehemann und anschließend dem alten Krikor ein wimmerndes Bündel aus weißem Leinen und Spitze. »Er wird Euren Namen tragen, Vater«, sagte sie stolz, »Eure Klugheit und Euren Mut.«

Schon durchpflügten die ersten Kutschräder die schlammige Straße. In Windeseile hatte sich die Nachricht in der Stadt verbreitet: Freunde und Bekannte trotzten dem schlechten Wetter, um Baron Krikor zur Geburt seines dritten Enkels und Baron Armen zum dritten Kind zu gratulieren.

Aus den Fenstern des Barons schimmerte bis tief in die Nacht Licht hinaus in die regenerfüllte Dunkelheit.

Im Salon drängten sich Freunde mit erhobenen Gläsern, Trinksprüche, Champagner, armenische Gesänge und Familiengeschichten mengten sich zu einem stetigen Crescendo. »Seine Geburt ist ein Fest, also wird auch sein Leben ein Fest«, prophezeite der alte Pater Magardich, während der Gegenstand und Urheber all dieser Aufregung in einem der Nachbarzimmer, geborgen durch die wärmende Nähe zur Mutter, sein erstes Schläfchen hielt. Als die Lichter im Saal erloschen, holte Krikor die Familienbibel hervor. Erneut las er die wenigen Zeilen, die er vor vier Jahren notiert hatte. Sie galten seiner Ehefrau Turvanda, ihrem Aufbruch nach Jerusalem: »Möge der Herr sie auf ihrem Weg begleiten und ihr die Rückkehr gewähren.« Auf einer leicht vergilbten Seite hielt er die Erinnerung an das neue Ereignis fest: »Mein Sohn Armen hat um vier Uhr nachmittags einen Sohn bekommen.« Drei Wochen später ergänzte er: »Wir haben ihn getauft und ihm den Namen Krikor gegeben.«

Oder Koko, wie alle ihn von Anfang an nannten.

Es war ein kalter, regnerischer Herbst und ein denkwürdiger Winter. Nach Weihnachten verwandelte sich der Regen in Schnee. Es schneite vierzig Tage lang hintereinander. Aleppo fiel in eine Art Winterschlaf. Im Suk, in den überdachten Gassen, herrschte noch ein kleiner Rest Leben, außerhalb davon dagegen nicht. Sich auf die schnee- und eisbedeckten Straßen zu wagen war riskant, barg Gefahren für Mensch und Tier. Ein Fehler, sich dem grauen Tageslicht anzuvertrauen, das unmerklich schwand, bis die von schwachem Schimmer erhellte

Nacht sich über alles senkte. Der alte Krikor ging hin und wieder in den Garten, um einen Blick auf die Bäume zu werfen und sicherzugehen, dass die jungen Zweige nicht unter den Schneemassen brachen und die mit Stroh umwickelten Olivenbäume vor dem Frost geschützt waren. Bald schon kam der Frühling und Garten und Gemüsebeete nahmen ihn ganz in Anspruch. Er nahm auch Koko mit. Frische Luft und Sonne sollten nicht gut für kleine Kinder sein? Er bettete ihn in einen großen Korb, wählte den wärmsten und geschütztesten Platz und begann ein einseitiges Gespräch mit diesem Korb, während seine Hände mit Tomaten, Auberginen, Kräutern und Salatreihen beschäftigt waren. Als Koko seine ersten wackligen Schritte machen konnte und anfing zu verstehen, drückte er ihm eine kleine Schaufel in die Hand. »Weißt du, dass es hier Gold gibt?«, sagte er. »Du musst graben, ganz lange graben, um es zu finden.« Dann saßen sie nebeneinander, um sich auszuruhen. Krikor zog zwei in eine bestickte Serviette gewickelte Stücke Biskuitkuchen aus der Tasche: das dickere für Koko, das kleinere für sich und die Krumen für die Vögel. Im Sommer, wenn sie im Schatten des Pistazienbaumes saßen, oder im Winter auf den sonnenbeschienenen Stufen, ging Krikor mit Koko auf Reisen, hinaus aus Aleppo in jenes Armenien, das nur noch im kollektiven Gedächtnis und in den Träumen seiner Söhne lebendig war. Krikor erzählte oder las vor und Koko lauschte. Mit der Dämmerung kehrten sie ins Hotel zurück, kurz bevor der Gong ertönte. Ein erster Schlag, ein zweiter und schließlich der letzte, endgültige. Hotelgäste und Eigentümer aßen gemeinsam in dem großen Saal zu Mittag und zu Abend. Die Gespräche der Gäste gingen kreuz und quer über die Tische hinweg. Es waren Ingenieure der Bagdadbahn, Abenteurer, die im Dienst der großen Mächte auf Jagd nach Informationen waren, Archäologen auf den Spuren der unzähligen, von Sand und Zeit verschütteten Kulturen im Norden Syriens. Koko lauschte fasziniert den Berichten dieser Erbauer ganzer Imperien und Entdecker versunkener Welten, die von Hethitern und Kreuzfahrern, von Assyrern, Franken und von den Untertanen des Kaisers oder seiner Majestät, König Georg V., bevölkert wurden.

Einige, wie etwa Max, Freiherr von Oppenheim, entsprachen all diesen Rollen, vielleicht gar noch weiteren. Er war in die Gegend von Aleppo gekommen, um den Bau der sich immer weiter nach Süden erstreckenden Bahntrasse zu verfolgen. Dann hatten die Geheimnisse eines verdorrten Hügels – Tell Halaf – seine Aufmerksamkeit in Anspruch genommen. Dort drunter, so schwor er, ruhe ungestört und seit Jahrhunderten Gozan, die antike aramäische Hauptstadt. Irrsinn!, antwortete man ihm, aber der Freiherr war von hartnäckigem Schlag. Ein Entlassungsschreiben gewährte ihm die nötige Freiheit für die Suche seines Lebens. 1911 kam er erneut nach Aleppo. Als Archäologe und ganz darauf erpicht, sich nicht die geringste Information entgehen zu lassen, die dem für die Expansionspolitik seines Kaisers so wichtigen »Vorstoß nach Osten« dienlich sein könnte, stieg er im Hotel Baron ab, wo er zwischen einer Grabungskampagne und der nächsten zum Stammgast wurde. Koko begriff schnell, dass man dieser gepflegten, faszinierenden Erscheinung nicht allzu nahe kommen durfte. Denn der Freiherr trennte sich nie von einem dicken Spazierstock, und er hatte die schlechte Angewohnheit, diesen beim Nachdenken zerstreut hin und her zu schwenken, ohne darauf zu achten, ob jemand in der Nähe war. Will man den Gerüchten Glauben schenken, die fast ein Jahrhundert später noch immer in Aleppo grassieren, so lernten auch die Damen rasch, einen gewissen Abstand zwischen sich und dem Archäologen zu wahren: Seine Hände waren ebenso zerstreut und gefährlich wie sein Spazierstock. Selbst ein gebrochenes Bein hatte ihn nicht harmloser werden lassen, wie die Krankenschwestern der Klinik erleben mussten. Er war ein großartiger Redner, der das R rollte und das G in die Länge zog wie ein echter Pariser und der ganze Tischgesellschaften mit Berichten über »seine« assyrische Hauptstadt in den Bann schlug. Er entführte sie in das Labyrinth des großen, auf dem Hügel gelegenen Palastes, ließ sie vor riesigen, in die Tempelmauern gemeißelten Sphinxen und Löwen niederknien. Gleichsam vertraulich, als lüfte er neueste Geheimnisse, erzählte er von den bewegten Schicksalen der seit Jahrtausenden unter Staub begrabenen Könige und Regierungsbeamten. Koko lauschte selbstvergessen, fasziniert.

Dann gab es noch die Briten: in Stil und Art ganz anders als der Freiherr. Zwar waren auch sie Archäologen, aber auch sie waren wohl mehr als nur das. Oft sah man einen schweigsamen kleinen Blonden mit markantem Kinn und einem für seine schmächtige Statur zu großen Kopf. Ein anderer, Dunkelhaariger mit scharfsinnig glänzenden Augen schien dagegen allzeit bereit, sich in britischem Humor zu ergehen. Bei dem Blonden handelte es sich um den blutjungen T.E. Lawrence, der damals noch weit von seinem zwar heiklen, aber dennoch bemerkenswerten Ruf einer Lebenden Legende entfernt war. Der andere hieß Leonard Woolley. Ein Weltkrieg trennte ihn noch von dem Titel »Sir«. Sie gruben in Karkemisch, einer uralten und – wie die Fundstätte am Tell Halaf – unter einem schlichten Hügel begrabenen Stadt, allerdings mit einer großartigen Aussicht auf das Euphrattal und die Bauprojekte der Deutschen: die Eisenbahn und die Brücke über den Fluss. Im Gegensatz zu von Oppenheim sprachen die Engländer wenig über ihre Grabungen. Woolley scherzte gern, wobei er vor allem sich selbst auf die Schippe nahm. Seltener ließ sich die dunkle und ein wenig durchdringende Stimme von Lawrence vernehmen. Seine Lieblingsthemen waren Festungen und Teppiche. Für Erstere interessierte er sich seit Kindesbeinen und hatte Studienreisen durch Frankreich und Britannien unternommen. 1910 schloss er eine Studie über die Kreuzfahrerburgen im Heiligen Land ab: 1600 Kilometer zu Fuß, 36 Burgen (von 36 existierenden), die er aufgesucht und aufs Gründlichste untersucht hatte, um die Verknüpfungen aufzuzeigen, die zwischen den Burgen des Heiligen Landes und ihren größeren Geschwistern in Europa bestanden. Lawrence berichtete freimütig über die Wunder der französischen Bau- und Militärkunst und erging sich in weitschweifigen und detaillierten Beschreibungen von Kunstgriffen, Vorrichtungen und Fallen. Als man ihn um Informationen zur Herstellung von Kettenrüstungen, also zu einem offenkundig kaum noch gebräuchlichen Metier, ersuchte, gelang es ihm, den letzten noch lebenden Handwerker ausfindig zu machen, ihm seine Werkzeuge abzukaufen und sie nach London zu schicken.

Seine Liebe zu Teppichen hatte eine lange Vorgeschichte, und sein Fachwissen war außergewöhnlich. Doch obwohl er inzwischen ganz gut Arabisch beherrschte und sich in den orientalischen Suks auskannte, »besiegelte« er doch niemals einen Kaufvertrag, ohne zuvor Armens Meinung gehört zu haben. Er bat ihn entweder, ihn zu begleiten, oder ließ sich den Teppich ins Hotel Baron schicken, um an Ort und Stelle ein unwiderrufliches Urteil zu vernehmen. Eines Tages trat Armen lachend auf Lawrence zu: »Es ist gerade erst Mittag«, sagte er zu ihm, »und doch waren bereits neun Personen hier, um Ihnen antike Stücke zum Kauf anzubieten.«

Jährlich gab es zwei Grabungsperioden, beide nicht sonderlich lang. Von Dezember bis März regnete es und der Euphrat trat über die Ufer, überschwemmte Straßen und trennte ganze Landstriche ab. Von Juni bis September fanden die Archäologen keine Arbeiter: Die Männer kehrten nach Hause auf ihre Felder zurück, um sich um die Ernte zu kümmern. Lawrence nutzte diese Ruhezeiten, um Burgen oder die verlassenen Städte rings um Aleppo zu erkunden, wobei er sich der Gastfreundschaft der Beduinen erfreute: geronnene Milch von ihrem Geschirr, dazu ungesäuertes, auf glühendem Stein gebackenes Brot. Die Gefahren eines solchen Lebens schlug er in den Wind. Einmal hatte ein Mann versucht, ihn zu überfallen, aber er hatte sich rasch seiner entledigt. Bei anderer Gelegenheit erging es ihm nicht so gut. Eine kurdische Bande lauerte ihm aus dem Hinterhalt auf. Nachdem sie Kleider und Geld entwendet hatten, ließen sie ihn mehr tot als lebendig, doch mit seinen für sie wertlosen Ausweispapieren zurück. Einige Tage später tauchte Lawrence im Hotel Baron auf. Er schleppte sich bis an die Rezeption und bat um ein Zimmer, um Wasser und Kleidung. Der Portier starrte ihn erschrocken an. Die Worte: »Der arme Mr. Lawrence hatte genau dieselbe Stimme …«, wollten ihm nicht über die Lippen kommen.

Abend für Abend wurden diese und andere Anekdoten im großen Saal des Hotels zum Besten gegeben. Sobald alle gemeinsam zu Tisch saßen, galt für Freunde und Feinde, für Informanten der einen oder der anderen Seite gleichermaßen die Regel, die Waffen ruhen zu lassen und die wochenlangen Rivalitäten und Streitigkeiten auf der Suche nach unter den *Tellen* verborgenen neuen und alten Geheimnissen zu vergessen. So wurde das Hotel zu einem Ort der Träume, des lang ersehnten Friedens. Die Brüder Mazloumian beherrschten die Kunst, ihre Gäste zu verzaubern und zu überraschen, wahrhaft meisterlich. Ob aus dem tiefsten Arabien, aus Mesopotamien oder aus Europa, ob grobschlächtig oder hochgebildet, ob Feinschmecker oder anspruchslose Gaumen, alle waren hingerissen von den Köstlichkeiten, die ihre Küche zu bieten hatte. Die Abendessen endeten jedes Mal mit einer Delikatesse, einer Besonderheit. Zwar war es stets die gleiche, doch war sie deswegen in Aleppo nicht weniger begehrt und geschätzt. Baron Armen und Baron Onnig boten ihren Gästen echte Pariser *Marrons glacé,* also frische kandierte Maronen, an. Sie waren das Werk zweier armenischer Köche aus der Gegend des Musa Dagh, also jenes in Kilikien gelegenen Berges, der einige Jahre später wegen des Aufstandes gegen die von den Erben Sultan Abdul Hamids angeordneten Deportationen zu Berühmtheit gelangen sollte. Die beiden inzwischen in Vergessenheit geratenen Köche hatten ihr Handwerk auf den Dampfern der Messageries Maritimes erlernt und waren dabei durch die ganze Welt gereist.

Der Weinkeller war stets gefüllt. Aber mehr noch als Wein war es Champagner, der die Abendessen oder langen abendlichen Unterhaltungen begleitete. Drei Kisten täglich entsprachen dem normalen Verbrauch des Hotels und an Festtagen sprudelte es auch im Glas des kleinen Koko. Nur Lawrence enthielt sich. Wasser – so behauptete er mit einem gewissen Hochmut – habe eine größere geschmackliche Vielfalt als Wein. Es lag also nicht am Alkohol, dass er eines Abends einen Juden, der ihm gegenübersaß, als »Schwein« bezeichnete und damit die Reaktion der Levantiner an den anderen Tischen und die Gegenreaktion der Deutschen auslöste, die damit drohten, alle in den Fluss zu werfen, und so zum herrschenden Durcheinander beitrugen.

Während drei Kisten Champagner den durchschnittlichen Tagesverbrauch darstellten, ließen sich die entkorkten Flaschen und gefüllten Gläser an Tanzabenden kaum zählen. Der Saal blieb dann bis tief in die Nacht erleuchtet und Aleppos gute Gesellschaft drehte sich in Frack und Abendkleid zu den Klängen von Walzern und Mazurkas. Koko durfte bis zum Ende des Abendessens aufbleiben. Noch mit dem Geschmack der süßen Maronen im Mund wurde er zu Bett geschickt. Die Musik, das ferne Stimmengewirr und das Klingen der Gläser begleiteten ihn in den Schlaf.

Am nächsten Morgen eilte er zu Paul, dem Maître d'hôtel, um sich den Abend in allen Einzelheiten schildern zu lassen. Paul war es, der ihn in den nur wenige Schritte entfernten deutschsprachigen Kindergarten brachte. Die Lehrstätte lag direkt hinter dem Hotel. Der Maître war ein schweigsamer Mensch, und er hatte ein »Geheimabkommen« mit Koko: Er brachte ihm die Stifte der von den Damen vergessenen oder liegengelassenen Tanzkarten. Eines Tages hatte Kokos Lehrerin, Schwester Anna, ihn mit einer dieser Notizkarten gesehen und ihn gebeten, auch seinen Kameraden welche mitzubringen. Papier und vor allem Stifte waren im damaligen Aleppo ein kostbares, keineswegs selbstverständliches Gut. Koko hatte seinem Komplizen davon erzählt, und seitdem hatte Paul es sich zur Gewohnheit gemacht, alle liegengebliebenen Tanzkarten und Bleistifte einzusammeln. Er packte zwei Päckchen daraus und übergab sie Koko am Schultor. »Das ist für dich«, sagte er und reichte ihm das erste,

»und das für Schwester Anna. Bitte denke dran, es ihr zu geben.« Koko vergaß es nicht und wurde, ohne es zu wissen, zum »Liebesboten«, wenn er, versteckt zwischen den Tanzkarten, mit dem Päckchen einen gut versiegelten Brief überreichte. Es war die Sehnsucht, die den Maître dazu brachte, von sich, seinem Leben, seiner fernen Heimat, aus der auch Schwester Anna stammte, zu erzählen. Doch schon rasch verwandelte sich die Sehnsucht in Liebe, der Ton der Briefe wurde immer feuriger, leidenschaftlicher. Schwester Anna war verwirrt; am Ende beschloss sie, deutlich zu werden, keine Hoffnungen aufkeimen zu lassen, aber dennoch den Briefwechsel nicht zu beenden. Die Monate vergingen, Paul händigte Koko weiterhin seine Päckchen aus, aber er sprach immer weniger und sein Gesicht wirkte immer zerfurchter. Eines Abends gab es einen großen Ball. Am folgenden Morgen sah sich Koko vergebens nach Paul um, der nicht wie sonst am Eingang wartete, um ihn zum Kindergarten zu begleiten. Er fragte den Portier, die Kellner: Niemand war ihm bisher begegnet. Er betrat den großen Saal, aber nicht einmal die Frauen, die nach dem großen Fest mit den Reinigungsarbeiten beschäftigt waren, hatten ihn gesehen. Koko eilte zu seinem Zimmer und klopfte. Die Tür war nur angelehnt, er drückte dagegen und sie sprang auf. Durch die halb geschlossenen Fensterläden drang spärliches Licht, der Junge konnte nicht viel erkennen. Ein süßlicher, durchdringender Geruch schlug ihm entgegen. Er lief einige Schritte im Dunkeln, dorthin, wo er wusste, dass Pauls Bett stand. Er stolperte über einen Stuhl und stürzte. Mit einer Hand stützte er sich auf dem Boden ab, sie war feucht, als er sie zurückzog. Die Augen, die sich inzwischen an die Dunkelheit gewöhnt hatten, erspähten einige neue Flecken an der Wand, die aussahen wie Spritzer. Waren sie am Ende etwa rot? Koko wollte nicht noch mehr sehen. Instinktiv rannte er davon, dem Licht und den Menschen entgegen.

6

»Die Hunde, versteht ihr? Die Hunde!« Der alte armenische Freund, ein Händler aus Konstantinopel, saß im Salon des Barons und überbrachte Armen und Onnig die neuesten Neuigkeiten aus der Hauptstadt. Zu Beginn des Sommers 1914 war der Bosporus Schauplatz großer Veränderungen. Der Sultan spielte bloß noch eine nominelle Rolle für das Reich und hielt die Zügel nicht länger in der Hand. Die neuen Herrscher trugen einen vielversprechenden Namen: Jungtürken. Diese nach europäischem Vorbild gekleideten Männer voller innovativer Ideen hatten mit Unterstützung der großen Mächte ein Reform- und Modernisierungsprogramm für das Land ausgearbeitet. Die Armenier, oder zumindest einige von ihnen, begannen Hoffnung zu schöpfen. Einige ihrer Landsleute kämpften an der Seite der Jungtürken und die ethnische sowie religiöse Ungleichstellung war formal abgeschafft. Die durch das Adana-Massaker von 1909 noch unter Schock stehenden Armenier hofften, dass die erbarmungslosen Repressalien der Vorgängerregierung nun endlich ein Ende haben würden.

Nicht so der Freund der Mazloumians. Er gab sich keinen falschen Hoffnungen hin. Nach seiner Ankunft aus der osmanischen Hauptstadt hatte er, noch bevor er sich zu seinen Geschäften in den Suk begeben wollte, unverzüglich im Hotel Baron vorbeigeschaut. »Wollt ihr wissen, was die mit Modernisierung meinen?«, hatte er die beiden Brüder nach dem Begrüßungskaffee gefragt. »Erinnert ihr euch an die Hunde in Konstantinopel? In jüngster Zeit waren es an die sechzig- bis achtzigtausend. Sie bildeten ein zweites Konstantinopel, das im Schatten der von den Menschen bevölkerten Stadt entstand und in gewisser Weise sogar besser war: Die Hunde taten niemandem etwas zuleide, sie hockten an den Straßenecken, beobachteten die Passanten oder strichen, in der Hoffnung, ein paar Brocken abzustauben, um sie herum. Nun gut, die neuen Machthaber befanden, dass die Hunde ein Symbol des alten Regimes, der Zeiten des Sultans seien. ›Habt ihr jemals so viele Hunde in London oder Berlin gesehen?‹, sagten sie. Im Namen des Fortschritts mobilisierten sie das Heer, Polizei und Freiwillige, um die Operation in die Wege zu leiten. Die Jungtiere wurden in große Säcke gesteckt und ins Meer geschmissen, die erwachsenen Tiere in Käfigen zusammengepfercht und auf einer verlassenen Felsinsel im Marmara-Meer ausgesetzt, ohne Nahrung und ohne Wasser. Nach zwei Wochen war auf den Straßen Konstantinopels kein Hundegebell mehr zu hören und kein Schwanzwedeln mehr zu sehen.«

Die beiden Brüder schwiegen erstaunt. »Begreift ihr, wer die neuen Machthaber sind?«, fuhr der Händler fort. »Finstere Gesellen der übelsten Sorte und modern nur insofern, als sie Grausamkeiten wie eine Wissenschaft betreiben und Brutalität gegenüber Mensch und Tier zur Regel erheben.« Er erhob sich und streckte den Brüdern die Hand zum Abschied entgegen. »Glaubt mir«, sagte er abschließend, »da wird nichts Gutes bei herauskommen.«

Anfang August brach der Erste Weltkrieg aus. Das Osmanische Reich wartete vier Monate, bis es entschied, ob und auf welcher Seite es mitkämpfen sollte. Der Kriegsbeitritt wurde am 14. November bekanntgegeben, begleitet von einem gezielten Aufruf zum *Jihad,* zum heiligen Krieg, und einer muslimischen Massendemonstration auf den Straßen Konstantinopels. Einige Tage später erschien der armenische Freund wieder im Hotel Baron und die Brüder Mazloumian schlossen sich mit ihm im Salon ein. Er war zutiefst besorgt. »Es ist das Ende«, begann er, »ich meine, das Ende der Armenier. Wisst ihr, was während der Demonstration in Konstantinopel geschehen ist? Die Muslime haben ein einziges Gebäude gestürmt, das Hotel von Tókatlian, dem Armenier. Und am Ende hat die Regierung beschlossen, sich mit den Deutschen zu verbünden, also mit dem einzigen westlichen Land, das gegen die Reformen zu Gunsten der Armenier ist. Ich sagte bereits, da wird nichts Gutes bei herauskommen.«

»Was rätst du uns?«, fragte Armen.

»Es gibt zwei Möglichkeiten«, antwortete der Händler. »Flüchten oder bleiben. Das Hotel und Aleppo verlassen oder abwarten, was kommt, und sich auf das Schlimmste gefasst machen. Ich würde flüchten.«

Die Mazloumians blieben. Sie hatten schon einmal ihre

Heimat und ihr Haus verlassen, vor vielen Jahren. Diesmal fühlten sie sich besser gewappnet. Bereits zwei Tage später sollte sich zeigen, »was kommt«, und zwar in Form eines deutschen Truppenkontingents, unter der Führung des Oberbefehlshabers der preußischen Militärmission in der Türkei, General Liman von Sanders. Er klopfte an ihre Tür. Einen ganzen Flügel des Hotelgebäudes nahm er für sich in Anspruch und richtete sich dort in der stillen Überzeugung ein, bis zum unvermeidlichen Sieg der beiden Reiche höchstens ein paar Wochen oder Monate an diesem Ort verbringen zu müssen. Eine Woche später hielt vor der Tür des Hotels ein geheimnisvolles, höchst merkwürdiges feuerrotes Ding auf vier Rädern, das sich fortbewegen und Menschen transportieren konnte wie eine Kutsche, doch ohne dass Pferde im Spiel waren, von unsichtbaren Kräften angetrieben und unvergleichlich schnell. Es war ein Automobil, eines der ersten, das Aleppo je gesehen hatte. Heraus stieg Cemal Pascha, Minister für öffentliche Angelegenheiten und die Marine, den seine eifersüchtigen Triumviratskollegen vorsorglich aus Konstantinopel entfernt hatten. Er war von kleiner Statur und sein rabenschwarzes Haar und Barthaar ließen seine helle Gesichtsfarbe noch blasser wirken. Zu jenem Zeitpunkt war er einer der drei wichtigsten Männer des Osmanischen Reiches. Ihm unterstand ein neues Militärkorps, die Vierte Armee, die den Auftrag hatte, Ägypten zu erobern. Sein Hauptquartier befand sich in Damaskus, aber er musste lange Perioden in Aleppo, dem Kontrollpunkt der Eisenbahn und der Kommunikationswege mit dem Osten, verbringen. Er beschloss, das Hotel Baron als Standort zu nutzen, und richtete sich in einem anderen Flügel des Gebäudes ein.

So mit Beschlag belegt und zweigeteilt wurde das Hotel zu einem Schauplatz des Ersten Weltkrieges. General Liman von Sanders unternahm den ersten Schritt: Er bat die Brüder Mazloumian, eine Empfangsfeier zu Ehren des mächtigen osmanischen Ministers auszurichten. Armen und Onnig wussten um die Bedeutung dieses Auftrags und scheuten keine Mühen, um dem guten Ruf des Hotels gerecht zu werden. Das Abendessen war üppig und höchst eindrucksvoll: eine Mischung aus nahöstlicher Vielfalt und abendländischer Erlesenheit. Gegen Ende des Abends beugte sich Cemal Pascha zu seinem Adjutanten, Nusred Bey, hinüber und sagte: »Ich will mit dem Hoteldirektor sprechen.« Eher neugierig als verängstigt trat Armen vor den mächtigen Mann. Cemal Pascha strich sich über den gezwirbelten Oberlippenbart, der dem des italienischen Königs Viktor Emanuel II. bemerkenswert ähnlich sah. Er öffnete die Lippen zu einem Lächeln, das die strahlend weißen Zähne entblößte, und begann zu sprechen: »Mein Kompliment, Herr Mazloumian, für dieses phantastische Bankett. Selten habe ich in so großartiger Weise Qualität, Vielfalt und Zuvorkommenheit unter einem Dach vereint gefunden.« Armen neigte, zum Zeichen des Danks, den Kopf, doch Cemal Pascha hatte noch nicht zu Ende gesprochen. »Ich möchte Sie bitten, in meinem Namen auch einen Empfang für General von Sanders auszurichten, um ihm für die mir erwiesene Ehre zu danken. Sie müssen mir jedoch dieselben Speisen, dieselbe Qualität und Reichhaltigkeit garantieren.«

Armen hob den Blick. »Eure Exzellenz, das kann ich nicht.«

Cemal Pascha starrte ihm fassungslos in die Augen: »Was haben Sie da gesagt? Wagen Sie nur, es zu wiederholen! Wissen Sie eigentlich, wen Sie vor sich haben?«

»Gewiss«, antwortete Armen ruhig, »ich habe gesagt, dass ich nicht dasselbe Bankett wie das im Auftrag des deutschen Generals bereiten kann: Meinem Pascha kann ich nur etwas Besseres bieten.«

Die weißen Zähne Cemal Paschas zeigten sich erneut, begleitet von einem amüsierten, wohlgefälligen Lächeln: Dieser Armenier gefiel ihm, er würde ihn auf die Probe stellen.

Zur Probe kam es zwei Tage später. Armen übertraf sich selbst. Er hielt nicht nur sein Versprechen, sondern versetzte sogar den anspruchsvollen Triumvir in Staunen.

Seit diesem Augenblick konnten die beiden Barone auf das persönliche Wohlwollen des Ministers zählen, und Armen, der diplomatischere der beiden Brüder, setzte alles daran, das Verhältnis zu pflegen und weiter zu intensivieren. Er wusste noch nicht, wann, wie und weshalb genau – die Zukunft würde es zeigen –, doch eines wusste er sicher: Dieses Wohlwollen könnte sich als sehr nützlich erweisen.

7

In den folgenden Monaten spitzte sich die Situation zu. Im Januar wurden die armenischen Soldaten entwaffnet und zu Einheiten zusammengeschlossen, die man für so genannte Rückwärtige Dienste und Pionierarbeiten bestimmte. Am Ostermorgen 1915 verhaftete man in Konstantinopel Hunderte armenische Intellektuelle und Prominente. Aus den noch wenig erschlossenen Regionen im Landesinneren war es viel schwieriger, offizielle Nachrichten zu erhalten, aber alles deutete auf eine neue Verfolgungswelle von bis dahin unbekanntem Ausmaß hin.

Die beiden bekanntesten und einflussreichsten armenischen Politiker – Krikor Zhorab und der auch unter dem Kurznamen Gisak bekannte Vartkes Hovhannes Seringülian – baten Innenminister Talaat Pascha um ein Treffen, um zu protestieren. Beide waren Abgeordnete, Ersterer aus Konstantinopel, Letzterer aus Erzurum, und sie waren die einzigen noch verbliebenen freien armenischen Stimmen der Reichshauptstadt.

Talaat war kein Edelmann. Seine olivfarbene Haut und die pechschwarzen durchdringenden Augen nährten das Gerücht einer möglicherweise geheimen Abstammung von dem fahrenden Volk. Die nie eingehaltenen Versprechen und rasch verworfenen Zusagen brachten seine Gesprächspartner zu der Überzeugung, dass er, falls er tatsächlich ein Vertreter dieser Volksgruppe war, zu den schlimmsten ihrer Sorte gehörte: Er war ein heimtückischer Lügner.

Als die beiden Abgeordneten ihren Protest kundtaten, gab er sich reuig. Er ließ sie reden. Dann erwiderte er trocken, dass die Verhaftungswelle eine durch den Kriegszustand des Landes und die von den Armeniern verübte Gewalt mehr als gerechtfertigte Reaktion gewesen sei. Er berief sich auf die im Februar in Van ausgebrochenen Tumulte und breitete mit geradezu untröstlicher Gebärde die Arme aus: »Die Regierung musste eingreifen, um die Sicherheit des Landes zu garantieren und zu verhindern, dass sich diese Revolte weiter ausdehnt.« Ein falsches Lächeln erschien unter dem nach oben gezwirbelten, dichten Schnauzbart: »Tut mir leid, aber gegen die Verhaftungen vermag ich nichts auszurichten.« Seringülian gab sich nicht geschlagen. Einige Tage später traf er den Polizeichef Bedri Bey, aber er bekam nicht viel mehr als den Rat zu hören, so schnell wie möglich auszureisen. Die Gefahr, hinter Gittern zu landen, wurde auch für ihn immer konkreter.

Seringülian hörte nicht auf ihn. Er kannte Talaat gut und war sicher, ihn überzeugen zu können. Am 12. Mai suchte er den Minister bei sich zu Hause auf. Der zarte Istanbuler Frühling wich bereits der Glut frühzeitiger Sommerhitze. Talaat trat ans Fenster seines Arbeitszimmers und starrte in den diesigen, milchig trüben Himmel. »Das wird ein heißer Sommer«, bemerkte er beiläufig, ohne sich umzuwenden. Nach einigen Augenblicken des Schweigens fuhr er, den Blick weiterhin auf den unklar verschwommenen Horizont geheftet, fort: »In den Tagen unserer Schwäche, nach der Rückeroberung Adrianopels, habt ihr uns das Messer an die Kehle gesetzt und habt den Streit um die Reformen für die Armenier angezettelt. Deshalb nützen wir die günstige Situation, in der wir uns nun befinden, um euer Volk derart zu zersprengen, dass ihr euch für die nächsten fünfzig Jahre jegliche Reformbestrebung aus dem Kopf schlagt.«

»Habt ihr also vor, jenen blutigen Weg einzuschlagen, den Abdul Hamid bereitet hat, und euch derselben Verbrechen schuldig zu machen?«, fragte Seringülian aus dem Hintergrund des Raumes.

Talaat wandte sich um und starrte ihm direkt in die Augen: »Ja«, antwortete er.

Seringülian und Zhorab wurden am 21. Mai verhaftet. Sie blieben nur sehr kurz in Konstantinopel und wurden sofort nach Aleppo gebracht, der Durchgangsstation auf dem Weg zum endgültigen Bestimmungsort, Diyarbakir, wo man ihnen vor einem Kriegsgericht den Prozess mit bereits feststehendem Ausgang machen würde.

In Aleppo wurden die beiden Gefangenen vom dortigen Wali Djelal Bey empfangen. Laut Befehl hätte er sie ins Gefängnis stecken müssen. Aber wie hätte er das fertigbringen sollen? Sie waren alte Freunde, kannten sich seit Jahren und trafen sich regelmäßig: Djelal bestand darauf, die beiden, statt sie ins Gefängnis zu stecken, bei sich zu Hause aufzunehmen. Die zwei Abgeordneten lehnten ab. Sie versuchten, dem Wali klarzumachen, welche Angst und Grausamkeit in Konstantinopel herrschten und welche Gefahr er lief, wenn er ihnen half. Doch Djelal Bey konnte und wollte nicht begreifen. Er gestattete ihnen, in einem direkt hinter der Stadtmauer gelegenen Gasthof beim Bab el-Faradsch, dem ehemaligen Stadttor am gleichnamigen Uhrenturm, unterzukommen und Besuch zu empfangen. Damit alles seine Ordnung hatte, sollte das Gebäude rund um die Uhr von einem Polizisten bewacht werden.

Mit der Ankunft Zhorabs und Seringülians begann der Schleier der Ignoranz, der Aleppo bis dahin umhüllt hatte, zu zerreißen. Schon bald wurden die Kolonnen neuer Deportierter – oder das, was von ihnen noch übriggeblieben war – zu einem beinahe täglichen Schauspiel. Mit ihren Berichten über Gewalt und Massaker strömten sie in die Randbezirke der Stadt, ehe man sie mit Peitschenhieben weiter in die Wüstenregionen im Osten trieb. Ras al-Ain, Rakka, Deir ez-Zor und Diyarbakir, die Namen dieser entlegenen Orte am östlichen Rand des Reiches bekamen für die Armenier den düsteren Klang einer Reise ohne Rückkehr.

Diyarbakir lautete Zhorabs und Seringülians Bestimmungsort, doch allen Anweisungen zum Trotz zögerte Djelal. Gemeinsam mit dem Chef der städtischen Polizei, Fakr Bey, begab er sich ins Hotel Baron, um mit den inzwischen von allen Armeniern Aleppos als Berater anerkannten Mazloumians zu sprechen. Die vier Männer wussten sehr genau, dass die Deportation nach Diyarbakir nur eines bedeutete: das Todesurteil. Sie beschlossen, die Abreise mit allen Mitteln hinauszuzögern, und teilten sich die Aufgaben auf.

Djelal sandte ein Telegramm an Talaat Bey und forderte ihn bezüglich der beiden zu einer Revision seiner Entscheidung auf. Zhorab sei krank, erklärte er dem Minister, er litte unter einer Herzschwäche und sei nicht in der Verfassung, eine lange Reise zu überstehen. Eine mit den beiden Abgeordneten und den Mazloumians befreundete Gruppe von Türken suchte derweil Cemal Pascha mit der Bitte auf, einzuschreiten und die Urteilsvollstreckung zu verhindern. Außerdem überreichten sie ihm einen Brief Seringülians.

Cemals Antwort kam prompt. Die beiden Abgeordneten wurden ins Baron gerufen. Am Ende des Treffens ordnete der Pascha mildere Haftbedingungen an. Zhorab durfte für einige Tage in das Krankenhaus von Doktor Altunian: Der zuständige Chefarzt, Dokotor Kellouzian, nahm sich seiner an. Als Zhorab entlassen wurde, kehrte er in den Gasthof beim Bab el-Faradsch zurück, wobei er jedoch die Erlaubnis hatte, diesen, wann immer er wollte, zu verlassen und das Hotel Baron aufzusuchen.

Zhorab nutzte die Gelegenheit fast jeden Abend. Es war weder Talaats Zorn noch die drohende Deportation, worunter er so sehr litt, sondern die Wehmut. Ihr versuchte er zu entkommen, indem er in dem großen Saal der Mazloumians Zuflucht suchte, dort, wo noch ein Hauch seiner Kindheit als Spross einer adligen und wohlhabenden armenischen Familie wehte. Die Gläser und Champagnerkelche, die gestickten Tischdecken, die korrekt angeordneten Bestecke: Daran war er seit jeher gewöhnt. Eines Abends holte ihn die Traurigkeit jedoch auch hier ein. Armen bemerkte es, entkorkte eine Flasche Champagner und stellte sie auf den Tisch. Zhorab lächelte, ließ sich sein Glas füllen und hob es, um anzustoßen. Zum ersten Mal seit langer Zeit schimmerte wieder eine Spur Fröhlichkeit in seinem Blick. Wie oft hatte er so mit Verwandten und Freunden zusammengesessen! Ja, wie oft, doch wie viel Zeit war seitdem vergangen, wie viel war geschehen und wie viele Menschen hatte er verloren. Was würde die Zukunft bringen? Der Schimmer erlosch. Unberührt stellte er das Glas zurück auf den Tisch.

Auf diese Weise verstrichen ein, zwei Wochen. Täglich wurde es schwieriger, Zhorabs und Seringülians Aufenthalt in Aleppo länger zu rechtfertigen. Djelal Bey wurde von Talaat Pascha mit Telegrammen und Vorwürfen überschüttet. Djelal Bey schmiss sie in den Papierkorb, aber wie lange würde er noch so weitermachen können?

Die Nachrichten aus dem Norden ließen nichts Gutes hoffen. Die beiden Abgeordneten sollten nach Urfa geschickt und während der Reise umgebracht werden, erzählte ein Freund aus Damaskus dem jungen arabischen Assistenzarzt von Doktor Kellouzian, Taufik Bey, im Vertrauen.

Einige Tage später traf man sich zu sechst in einem der

Privatzimmer des Hotel Baron. Ungestört durch fremde Ohren und Augen unterbreiteten Doktor Kellouzian, Doktor Altunian und die Brüder Mazloumian den beiden Abgeordneten ihren Plan. Zwei bewaffnete Personen würden den Konvoi in Richtung Urfa stoppen und vortäuschen, Zhorab und Seringülian zu entführen. Taufik Bey würde alles in die Wege leiten. Man würde sie fortschaffen und in einem Dorf der Dschazira verstecken. Den Leuten dort – so versicherten sie den beiden Abgeordneten – könne man vertrauen: Diese Menschen seien es gewohnt, nicht zu reden, erst recht nicht mit irgendwelchen Behörden. Sie würden ihre Gäste, wenn nötig, auch mit Waffengewalt verteidigen und alles würde sich zum Besten wenden.

Doch Zhorab und Seringülian weigerten sich. »Ich bin ein Sohn meines Volkes«, erklärte Zhorab, »ich will mich nicht von ihm trennen. Wenn meine Leute sterben, weshalb sollte ich weiterleben? Außerdem hat Talaat mir persönlich versichert, dass es sich nicht um eine Deportation handelt. Die Flucht zu ergreifen wäre ein Vertrauensbruch gegenüber einem Mann der Regierung.«

Die Anwesenden wechselten einen verzweifelten Blick. »Ihr habt keinen Grund zum Sterben. Unsere Leute brauchen euch«, versuchte Armen sie zu überzeugen.

Die beiden Abgeordneten ließen sich nicht umstimmen. Zhorab wandte sich an Armen: »Danke für deine Worte und all die Hilfe, die du mir in diesen Tagen entgegengebracht hast. Das Einzige, was ich noch benötige, ist Geld. Wenn du mir etwas geben könntest? Mehr brauche ich nicht.«

Armen öffnete den Safe und trat einen Schritt zurück. Nimm dir, so viel du brauchst.« Zhorab nahm eine Handvoll Scheine und verschwand. Seine Untergrundaktivitäten, denen nachzugehen ihm trotz seiner Gefangenschaft gelang, wurden immer intensiver. Aus dem Innenministerium mehrten sich die Vorwürfe gegen den Wali. Schließlich verlor Djelal die Geduld und verfasste einen langen Brief, in dem er erklärte, weshalb seines Erachtens die Regierungsanweisungen den Interessen des Vaterlandes zuwiderliefen. Der Brief endete stolz mit dem Satz: »Ich bin ein Wali und kein Henker.«

Die Antwort war eine sofortige Einbestellung via Telegramm. Djelal gehorchte. Am nächsten Tag war er in Konstantinopel und trat vor den Innenminister. Außer Talaat war auch Nazim Bey anwesend. Der ergriff das Wort. »Diese Maßnahmen sind notwendig und nützlich: Sie müssen ausnahmslos zur Anwendung kommen. Nur so lässt sich die Ostfrage lösen«, sagte er trocken. Damit verabschiedete er den Wali.

Am selben Abend wurden Seringülian und Zhorab auf ein Pferdefuhrwerk geladen und in Richtung Urfa geschickt. Auf dem Weg dorthin lauerten ihnen die Schergen der Regierung auf. Ihr Mörder, ein »Freischärler« namens Ahmed, berichtete später: »Erst habe ich Seringülian mit meiner Mauser-Pistole das Hirn weggesprengt, dann habe ich mir Zhorab geschnappt, ihn zu Boden geworfen und ihm mit einem Stein den Schädel zertrümmert, bis er hin war.«

Djelal Bey wurde nach Konya versetzt. Nach Aleppo

kam ein neuer Wali: Bekir Sami Bey. Es war der 24. Juni und ab diesem Zeitpunkt gab es zwischen den Befehlen aus Konstantinopel und den Armeniern in Aleppo keine Filter mehr. Vertreter der ausländischen Mächte sandten die ersten besorgten Schreiben an Kanzleien, mit denen sie auf die konkreten Gefahren für die Flüchtlinge aus dem Norden, aber auch für die in den Städten lebenden Familien verwiesen.

Die Mazloumians fuhren dagegen mit allem fort, als sei nichts geschehen. Sie hießen den neuen Wali mit einem reichen Festessen willkommen, luden ihn zu jedem Bankett ins Hotel, nutzten die Gelegenheit, ihm den armenischen *Katholikos* und weitere hohe kirchliche Würdenträger sowie herausragende Persönlichkeiten der Gemeinschaft vorzustellen. Sie führten ihn durch die Gassen des armenischen Viertels, erklärten ihm Rituale, Gewohnheiten und die Kultur ihres Volkes: Sie öffneten ihm, mit anderen Worten, die Tür zu ihrer Welt, um ihm deutlich zu machen, welch Verlust die Zerstörung derselben bedeuten würde.

Im September schäumte Talaat erneut vor Wut. Drei Monate lang waren die Deportationen von Aleppo in die Lager in Syrien und Mesopotamien keinen einzigen Schritt vorangekommen. Auch Bekir Sami Bey weigerte sich de facto, die Rolle des Henkers zu übernehmen. Der Stadt kam jedoch eine entscheidende Bedeutung zu, sie war die »Drehscheibe« des geplanten Völkermordes. Wenn es in Aleppo nicht funktionierte, kam der gesamte Mechanismus ins Stocken. Talaat rief den Generaldirektor Schukri Bey zu sich und teilte ihm seine Entscheidung mit. Bekir Sami Bey sollte durch den für seine Grausamkeit bekannten Schwager Talaats, Mustafa Abd al-Haliq, abgelöst werden. Weitere skrupellose Personen seines Vertrauens sollten die übrigen Führungskräfte der Lokalverwaltung ersetzen, um so den ins Stocken geratenen alten Apparat wieder ins Rollen zu bringen. »Du wirst dich eigenhändig darum kümmern«, erklärte Talaat an Schukri gewandt. »Du bleibst ein Weilchen in Aleppo und suchst die richtigen Personen aus.« Talaat nahm eine Bartspitze zwischen die Finger, zwirbelte sie und lächelte. »Wir werden ja sehen, ob die Mazloumians es schaffen, auch Abd al-Haliq und seine Leute zu betören.«

8

Abd al-Haliq bedeutet »Diener des Schöpfers«, und nie zuvor hat einem Namen so viel blutige Ironie innegewohnt. Blasphemisch war er und stand in schrillem Widerspruch zu diesem neuen Herodes, der die Flüsse der Armenier blutrot färbte und die Erde mit Skeletten übersäte. Für alle, die ihn in Aktion erleben mussten und das Glück hatten, noch darüber sprechen zu können, war Abd al-Haliq nur der »Schlächter von Bitlis«, jener kleinen Stadt zwischen der Ebene von Musch und dem Sassun-Gebirge.

Der »Diener des Schöpfers« war im Mai dorthin gelangt. Wer bis Mitte Juni überlebt hatte, zog den Freitod vor: Ganze Familien hatten sich das Leben genommen, um nicht das Schicksal ihrer Brüder zu erleiden.

Dieser Mann ging mit mehr als nur Eifer an die Arbeit. Perversion und grausames Vergnügen wohnten jener Sondermaßnahme inne, für die er einige Tausend Kinder, die letzten Überlebenden, bestimmt hatte. Abd al-Haliq persönlich hatte sie auf eine Lichtung fernab der Stadt geführt, hatte sie mit Petroleum übergießen und bei lebendigem Leib verbrennen lassen, um sie anschließend in die bereits ausgehobenen Massengräber zu werfen. Niemand kümmerte sich darum, dieses Gewirr aus Leibern mit Erde zu bedecken, und niemand achtete auf das noch in den folgenden Tagen zu hörende Stöhnen jener armen Kreaturen, denen kein rascher Tod vergönnt war. Der »Schlächter« hatte sein Werk im Juli und August vollendet, die gesamte Gegend zerstört, sie in eine Wüste, in ein Trümmerfeld und von Feuer geschwärztes Land verwandelt.

Talaat hatte die von Abd al-Haliq verübten, stetig wachsenden Grausamkeiten aus der Ferne mitverfolgt. Als der Augenblick gekommen war, zögerte er nicht, ihn auszuwählen. Wo Djelal und Bekir Sami Bey gescheitert waren, würde der »Diener des Schöpfers« triumphieren. Er würde das Bündnis zwischen Cemal Pascha, Armen und Onnig zerschlagen, und auch jenen Hort des sanften und geschmeidigen, aber deshalb so gefährlichen Widerstandes zerstören, den die Brüder Mazloumian mit großem Geschick errichtet hatten.

Dann würde die Maschinerie der Deportationen vollends in Gang kommen. Wie im Frühling beschlossen, sollte Aleppo für Zehntausende Unschuldige zur letzten Etappe auf dem Weg in den Tod werden.

Abd al-Haliq sollte nicht allein bleiben. Talaat hatte beschlossen, ihm zur Unterstützung zwei neue Funktionäre aus Konstantinopel zu schicken: den für die lokale Leitung zuständigen Abdulahad Nuri und ihm zur Seite gestellt seinen Assistenten Ejub Sabri Bey aus dem Tabakanbaugebiet von Ras al-Ain. Um einen reibungslosen

Ablauf zu garantieren, hatte er außerdem seinem Vertrauensmann Schukri Bey, dem Direktor des Komitees für Ansiedlungs- und Flüchtlingsangelegenheiten – ein langer Deckname zur Vertuschung dessen, was eigentlich Vernichtungsbehörde hätte heißen müssen –, befohlen, einige Monate in Aleppo zu verbringen, um den Start der Todesmaschinerie zu überwachen.

Für die Flüchtlinge begann der eigentliche Leidensweg. Allein die Namen dieser Folterknechte zu hören versetzte sie in Angst und Schrecken. Der über die Vernichtungsaktion gebreitete Schleier der Vertuschung begann zu zerreißen. Sogar die offiziell mit den Türken verbündeten Deutschen sahen sich genötigt, öffentlich auf Distanz zu der Regierung in Konstantinopel zu gehen und in den Chor der internationalen Schelte einzustimmen. In einem Bericht an die Botschaft bei der Hohen Pforte beklagt der deutsche Konsul Hoffmann: »Die Konzentrationslager haben weder Zelte noch Mehl, noch Brennstoff in ausreichender Menge erhalten. Die Behörden haben die Hacken und Spaten der Bauern beschlagnahmt. Alle sind davon überzeugt, dass keiner der Deportierten dem Tod entgehen wird.«

Nicht so die Mazloumians. Armen hatte seine Kinder nach Baalbek in den Libanon geschickt, um sie vor der unmittelbaren Gefahr zu schützen. Doch er selbst und sein Bruder fühlten sich stark, geradezu unantastbar unter dem Schutzschirm Cemal Paschas. Mit taktischem Geschick pendelten sie zwischen den verschiedenen Räumen ihres Hotels hin und her: dem großen Zimmer mit Balkon im ersten Stock, in dem Cemal seit Monaten wohnte, und jenem sehr viel kleineren, aber höchst wichtigen Raum im Erdgeschoss, wo – abgesehen von dem Apparat im Postamt – der einzige Telegraph Aleppos tickte. Er war der »heiße Draht« nach Konstantinopel: Hier landeten, verschlüsselt oder unverschlüsselt, die Telegramme für Cemal. Auch die Deportationsbefehle.

Turvanda hatte keine Angst. Unbefangen stieg sie die große Freitreppe des Hotels hinauf und klopfte mit typisch weiblicher Selbstverständlichkeit an die Tür des mächtigen osmanischen Ministers. Sie war nie allein. Obwohl sie Cemals Sprache beherrschte, ließ sie sich lieber alles von einem Dolmetscher übersetzen. »Sag ihm«, befahl sie, »dass sie diesen und jenen holen wollen.« Und der Triumvir, der Mann, dessen Wort in dem gesamten Gebiet zwischen Euphrat und Jemen Leben oder Tod bedeutete, ließ sich erweichen. Wenn Turvanda den Raum verließ, war die Liste der zur Deportation Bestimmten stets um einige Namen gekürzt.

Der alte Krikor ärgerte sich über seine Gattin. Das seien keine Frauenangelegenheiten, schimpfte er und verlangte, sie solle an ihrem Platz bleiben. Dann bat er den hohen Gast um Verzeihung, doch Cemal verteidigte Turvanda: »Sie belästigt mich kein bisschen, sondern tut recht daran, so zu handeln. Außerdem schätze ich die Familie Mazloumian.«

Auch wenn Wertschätzung eine Rolle gespielt haben mag, so war Cemals Nachsicht doch mit Sicherheit ebenso durch Eigeninteresse geleitet. Die Armenier waren für seine Pläne unverzichtbar. Im Januar hatte der Pascha versucht, den Suezkanal zu durchbrechen, hatte eine herbe Schlappe erlitten und war zum überstürzten Rückzug gezwungen worden, womit er sich viel Spott auf internationaler Ebene eingehandelt hatte. Er sann auf Rache und hatte, unter Berücksichtigung der begangenen Fehler, einen neuen Plan ausgearbeitet. Sein Trumpf würde die Eisenbahn sein, ein für die Versorgung der Front wesentlich effizienteres Mittel als Kamele. Doch die Bahnlinie war noch nicht fertiggestellt, der schwierigste Abschnitt stand vielmehr noch bevor: Das Taurus- und das Amanosgebirge mussten überwunden werden. Dazu war die Grabung zweier Tunnel erforderlich. Cemal standen wenig Zeit, wenig Geld, dafür jedoch zahllose armenische Flüchtlinge zur Verfügung, die zum Preis ihres Lebens zu jeder Schinderei bereit waren. Es war ein heikles Unterfangen: Um die Armenier mit ihrer kostbaren Arbeitskraft nach und nach dem Tod zu entreißen, hatte Cemal heimlich Kontakte und Vereinbarungen zwischen den Regierungsbeamten in Aleppo und den für den Eisenbahnbau verantwortlichen deutschen Ingenieuren gefördert, wobei Letztere froh waren, auf diese Weise nicht nur jenen armen Kreaturen zu helfen, sondern auch über höher qualifizierte Arbeitskräfte als die unerfahrenen Fellachen zu verfügen.

Doch vielleicht konnten sich die Armenier auch noch für etwas anderes als nützlich erweisen. Möglicherweise versuchte Cemal, da er den Niedergang des Osmanischen Reiches voraussah, einen eigenen Machtbereich innerhalb der südöstlichen Provinzen der Region aufzubauen. Dort, in Syrien und Palästina, hatte er die Entstehung einer starken, gegen Arabien gerichteten armenischen Enklave beobachtet.

Die Mazloumians wussten nichts von Cemals Plänen. Vielleicht ahnten sie etwas, aber die Situation spitzte sich zu und nur die bedingungslose Unterstützung des mächtigen Ministers konnte ein Blutbad verhindern.

Djelal Bey fortzuschicken hatte also nicht viel gebracht. Nach wie vor pulsierte das Herz des Widerstandes gegen Talaat im Hort der Mazloumians und die Brüder spannen weiterhin Fäden der Diplomatie und Überzeugungsarbeit, um damit ihre potenziellen Mörder zu umgarnen. Selbst den Katholikos Sahag II. Khabayan bezogen sie mit ein. Sie brachten ihn dazu, als echtes Oberhaupt der Gemeinschaft eine prophetische Rolle zu übernehmen und sich, ohne auf ein strenges Protokoll zu achten, zu Cemal zu begeben. Der hohe Prälat kam in Begleitung zweier Priester, Pater Magradic und Pater Hovannes, ins Hotel Baron. Er sprach fließend Türkisch, zog es aber vor, sich auf Armenisch an den Pascha zu wenden und einen Dolmetscher heranzuziehen. Nach den üblichen Höflichkeitsbekundungen kam er sofort zu der für ihn drängendsten Frage: »Welches Schicksal erwartet mein Volk?« »Deine Sicherheit unterliegt meiner Verantwortung«, antwortete Cemal Pascha. Der Katholikos hatte nicht die Absicht lockerzulassen. »Meine Sicherheit ist die Sicherheit meines Volkes«, entgegnete er rasch. »Ich möchte nicht über Politik reden«, unterbrach ihn Cemal. Doch seine Haltung ließ mehr erhoffen als seine Worte.

Mit Cemals Unterstützung konnten die Mazloumians einem ganz besonders Gesuchten – dem Satiriker und Chefredakteur der Zeitung Jamanak in Kontantinopel, Yervant Odian – in Hama ein Versteck besorgen. Odian war vor der Verhaftung und Deportation geflohen und streifte durch die Straßen Aleppos. In allen türkischen Polizeistationen hing ein »Steckbrief«, mit dem nach ihm gefahndet wurde: eine derart detaillierte Beschreibung, dass selbst die zerrissenen Socken und löchrigen Schuhe Erwähnung fanden. Ebenfalls dank Cemal leisteten die beiden Brüder darüber hinaus, ohne es zu wissen, einen wichtigen Beitrag zur Geschichte jenes Jahrhunderts und des Genozids an den Armeniern: Sie nahmen Aram Andonian, einen während der Osterrazzia aufgespürten Intellektuellen aus Konstantinopel, bei sich auf und stellten ihn in ihrem Hotel an, unter falschem Namen und mit stillschweigender Billigung des Paschas.

Durch die Anstrengungen der Mazloumians kam es zu Verzögerungen und Behinderungen, aber all das war nur ein Tropfen im Meer der Deportationen. So mussten sie mitansehen, wie sich die Straßen Syriens mit Scharen von Waisenkindern füllten. Eines Tages las Onnig einen erst wenige Jahre alten Jungen von der Straße auf. Er brachte ihn ins Hotel, gab ihm einen Teller Suppe und Kleider an Stelle der Lumpen, die er trug. Am Ende gab er ihm auch ein Dach über dem Kopf und eine Familie: Er adoptierte ihn, um die Leere in seinem Herzen zu überwinden, die durch den nie erfüllten Kinderwunsch entstanden war. Aber nicht alle hatten so viel Glück. Tausende kleiner, verzweifelter Geschöpfe hielten sich irgendwie am Leben, ohne ein schützendes Dach über dem Kopf oder die Gewissheit einer täglichen warmen Mahlzeit. Der Katholikos, die Mazloumians und die Altunians sprachen mehrfach mit Cemal Pascha darüber. Endlich, im Dezember 1915, gab der Minister seine Zustimmung. Beatrice Rohner, eine Schweizer Missionarin, eröffnete zwei Waisenhäuser, in denen mehr als tausend Kinder unter der Obhut von rund fünfzig Erwachsenen Zuflucht fanden. Es war immerhin etwas, aber längst nicht genug. Doktor Altunian ging erneut zu Cemal Pascha. Ein drittes Institut, unter der Leitung seiner Tochter Nora, wurde genehmigt. Es war zunächst sehr klein, und als die Zahl von fünfzig »Gästen« erreicht war, mussten weitere Bittsteller wegen Geldmangels abgewiesen werden. Erneut schritt Cemal ein. Er stellte öffentliche Mittel zur Verfügung und leitete Lebensmittel und andere Materialien, die eigentlich für das türkische Heer bestimmt waren, an die armenischen Waisenkinder um. So konnte Nora Altunian ihr Werk fortsetzen und die Straßen Aleppos durchkämmen, bis beinahe sechshundert Kinder zusammengekommen waren und sie ein zweites Heim eröffnete.

Aus den Telegrammen von Talaat, dem eigentlichen Drahtzieher des Genozids, schimmerte wachsender Unmut angesichts der Ereignisse in Aleppo durch. Doch Cemal Pascha war zu mächtig, seine auf Verzögerungen, unausgeführten Befehlen und unumkehrbaren Entscheidungen fußenden Methoden waren zu fein austariert und zu wenig greifbar: Es waren regelrechte Fallen, in die Talaats Männer prompt immer wieder tappten.

Dennoch hatte ihre Ankunft das zarte, mit der Zeit entstandene Gleichgewicht zwischen den städtischen Verwaltungsbeamten und den für den Eisenbahnbau und die Rettung zahlreicher Armenier verantwortlichen deutschen Ingenieuren merklich gestört. Der deutsche Konsul Rößler hatte Schukri, gleich nachdem dieser an der Spitze der von Talaat entsandten Schergen in Aleppo eingetroffen war, einen Besuch abgestattet. Zum ersten Mal seit Monaten war sein Gesuch, einige der Deportierten für den Eisenbahnbau »abzustellen«, auf geradezu niederschmetternde Weise zurückgewiesen worden. »Ihr habt nicht begriffen, worum es uns geht«, hatte ihm der »Direktor« des Flüchtlingsprogramms erklärt: »Wir wollen ein Armenien ohne Armenier.« Rößler hatte keine Zeit verloren. Er war ins Hotel Baron geeilt, um mit den Mazloumians und Cemal Pascha zu reden.

Cemal änderte daraufhin seine Taktik. Es wurde nicht länger verhandelt, sondern vertuscht. Cemal untersagte jegliche Form der Verbreitung oder Bekanntgabe dessen, was auf seinem Territorium geschah. Im Prinzip bestand für jeden – oder fast jeden – noch die Möglichkeit zur Rettung: Aber es musste heimlich geschehen. Verschwiegenheit wurde zur Grundbedingung. Die Mazloumians und die gesamte armenische Gemeinschaft spielten mit. Langsam gewann in den Hügeln an der Grenze zwischen Syrien und der späteren Türkei der von Cemal ausgeheckte Plan Gestalt: Ein riesiges Arbeitslager entstand. Fünfzigtausend Armenier lebten dort, fast ausschließlich Männer, die trotz unterschiedlichster Herkunft durch ihr tragisches Schicksal an diesem Ort vereint wurden. Ehemalige Intellektuelle und Landbesitzer, Bauern und Händler, unter ihnen viele Personen, die Turvanda von den Deportationslisten Richtung Rakka und Deir ez-Zor hatte »streichen« können und die froh waren, für ein tägliches Stückchen Brot Steine klopfen und Balken schleppen zu dürfen, statt auf den Leichenbergen in der Wüste zu landen.

Abd al-Haliq und seine Handlanger der Vernichtung fanden in den folgenden Wochen keinen Frieden. Aus Konstantinopel hagelte es immer wütendere Telegramme: Die Armenier sollten ausnahmslos deportiert werden, wer ihnen half, musste mit harten Strafen rechnen. Doch immer wieder konnten Menschen entkommen, wie Sand rannen die Deportierten den Männern Talaats durch die Hände. Zu Jahresbeginn ging Schukri Bey nach Konstantinopel, um Bericht zu erstatten und die Ergebnisse seiner Arbeit vorzustellen. Viel zu mager, befand Talaat, und die ihm zu Ohren kommenden Geschichten bestätigten seinen ursprünglichen Eindruck: Das Hotel Baron war nach wie vor ein Hindernis für die Vernichtungsmaschinerie, nach wie vor verhinderten die Mazloumians die Ausführung der Befehle.

»Du musst mich von diesem Schlangennest befreien«, zischte er mit schneidend dünner Stimme. Schukri Bey beschwichtigte ihn: Sein Wunsch würde bald erfüllt sein. Die Brüder Mazloumian rutschten an die oberste Stelle auf der Deportationsliste und Gerüchte über ihr Schicksal wurden laut. Cemal Paschas rechter Arm, Nusret Bey, nahm Armen und Onnig beiseite, um sie zu warnen und ihnen einen Rat zu erteilen: »Ihr solltet zum Islam konvertieren«, sagte er. »Nur so seid ihr in Sicherheit. Talaat würde es niemals wagen, Muslime zu deportieren.«

Cemal wusste von der Unterredung und dem Rat, aber er kam nicht darauf zu sprechen. Weder gegenüber Nusret Bey noch gegenüber den Brüdern, denen er mit derselben Freundschaftlichkeit begegnete wie immer. Um seiner Ansicht Ausdruck zu verleihen, wartete er einen offiziellen Anlass, ein Ereignis ersten Ranges ab: den Besuch von Kriegsminister Enver Pascha, einem weiteren »Triumvir«, in Aleppo. Wieder einmal war der Saal des Baron vom Glanz des Goldschmucks, der Uniformen und des Porzellans erfüllt. Cemal Pascha erhob sich, um die übliche Ansprache zu halten. Den Champagnerkelch in der Hand, begann er zu sprechen: »Ich habe einen armenischen Diener namens Garabed«, erklärte er. »Wenn er eines Tages aus Eigennutz beschließen würde, Moslem zu werden, wie könnte ich ihm länger vertrauen? Mir ist zu Ohren gekommen, dass man auch den Mazloumians dazu geraten hat. Nun gut: Falls sie sich darauf einlassen und tatsächlich zum Islam übertreten, werde ich nicht nur das Vertrauen in sie verlieren, sondern sie auch nie mehr wiedersehen wollen.« Offene Worte, die Armen und Onnig bewegten. Ein langer Augenblick frostigen Schweigens senkte sich über den Saal. Dann nickte Enver Pascha in stillem Einvernehmen. Das Thema war beendet: In diesen Breiten hatte Cemal das alleinige Sagen.

Doch Talaats Zorn kannte keine Grenzen. Unter den

täglich aus Konstantinopel eintreffenden Telegrammen befand sich auch der Befehl zur Deportation der beiden Brüder und ihrer gesamten Familie. Cemal Pascha warnte Armen und Onnig, riet ihnen zu größerer Vorsicht und zerriss den Befehl.

Im Februar entdeckten Talaats Männer während einer Mission in Nordsyrien das von Cemal Pascha ins Leben gerufene Arbeitslager zum Bau der Eisenbahn. Alles geschah zufällig, aber es kam dem Auffinden eines Schatzes, einer versunkenen Stadt oder einer Goldmine gleich: Tausende Armenier, das Ergebnis all der Monate stillschweigender Sabotage von Talaats Befehlen. Zum großen Unwillen Cemals und der Deutschen wurden die fünfzigtausend Flüchtlinge zum Aufbruch nach Rakka und Deir ez-Zor gezwungen und wie ihre Brüder einer nach dem anderen auf dem Weg dorthin ermordet. Der Bau der Bagdadbahn kam zum Erliegen.

Ein schwerer Schlag für Cemal. Doch weitere, noch finsterere Wolken brauten sich im Süden zusammen. Die Engländer ergriffen die Initiative in Palästina und im Hedschas stachelten britische »Dienste« sowie T. E. Lawrence die Araber der heiligen Städten Mekka und Medina immer stärker dazu an, sich gegen die türkische Regierung aufzulehnen, wobei sie verheißungsvoll die Flagge der arabischen Freiheit vor ihren Augen schwenkten. Aleppo war zu weit entfernt vom Suezkanal und der arabischen Halbinsel. Cemal war gezwungen, nach Süden zu gehen; genauer gesagt nach Damaskus, wo er einige Dutzend Araber, Mitglieder der geheimen Unabhängigkeitsbewegung, erhängen ließ, die man der Spionage für die Engländer und für den Scherifen von Mekka, Hussein ibn-Ali, bezichtigte.

Die Zeit war reif, das »Schlangennest« zu zerschlagen. Repressionen und Deportationen wurden intensiviert. Der Telegraph tickte ununterbrochen, übermittelte verschlüsselte und unverschlüsselte Nachrichten. Jede enthielt implizit das Todesurteil für Dutzende von Armeniern. Talaats Zange schloss sich immer enger: Mischehen, durch die man früher der Verhaftung entkommen konnte, Konversionen und Adoptionen wurden verboten, die Waisenhäuser geschlossen und alle – selbst Anhänger des Islam –, die einem Flüchtling Obdach gewährten, hatten mit schwersten Strafen zu rechnen.

Am Karsamstag fand im Hotel Baron die traditionelle Osterwache statt. Freunde und Verwandte drängten sich in dem Saal. Nur der alte Krikor, der einst aus Antchurty gekommen war, fehlte. Er war im Februar verschieden, ganz sanft im Schlaf.

Zu fortgeschrittener Stunde betrat auch Abdulahad Nuri das Hotel. Der örtliche Leiter des Deportationsprogramms wurde förmlich, aber unverhohlen kühl empfangen. Er wechselte einige höfliche Worte und wandte sich dann an Armen. »Morgen ist euer Fest«, sagte er. »Welchen Champagner werdet ihr anbieten?« »Nein, morgen ist nicht unser Fest«, mischte sich Onnig trocken ein, ehe sein diplomatischerer Bruder antworten konnte. »Wirklich nicht? Aber morgen ist doch Ostern?«, gab Nuri erstaunt zurück. »Unser Fest wird der Tag sein, an dem ihr endlich verschwindet«, lautete Onnigs kühle Antwort.

Der Frühling ging schleppend in den Sommer über. Ein Mantel schwüler Luft legte sich über das neue Aleppo. Der einstige Knotenpunkt für die Karawanen zwischen Ost und West, zwischen der arabischen Wüste und dem Kaukasus, war zur entscheidenden Etappe zwischen Anatolien, Armenien und dem Tod geworden. Der Suk war ein Schatten seiner selbst, die Läden geschlossen, die Verkaufsstände halb leer, die Khane von Menschen am Rande ihrer Kräfte überfüllt. Der Stadtrand glich einem offenen Friedhof, täglich starben Dutzende von Menschen. Die Überlebenden fanden kaum noch die Kraft, sie zu bestatten.

Im Juni brach im Hedschas die Arabische Revolte aus, die Engländer am Suezkanal wurden zu einer immer größeren Bedrohung. Cemal war gezwungen, sein Hauptquartier noch weiter nach Süden zu verlegen: nach Jerusalem. Und Talaat schlug zu. Der Deportationsbefehl für die Mazloumians kam im Herbst. Zielort: Mossul, der Schrecken aller Armenier.

9

Es wurde ein grausam lächelnder Abschied, ein höfliches Spiel mit dem Tod: Der zuvorkommende Abendgast konnte ohne Weiteres am nächsten Tag in Henkersgestalt erscheinen. Als Cemal Paschas persönlicher Assistent, Nusret Bey, von Talaats Befehl an Abd al-Haliq und Schukri Bey erfuhr, verlor er keine Zeit. Aus dem Hauptquartier in Jerusalem kam ein Gegenbefehl. Die Mazloumians sollten sich unverzüglich zur »Deportation« bereithalten. Aber Zielort war nicht Mossul, sondern Jerusalem, wo übrigens eine wohlhabende und mächtige armenische Gemeinschaft existierte. Um die Ausführung des Befehls zu beschleunigen, stellte Nusret Bey einen Zug zur Verfügung. Für Talaat bekam sein halber Sieg somit einen bitteren Beigeschmack. Mit dem Aufbruch der Mazloumians würde das Hotel Baron zwar nicht länger als wirksames Standbein gegen die Vernichtung fungieren, und das war immerhin ein Erfolg. Aber wieder einmal waren die Mazloumians entkommen.

Die Lokomotive, mit vier Güterwagen und rauchgeschwärztem Schornstein, kam am nächsten Tag. Die »Vierzig Mann oder acht Pferde«-Bahn, nannten die Bewohner Aleppos sie, in Anspielung auf die an den Wagons angebrachten Schilder mit den Angaben zur Maximallast.

Sie würde die Mazloumians in Sicherheit bringen, und nicht nur sie: Etliche Dutzend weitere Armenier klammerten sich an diesen unverhofften Rettungsanker. Am Bahnhof stellte sich Turvanda neben die türkischen Beamten, die für den reibungslosen Ablauf der Operation sorgen sollten. Sie trug ihre althergebrachte Kleidung, dieselbe wie in den Zeiten in Antchurty; nur der zu einer Art Gloriole um den Kopf gewundene Haarkranz war inzwischen von feinen grauen Strähnchen durchzogen. »Das sind alles Verwandte, sie gehören alle zu den Mazloumians«, beteuerte sie auf die ersten Anzeichen von Verwunderung hin. »Sie ist meine Cousine«, mischte sie sich ein, als sie sah, dass sich eine Passkontrolle übermäßig in die Länge zog. »Seht ihr nicht, wie sehr wir uns ähneln?«

Endlich war der letzte Koffer im Zug verstaut, das letzte Blatt gestempelt. Doch die Lokomotive blieb weiter schnaubend unter dem Bahnhofsdach stehen. Armen und Onnig waren noch nicht eingetroffen. In einem Zimmer im Erdgeschoss, in Begleitung von Fakr Bey Jabri, nahmen sie in orientalischer Manier feierlich Abschied von ihrem Hotel. Auf dem Tisch lag ausgebreitet ein Protokollblatt. Fakr Bey tauchte die Feder in die Tinte und unterschrieb. Das Kratzen der Feder auf dem Papier schnitt den Brüdern ins Herz. Fakr Bey war stets ein Freund gewesen und sein Wort war Gold wert: Wenn er versprach, bei ihrer Rückkehr alles zurückzugeben, so würde er sich daran halten. Nur, würden sie jemals zurückkehren? Das Kratzen war verstummt und die nun folgende Stille besiegelte den Abschied. Sie waren nicht länger Besitzer dessen, was sie erschaffen hatten. Ein zurückhaltendes Klopfen an der Tür übertönte die Traurigkeit: Es war Zeit zu gehen. Fakr Bey erhob sich und umarmte sie. Mit tröstenden Worten überwand er die Rührung. »Macht euch keine Sorgen um das Hotel. Es wird alles bestens laufen. Darum kümmere ich mich. Ihr müsst jetzt an euch und eure Familie denken. Seid nicht leichtsinnig. Tretet nicht zu stark in den Vordergrund und geht kein Risiko ein. Alles kann sich von einem Augenblick zum andern wenden.« Sie wechselten keine weiteren Worte mehr, die Wachen hatten es eilig, sie abzuführen. Zum Bahnhof, zum Zug: ein langer Pfiff, das Schwenken von Taschentüchern, die Ängste der wenigen hierher zum Abschied erschienenen Freunde. An diesem Tag blies ein eisiger Wind. Die schwarze Dampfwolke der Lokomotive löste sich im Nu auf.

10

Das Grau der Hügel rings um Aleppo war bald schon Erinnerung. Nach kilometerlanger Fahrt durch nicht enden wollende enge Schneisen gelangte der kleine schnaubende Konvoi in eine einladend sanfte Ebene, auf der sich hier und dort ein paar Hügel erhoben. Es war das Tal des Orontes. Der Zug fuhr am Ufer dieses Gewässers, das von den Arabern Nahr al-Assi, »verkehrt fließender Fluss«, genannt wurde. Er war der einzige in jener Region, der von Süd nach Nord verlief. Ringsum erstreckte sich der so genannte »Fruchtbare Halbmond«, ein in der Mitte breiter, zu den Enden spitz auslaufender Landstrich, ähnlich einer Mondsichel, und die letzte grüne Oase vor der syrischen Steppe.

Durch die Ritzen der Waggons blickte man in eine märchenhafte Landschaft. Überall standen Hütten mit weißen, an Zuckerhüte erinnernden Runddächern, und Holzräder, zehnmal so groß wie Wagenräder, über die das Wasser strömte, waren zu sehen. Doch die in den Güterwaggons zwischen Proviant und Hausrat zusammengepferchte Menge achtete weder auf den Orontes noch auf jene Landschaftsausschnitte. Einige weinten still vor sich hin, den Kopf zwischen den Armen vergraben, andere spekulierten ängstlich über eine ungewisse Zukunft, sprachen über Jerusalem.

Die ersten lächelnden Gesichter gab es um die Mittagszeit. Man kochte auf dem Boden und die Mahlzeit wurde ein einziges Festhalten und Auffangen von Tellern und Flaschen, um zu verhindern, dass in der nächsten Kurve oder beim nächsten Ruck alles umgeschmissen würde. Am Ende scharten sich die Frauen, jede mit einer Tasse heißem Tee in den Händen, um Turvanda mit ihrem Haarkranz. Ebenso wie Krikor hatte sie eine Pilgerreise nach Jerusalem unternommen, und sie fand für jede ein Wort, eine Anekdote oder einen Rat. Sie konnte sich noch gut an jenen Morgen vor über zwanzig Jahren erinnern, als sie mit Mann und Kindern Antchurty verlassen hatte. Auch damals hatte ihnen das Ausmalen des neuen Lebens geholfen, nicht unter den Trümmern des alten begraben zu werden.

Am folgenden Morgen erschien in der Ferne eine breite weiße Wand. Es war der erste Vorbote der schneebedeckten Berge des Libanon. Der Zug kämpfte sich durch eine schmale Schneise steil nach oben. Er kam nur mit Mühe und sehr langsam voran. Bald schon bedeckte Schnee die Gleise. An besonders heiklen Stellen musste man anhalten, Schaufel und Spaten zur Hand nehmen und die Durchfahrt freischippen. So ging es weitere sechsunddreißig Stunden mühsam und keuchend voran. Endlich kam der kleine Konvoi im Bahnhof von Zahlé mit einem Schnaufen zum Stehen.

Ab dort verließen die Gleise endgültig die Ebene mit ihren Hügeln, um weiter stetig in Richtung Antilibanon aufzusteigen, bis zum Meidereji-Pass, dem letzten Gebirgsbollwerk vor Palästina. Der Kaymakam der kleinen Stadt, Kadri Bey, zeigte den Brüder Mazloumian von Weitem den Verlauf. Das war der Weg, um nach Jerusalem zu gelangen, doch er riet von einer Weiterreise ab. »Das schafft ihr nie, da oben liegt meterhoher Schnee. Die Gleise sind wie Margeriten, sie kommen erst im Frühling wieder zum Vorschein.«

Aber schließlich war das keine Urlaubsfahrt, sie konnten nicht einfach halten, wo sie wollten, zumal nicht in einer christlichen Gegend. Sie hätten sich von Pflichten entbinden lassen und Genehmigungen einholen müssen, wandten die Brüder ein. Der Kaymakam vertrieb all ihre Sorgen mit einem Lächeln: »Ihr seid hier sicher. Das ist Noahs Land. Die Türken bekommen unseren Wein, nicht aber unsere Gäste.«

Auch die Mazloumians lächelten, doch erst ein Antwortschreiben Cemal Paschas zerstreute jeden Zweifel. »Innerhalb meines Territoriums«, so der Minister, »dürfen die Mazloumians bleiben, wo es ihnen beliebt.« Angesichts dieser Worte war die Zustimmung durch den Gouverneur des Libanon eine reine Formsache: Zahlé empfing die Flüchtlinge mit offenen Armen.

Jeder der eingetroffenen Armenier erhielt ein Dach über dem Kopf. Für Baron Armen und die Seinen stellte man das Haus der Devalibs – einer der angesehensten Familien des Ortes – zur Verfügung.

Auch im Exil blieben die Mazloumians stets sich selbst treu. Ihre Tür war zu jeder Tages- und Nachtzeit geöffnet. Jeder konnte eintreten, um Speise, Rat und Hilfe bitten und diese auch erhalten. Fakr Bey Jabri schickte – sobald möglich – einen Teil des durch das Hotel Baron eingenommenen Geldes. Das genügte, um die Speisekammer immer gefüllt zu halten.

So war sie glücklicherweise auch gefüllt, als es eines Morgens an der Tür klopfte. Der kleine Koko ging, um sie zu öffnen, und sah sich einer Horde armenischer Waisen- und Flüchtlingskinder aus den Lagern der Umgebung gegenüber. Dutzende fiebernde Augen starrten auf das gut gekleidete und wohlgenährte Kind. Koko wurde von einer Flut schreiender Kreaturen und ausgestreckter Hände überrumpelt. »Brot, Brot!«, verlangten sie. Koko rannte in die Küche, klaubte alles Brot zusammen, das er finden konnte, und brachte es den Bittstellern. Sie stürzten sich darauf wie wütende Bestien, rissen ihm alles aus den Händen, selbst die harten oder schimmligen Stücke. Sie stopften sie sich in den Mund, ohne sie durchzubrechen. Sie kauten nicht einmal, sondern verschlangen sie im Ganzen, schluckten sie so schnell es ging hinunter, um ihren abgrundtiefen Hunger zu stillen. Dann verschwanden sie wie eine Herde kleiner verwilderter Tiere.

Als die schreiende Schar verschwunden war, begann Koko zu zittern. Das Zittern hielt eine ganze Woche an, dann kam Fieber hinzu, die Temperatur stieg bis auf 41 Grad und die Sinne schwanden ihm. Der Arzt sprach von Masern, er verordnete Wärme und geschlossene Fenster. »Er muss schwitzen, darf auf keinen Fall frieren«, sagte er. Turvanda hörte aufmerksam zu. Als er fertig war, dankte sie ihm und begleitete ihn zur Tür. Dann tat sie das, was Instinkt und Erfahrung sie lehrten. »Von wegen Masern!«, rief sie, »frische Luft, frische Luft«, und sie riss die Fenster auf. »Was tust du? Bist du verrückt? Hast du nicht gehört, was der Arzt gesagt hat?«, versuchte Ieranik ihr Einhalt zu gebieten. »Dieser Stümper hat doch keine Ahnung! Das sind nicht die Masern, das ist Typhus. Macht die Fenster auf, der Junge braucht Frischluft«, beharrte Turvanda.

Tagelang rang Koko mit dem Tod. Manchmal delirierte er, dann blieb er viele Stunden reglos, und nur das sanfte Auf und Ab der Brust verriet, dass er noch atmete, dass noch Leben in ihm steckte. Turvanda hatte jedem verboten, das Zimmer zu betreten. Sie allein kümmerte sich um alles: Sie wechselte die Laken, tränkte Tücher in Essigwasser, um sie dem Enkel auf die Stirn zu legen, versuchte geduldig, ihn zu füttern. Sie ließ ihn nie allein, Tag und Nacht wachte sie, Rosenkränze oder andere Gebete vor sich hin murmelnd, über seine Fieberphantasien und seinen unruhigen Schlaf. »O Herr, nimm mich zu dir, aber rette dieses Kind.«

Sie wurde erhört. Nach ein paar Wochen konnte Koko das Bett verlassen, durchs Haus laufen und schließlich wieder ins Freie treten. Und Turvanda war es, die dem Fieber und Delirium zum Opfer fiel. Der Typhus raffte sie innerhalb weniger Tage dahin. Man begrub sie auf dem

Friedhof von Zahlé, fernab von der Heimat, ihrem Haus und dem Grab ihres Mannes.

Turvanda ließ eine tiefe Spur der Einsamkeit zurück. Am traurigsten schien der kleine Koko zu sein. Allein, ohne die herrische, aber auch so zärtliche Großmutter, die ihn mit einem Blick zum Schweigen gebracht, ihn aber, wenn nötig, eine ganze Nacht lang getröstet hatte, fand er nicht einmal im Schlaf Erleichterung. Er schlief ein, doch dann tauchte er in eine Welt der Albträume ab, und beim Erwachen fühlte er sich wie erschlagen.

In einer dieser Nächte wurde er von Ungeheuern heimgesucht, die ihn verfolgten und ihn verschleppen wollten. Er versuchte zu fliehen, rannte davon, stürzte und erwachte. Damals waren die Betten noch sehr hoch, so wollte er die Mutter holen, um sich wieder hineinhelfen zu lassen. Er trat in das elterliche Schlafzimmer, doch als die Mutter die Kerze anzündete, bemerkte er, dass der Vater nicht neben ihr lag. »Er ist für ein paar Tage verreist«, erklärte Ieranik und führte ihn an der Hand in sein Zimmer.

Viele Tage vergingen, aber der Vater kehrte nicht zurück. Eines Morgens nach dem Frühstück steckte Ieranik etwas Kuchen in eine Tasche, nahm die Bibel in die Hand und rief ihre Kinder: »Wir wollen einen Spaziergang unternehmen, die Sonne scheint so schön.« Sie liefen einige Kilometer durch die Berge rings um Zahlé. Als sie müde wurden, breitete die Mutter ein Tuch auf der Wiese aus. Koko strahlte, rannte trunken vor Freiheit umher; nach langer Krankheit war er endlich genesen. Zwischen den Grashalmen waren die ersten Margeriten zu sehen, die Luft war von Düften erfüllt. Im Nu verschwanden die Kuchenstücke und Koko klaubte die Krumen zusammen. »Komm, Mama, wir geben sie den Vögeln«, rief er. Aber weder Ieranik noch Kokos Bruder Antranik folgten ihm. Sie saßen nebeneinander, die Gesichter nach Norden auf etwas gerichtet, das nur sie zu sehen schienen. »Dort hinten liegt Aleppo, oder?«, fragte Antranik. »Ja«, erwiderte die Mutter. Dann öffnete sie die Bibel und heftete den Blick auf die letzten Seiten. Der Tod des alten Krikor, dann der Turvandas, gefolgt von einigen leeren Seiten: Ein Schrecken durchfuhr sie. Nein, möge Gott es nicht zulassen, flehte sie. Hastig blätterte sie weiter, um den freien Platz zu verbergen, der darauf wartete, beschrieben zu werden. Als sie zu den Psalmen kam, begann sie zu beten.

Koko ging seine zwitschernden Freunde alleine füttern. Er verstand weder die Unruhe der Mutter noch die nachdenkliche Haltung des Bruders. Er konnte es nicht verstehen, denn er wusste nichts von dem Telegramm an den Kaymakam von Zahlé. Armen sollte unverzüglich nach Aleppo zurückkehren. Man wollte ihn zu seiner Aktivität in der AGBU, der Armenian General Benevolent Union (Armenische Allgemeine Wohltätigkeitsunion) befragen, jener Organisation, die sich darum bemühte, die katastrophalen Folgen des Völkermordes so gering wie möglich zu halten, den Flüchtlingen zu helfen und Waisenkinder aufzugreifen.

Der Kaymakam riet ihm von der Reise ab. Alle Mitglieder der in Aleppo tätigen Union saßen bereits im Gefängnis, und die meisten vor das türkische Militärgericht Bestellten waren nie zurückgekehrt. Er bot ihm sogar ein Versteck in den Bergen bei Zahlé an. Doch Armen wollte nichts davon wissen. Er nahm seinen ältesten Sohn Antranik beiseite und vertraute ihm die Familienbibel an: »Pass gut darauf auf, und auch auf deine Mutter, du bist alt genug dazu.« Dann küsste er seine Frau und ging.

Er erschien vor dem Kriegsgericht, wie man ihm befohlen hatte. Doch das Schicksal wollte es, dass sich in diesen Tagen auch Nusret Bey auf der Durchreise in Aleppo befand. Er kam aus Jerusalem und sollte im Auftrag von Cemal Pascha einige Tage in der Stadt verbringen, bevor er weiter nach Konstantinopel reisen würde. Er wusste, dass seine alten Freunde weit weg waren, dennoch stieg er im Hotel Baron ab. Fakr Bey Jabri führte ihn unverzüglich in sein Büro. Ein Diener kam mit einer hohen, glänzenden Kaffeekanne. Jabri wartete, bis die kochend heiße Flüssigkeit aus der gebogenen Tülle in die Tassen geflossen war, dann begann er zu sprechen. Als er begriff, dass Nusret Bey nichts von Armens Rückkehr nach Aleppo wusste, berichtete er ihm von dem drohenden Prozess und von den bereits im Gefängnis sitzenden Führungsköpfen der AGBU. »Ich bin in großer Sorge. Er hätte nicht zurückkommen dürfen, das war ein Fehler. Er riskiert eine Menge, denn Talaat hat noch eine Rechnung mit ihm und seinem Bruder zu begleichen.«

Nusret Bey verlor keine Zeit. Er wartete nicht einmal auf Anweisungen aus Jerusalem, denn bezüglich der Mazloumians hatte er freie Hand, das wusste er. Er schickte ein kurzes Schreiben an den Präsidenten des Kriegsgerichts mit der Bitte um eine Unterredung. Er wurde sofort empfangen. Als er in sein Büro kam, erzählte er dem Präsidenten zunächst von Jerusalem, von den großen Erfolgen Cemal Paschas und dass der endgültige Sieg nahe sei. Ein langes Vorspiel, wie es den orientalischen Sitten und Gepflogenheiten entsprach. Am Ende der Präliminarien brachte er sein Gnadengesuch für den alten Freund vor. Der Präsident nahm eine bekümmerte Haltung ein, schlug sich drei Mal mit der Hand gegen die Brust, um seinem Bedauern Ausdruck zu verleihen, aber er vermöge leider beim besten Willen nichts auszurichten. Alle anderen seien verurteilt worden – erklärte er – und auch Armen Mazloumian könne diesem Schicksal nicht entkommen.

Nusret Bey hörte geduldig zu, dann wiederholte er sein Gesuch; genau wie zuvor, als habe er die Zurückweisung überhört. Doch er fügte noch etwas hinzu: Die Begnadigung sei ein persönlicher Wunsch Cemal Paschas. »Warum haben Sie das nicht gleich gesagt!«, rief der Präsident. »Das ist natürlich etwas ganz anderes.«

Am folgenden Tag wurde dem Gefangenen Armen ein Papier zum Unterzeichnen vorgelegt. Verklausuliert durch schwer verständlichen Bürokratenjargon ging es darin um seine Freilassung und um die Aufforderung, eine Kaution von zehn Goldstücken zu zahlen. Er unterschrieb erst, nachdem er sich davon überzeugt hatte, dass dasselbe Blatt auch allen übrigen mit ihm gefangenen Mitgliedern der Wohltätigkeitsunion vorgelegt worden war.

Armen kehrte nach Zahlé zurück, als die ersten zarten Getreidehalme spross und die Aprikosenbäume zu blühen begannen. An diesem Abend blieben die Lichter im Haus der Mazloumians lange hell. Armen erzählte und erzählte, aber es war nie genug. Immer wieder tauchten neue Fragen zum Hotel, zu den Altunians, zu den Ordensschwestern und all den Freunden in Aleppo auf. Auch jetzt noch begriff Koko nicht alles, was um ihn herum gesprochen wurde, aber der Vater war zurückgekehrt und seine Mutter lächelte wieder. Das war alles, was er brauchte.

Das Getreide reifte, die Aprikosen waren bereits gepflückt, in den Weinbergen stand die Ernte bevor. Es war die wichtigste Zeit des Jahres. Sie dauerte nicht länger als einen Monat, doch sorgte sie während der darauffolgenden elf für das Wohlergehen der Bewohner.

Laut der Bauern würde es ein gutes Jahr werden. Die Weinstöcke hingen voller Trauben, die Beeren waren prall und rund. Die Bottiche wurden auf die Tennen in die Sonne gestellt und warteten darauf, gefüllt zu werden. Dann kam der Zeitpunkt, an dem die Flüchtlinge bei der Ernte und beim Schleppen der Trauben halfen. Als alles gekeltert war und man die schöne rubinrote Flüssigkeit in Fässer abfüllen konnte, wurde gefeiert. Die ganze Stadt war dabei, der Kaymakam, Kadri Bey, erhob sich, ein gefülltes Weinglas in der Hand. Er dankte den Armeniern für ihre Hilfe und versicherte ihnen: »Euer Exil wird nicht mehr lange dauern. Die Engländer sind auf dem Vormarsch.«

Am 11. Dezember 1917 eroberte General Allenby als erster christlicher Feldherr seit den Zeiten der Kreuzzüge die Stadt Jerusalem. Gemeinsam mit Oberst Lawrence trat er zu Fuß durch das Jaffator: zum Zeichen des Respekts angesichts der Lebens- und Leidensstationen Jesu Christi. Die Mazloumians bereiteten sich auf eine neue Reise vor. Dieses Weihnachten würden sie in Aleppo feiern.

11

Ein Donnern war zu hören und die Fensterscheiben im Hotel Baron zitterten beim Tiefflug der englischen und französischen Flugzeuge, dieser kleinen, fragilen Gebilde aus Holz und Leinwand, die dennoch Schrecken zu verbreiten vermochten. Die Wachsoldaten, die Mustafa Kemal zur Sicherung des Hotels zurückgelassen hatte, hoben den Blick, umschlossen die Perlen ihrer Gebetsketten noch enger mit den Fingern und richteten ein hastiges Stoßgebet an Allah. Eine weitere Explosion, aus ein paar Hundert Metern Entfernung, vom Fluss her oder von dahinter, brachte die großen Scheiben erneut zum Zittern. »Der Bahnhof. Sie haben den Bahnhof bombardiert«, sagte Armen zu sich selbst und trat auf die Terrasse.

Es gab nicht viel zu sehen. Die Straße lag wie verlassen da. Selbst Mustafa Kemals Soldaten schienen verschwunden zu sein. Seit Anfang des Sommers bewachten sie das Hotel Baron, um den Ort zu schützen, der ihrem Kommandanten, dem späteren Atatürk, als Herberge diente. Doch bei den ersten Anzeichen des Krieges hatten sie sich samt ihren Maschinengewehren, ihren Gebetsketten und dem falschen Versprechen, das Hotel bis zum Letzten zu verteidigen, verdrückt.

Armen wartete einige Augenblicke, dann ging er wieder hinein. Aus dem am weitesten innen gelegenen, sichersten Raum blickten ihm seine Familie, die arabischen und armenischen Kellner sowie ein Mann von dunkler Hautfarbe, der sich lieber ein wenig abseits hielt, neugierig entgegen. »Nichts«, verkündete er achselzuckend, obwohl niemand ihn gefragt hatte, was er gesehen habe.

Gespanntes, unnatürliches Schweigen und einige Minuten später ein fernes Dröhnen, das sich rasch wieder in den heulenden Lärm der Flugzeuge verwandelte. Das Donnern der Explosion und die Schreie kamen diesmal aus dem westlichen Teil der Stadt. Eine kurze Pause und dann erneut das Lärmen der Kriegshornissen, weiteres dumpfes Getöse aus den im Westen gelegenen Vierteln. »Die bringen uns alle um«, murmelte einer der Kellner mit unheilvoller Stimme. »Wenn es die Engländer nicht tun, dann Mustafa Kemal. Zu den Soldaten hat er gesagt: Eher zerstöre ich selbst Aleppo, bevor ich es dem Feind überlasse.«

Der zukünftige »Vater der Türken« hatte seine Truppen rings um die Stadt verteilt und eine ganze Division rund zehn Kilometer weiter südlich, bei Houdehiye, stationiert. Er war fest entschlossen, den Angriff der Araber abzuwehren und den Vormarsch zu stoppen. Aber die türkischen Infanteristen waren bereits erschöpft: Sie hatten weder die Kraft noch den Willen, sich einem Feind zu widersetzen, der seinen Sieg bereits in der Tasche glaubte. Die Gegend um den Suk war die erste, aus der sie verschwanden und alles sich selbst überließen. Nach und nach folgten die übrigen Viertel. Die Geschäfte blieben geschlossen, es gab kaum Passanten, die Verwaltung und öffentliche Ordnung funktionierten nicht länger und auf den Straßen herrschte Willkür. Dort drängten sich Scharen wehrloser Flüchtlinge ohne Nahrung, bisweilen sogar ohne Schuhe, die den Kämpfen in Syrien und Palästina entkommen waren. Dann kam die Flut gemeiner Gefangener hinzu. Dank des allgemeinen Durcheinanders war ihnen die Flucht aus dem Gefängnis gelungen, und sie trugen ein Übriges dazu bei, die Zahl der Plünderungen zu erhöhen.

Fünf Tage später, am Nachmittag des 25. Oktober 1918 vernahmen die Aleppiner einen dumpfen, lauten und schweren Schlag. Dann, ganz aus der Nähe, Maschinengewehrsalven. Das war die englische Artillerie. In der Nacht verstummten die Schüsse nach und nach. Stattdessen war Donnern zu hören. Das Warten hatte ein Ende, die Türken zogen sich zurück. Doch bevor sie Aleppo verließen, folgten sie Atatürks Anweisungen: Sie sprengten Brücken und die Eisenbahn, um den feindlichen Vormarsch zu verzögern. Am Ende nahmen sie die Straße nach Norden, in Richtung Anatolien. Ihnen dicht auf den Fersen folgten, unter der Führung von T.E. Lawrence oder El Aurens, wie man ihn hier zu nennen pflegte, die berittenen Freischärler beziehungsweise Beduinen der in der nahen Wüste beheimateten Stämme sowie die Vorhut des eigentlichen arabischen Heeres unter der Führung des zukünftigen Premierministers von König Faisal im Irak, Nuri Said Pascha. Auf ihrem Weg durch Aleppo stießen sie auch auf das Hotel Baron. Entschlossen, ihr durch die beduinische Tradition festgeschriebenes Recht auf Plünderung geltend zu machen, steuerten die Freischärler ohne zu zögern darauf zu. Doch das düstere, aus Stein errichtete Hotel, das so stark an eine Festung erinnerte, erschreckte sie. Vorsichtig und unsicher, vielleicht gar einen möglichen Hinterhalt der türkischen Nachhut befürchtend, näherten sie sich. Als sie bereits wenige Meter vor dem Eingang standen, stürmte atemlos und aufgeregt ein Mann heraus, um ihnen Einhalt zu gebieten. Es war Murray Pascha Mellah, ein aus Aleppo stammender Araber und langjähriger treuer Diener der Mazloumians. »Halt!«, rief er mit hoher, fast kreischender Stimme. Die Beduinen hielten erstaunt inne. »Halt!«, wiederholte Murray, der noch immer reglos auf dem Rasen vor dem Hoteleingang stand, die Arme in die staubige Luft erhoben. »Halt! Wagt es nicht hineinzugehen. Das ist der Ort, an dem unser König Faisal zu Gast weilen wird.« Ein Moment des Zögerns, dann verschwanden die Freischärler in Richtung der goldschimmernden Mauern der Zitadelle.

Es war tiefe Nacht, als in Aleppo endlich Ruhe einkehrte. Die verlassene Stadt kostete den Geschmack der Freiheit. Ein neuer Geschmack. Eine kleine, berauschende Kostprobe. Ein gleich wieder beendetes Zwischenspiel. Die Sonne eines trägen Oktobermorgens schien auf das Zeichen der neuen Machthaber. Die Schaffellhändler waren die Ersten, die es bemerkten: Weit oben auf dem Eingangsturm zur Zitadelle, kaum bewegt vom zarten Windhauch, wehte die grüne Flagge der Arabischen Revolte.

Zur Mittagszeit prangten die Farben der Entente Cordiale an den Hausfenstern. Auf den Straßen paradierten Pferde mit kostbarem, in Jaipur oder Srinagar gefertigtem Geschirr; dazu Reiter mit finsteren Gesichtern und kunstvoll gewundenen Turbanen; Panzerfahrzeuge, schneller als Kamele und grausamer als die Türken, wenn es um die Ermordung von Feinden ging.

Es war das Heer der Freiheit, eine Parade von Australiern, Engländern, Ägyptern, an der Seite der indischen Kavallerie und unter Führung des schottischen Generals Mac Andrew. Die Aleppiner empfingen ihn mit kühler Neugierde und der Nüchternheit derer, die auf ihren Basaren seit Jahrhunderten den ausgefallensten und exzentrischsten Gestalten begegnet waren und bereits jegliche Art von Versprechen kannten. Einige riefen, die französische Flagge schwenkend: »Es lebe Frankreich!«, andere antworteten: »Es lebe Arabien!« Doch, warum auch immer, bejubelte niemand die Soldaten des Königreiches.

Gegen Abend nahm das Heer der Freiheit die Verfolgung der Türken auf. Es holte sie auf der Straße in Richtung Alexandrette, etwa zehn Kilometer nördlich von Aleppo, in der Nähe eines kleinen Dorfes namens Bellaramon, ein. Es war die letzte Schlacht, die letzte Niederlage. Der Rückzug verwandelte sich in eine ungeordnete Flucht, zu Fuß, zu Pferd, mit jedem nur denkbaren Mittel, ohne Waffen in Richtung Norden.

Aleppo war erobert. Feisal besuchte tatsächlich das Hotel Baron, doch Nuri Said Pascha kam vor ihm. Die Mazloumians nahmen Letzteren bei sich auf, als sei er der König höchstpersönlich. Sie empfingen ihn im Wohnzimmer der Familie, zwischen venezianischen Sitztruhen und persischen Wandteppichen. Es war der Beginn einer langen Freundschaft zwischen ihm und den beiden Brüdern, insbesondere mit Armen. Eine Freundschaft, die nur ein einziges Mal getrübt wurde. Eines Tages, lange Zeit nach ihrer ersten Begegnung, tauchte aus einem geheimen Schlupfwinkel des Hotels ein Mann von dunkler Gesichtsfarbe auf. Es war derselbe, der sich in dem Zimmer, in das sich die Bewohner des Baron während des englischen Luftwaffenangriffs auf Aleppo zurückgezogen hatten, abseits gehalten hatte. Die Araber sahen ihn erstaunt und misstrauisch an. Sie sprachen mit Nuri Said Pascha darüber. Armen wurde sofort aufgefordert, eine Erklärung zu liefern. Er sähe aus wie ein Türke, dieser Mann, ob er tatsächlich einer sei? Armen erwiderte ruhig, ja, es stimme, er sei Türke und er habe lieber bleiben wollen, als einer Sache, an die er schon lange nicht mehr glaubte, und Anführern, die ihn enttäuscht hatten, zu folgen. »Schäm dich, du bist Armenier und versteckst einen Türken!«, hielt ihm Nuri Said Pascha vor und warf ihm einen vernichtenden Blick zu. »Nein, ich schäme mich kein bisschen«, antwortete Armen unbekümmert. »Ich verstecke keinen Türken, sondern einen Freund. Und du solltest froh darüber sein, denn für dich würde ich dasselbe tun, falls dir etwas zustieße.«

Besagter Mann war Naim Bey. Mit Naim Bey hielt das Hotel Baron seinen Einzug in die Geschichte und die Mazloumians trugen mehr oder weniger bewusst dazu bei, einen Grundpfeiler für die Dokumentation des armenischen Völkermordes zu verankern – einen Grundpfeiler, auf den sich das Anklagegefüge gegen die von den Osmanen verübten Gräueltaten auch heute noch stützt. Naim Bey hieß eigentlich Naim Sefa, und er war eine zwielichtige Gestalt. 1915 hatte er in Ras al-Ain, einem wichtigen Schauplatz des Genozids, das Amt des Sekretärs für das Tabakmonopol innegehabt, bis man ihn zum Sekretär von Abdulahad Nuri in Aleppo ernannte. 1916 war er in der Stadt Maskanah, in der den Euphrat säumenden Wüste zwischen Aleppo und Diyarbakir, dem aus Konstantinopel stammenden Journalisten Aram Andonian begegnet, der bereits während der ersten Verfolgungswelle verhaftet und deportiert worden war. Naim Bey hatte eine Zeitlang vertretungshalber die Leitung des Lagers in Maskanah übernommen. »Ein Trinker, eingefleischter Spieler und leicht korrumpierbarer Mensch, mit einem im Grunde jedoch guten Kern«, so sollte ihn Andonian später beschreiben. Naim Bey reichte seinen Deportierten die Hand und schloss die Augen bei ihrer Flucht. So konnte Andonian sich aus Maskanah retten, kam nach Aleppo und fand im Hotel Baron und später in Zahlé bei den Mazloumians Zuflucht. Der Bey stellte keine übertriebenen Forderungen. Er gab sich immer mit kleineren Summen der von ihm »Geretteten« zufrieden, denen er hin und wieder, bei Bedarf, ein Gefühl der

Dankbarkeit in Erinnerung rief. Er war klug genug, um etliche Papiere, etwa die von Talaat erlassenen Vernichtungsbefehle, aufzubewahren. Er hätte nicht zu sagen vermocht, wie und wann, aber er war davon überzeugt, dass sie ihm in irgendeiner Form nützlich sein würden.

Das Wie und das Wann entschieden die Ereignisse. Am 1. November wurde der Waffenstillstand unterzeichnet. Den Minderheiten, einschließlich der Armenier, wurde formal die Anerkennung ihrer Rechte zugesichert und der Maulkorb der Pressezensur abgelegt. Zwei Tage später befanden sich Cemal, Talaat und Enver bereits auf dem deutschen Kriegsschiff Loreley. In Odessa gingen sie von Bord, um von dort die Flucht auf dem Landweg fortzusetzen: Mehr noch, als den Engländern in die Hände zu fallen, fürchteten sie die Rache der Opfer einer der größten Vernichtungsaktionen der Geschichte, des ersten Genozids jenes Jahrhunderts.

Die osmanische Hauptstadt, endlich befreit von den Schrecken des »Komitees für Einheit und Fortschritt«, kochte vor Wut. In den Zeitungen hagelte es Kritik, Anschuldigungen und Geständnisse. Auch der ehemalige Wali von Aleppo, Djelal Bey, stimmte in den Chor der Enthüllungen mit ein. Er gab seine Erinnerungen einer Tageszeitung preis. Er sprach von den Befehlen aus Konstantinopel, erinnerte an seinen mit der eigenen Versetzung gebüßten Versuch, sich den Massakern zu widersetzen. Dem Bericht Djelal Beys folgten weitere Enthüllungen, immer mehr Gräueltaten kamen ans Licht, bis das Maß schließlich voll war.

Eine Kommission wurde bestimmt. Geständnisse, Leidenswege und Verbrechen verschwanden aus den Zeitungsspalten und landeten in einem einzigen mit Papieren und Akten vollgestopften Regal in einem grauen Büro in Konstantinopel. Abgesehen von den in Talaats Auftrag vernichteten Unterlagen befand sich alles Material zur Geschichte des Völkermordes hier und wartete auf seine Aufarbeitung.

Die Kommission sah sich von Anfang an mit einer Schwierigkeit konfrontiert. Wie sollte man beweisen, dass es sich tatsächlich um Genozid handelte? Wie beweisen, dass das Leiden und der Tod von über einer Million wehrloser Menschen dem grausamen Willen zur vollständigen Vernichtung eines ganzen Volkes und nicht etwa den äußerst schlechten Bedingungen einer »aus militärischen Gründen« erfolgten Deportation geschuldet waren?

Die instinktive Antwort der Welt lautete: »Ja, der Völkermord war von den Triumvirn gewollt.« Man widerstand der Versuchung, die Schuld für diese Schande beim gesamten türkischen Volk zu suchen. Die aus der Asche der alten Regierung auferstandenen, auf die Wahrung der öffentlichen Sicherheit bedachten Machthaber zögerten.

Derweil agierte Talaat im Hintergrund. Er hatte seinen Einfluss nicht vollständig verloren. Im osmanischen Parlament konnte er nach wie vor auf eine Schar von Jungtürken zählen, die groß genug war, um die Regierung zu Fall zu bringen und den politischen Freiraum zum Anschüren der Stimmung zu nutzen. Am 9. Februar 1919 war der erste Strafprozess zur Verurteilung der Verantwortlichen an dem Massaker von Yozgat vor dem außerordentlichen Kriegsgericht eröffnet worden. Etwas musste geschehen, um der Tendenz entgegenzuwirken, die Vernichtung als eine – wenn auch traurige – Verkettung individueller Fehler, Unzulänglichkeiten und durch den Kriegszustand bedingter Exzesse zu deuten.

Es bedurfte einer Bombe, um die Mauer der Komplizenschaft, der Gleichgültigkeit und Verschwiegenheit, die sich bereits um die unzähligen unschuldigen Opfer zu bilden begann, zu durchbrechen. Im Hotel Baron in Aleppo befanden sich die beiden nötigen Elemente zur Schaffung eines solchen Sprengsatzes: Aram Andonian und Naim Bey. Die Mazloumians fungierten als Zünder. Sie sprachen mit Aram Andonian über diesen Türken, der den Befehlen Talaats nicht gänzlich gefolgt war und die aus Konstantinopel geschickten verschlüsselten oder unverschlüsselten Originaltelegramme nicht vernichtet hatte. Ab diesem Zeitpunkt begann der Journalist auf Naim Bey einzuwirken und ihn zum Herausrücken dieser brisanten Dokumente zu bewegen: Auch heute noch versuchen die von der türkischen Regierung mit der Leugnung des Genozids beauftragten »Revisionisten«, deren Echtheit in Zweifel zu ziehen.

Eines Morgens öffnete Naim Bey im Büro der beiden Brüder im Hotel Baron, eine Akte. Vorsichtig zog er einige cremefarbene, mit langen, scheinbar sinnlosen Zahlenkolonnen bedeckte Blätter hervor und legte weitere, in osmanischer Sprache abgefasste Papiere daneben: der »entschlüsselte« Text der Befehle. Lange und schweigend studierte Andonian die Blätter. Neben ihm, in ihren dunklen, strengen Gehröcken, standen Onnig und Armen und beugten sich über den Tisch. Naim beobachtete die Szene, ohne eine Miene zu verziehen. Als Andonian den Kopf hob, konnten weder er noch die beiden Brüder ihre Aufregung verbergen. Die Mazloumians verließen den Raum und ihre Abschiedsworte an den Bey lauteten: »Was auch immer geschehen mag, Sie können auf uns zählen.«

Andonian und Naim Bey blieben allein zurück. Der Journalist wandte sich ohne Umschweife an den Türken. »Diese Papiere sind für niemanden von Nutzen, außer für die Armenier«, sagte er, »und für diese sind sie Gold wert.« Und Naim Bey ließ sie sich bezahlen, als seien sie aus Gold, obwohl sich Andonian später, im Kreuzfeuer der Kontroversen, größte Mühe gab, die Motive des ehemaligen Tabakmonopolbeamten in gutes Licht zu rücken. »Er hatte einige Laster, für die er viele Dinge, aber nicht alles verkaufte«, schrieb Andonian an eine Freundin. Die Verhandlungen erforderten zwei weitere Treffen. Schließlich händigte Naim Bey die Papiere zusammen mit einem auf losen Blättern festgehaltenen persönlichen Geständnis aus.

Was Andonian daraus machen sollte, wurde während einer langen Unterredung mit Asadur Altunian, den Mazloumians und dem Katholikos des großen Hauses von Kilikien, Patriarch Sahag, besprochen. Der Katholikos ernannte eine neunköpfige Expertengruppe, die zu dem Schluss kam, dass sogar die Unterschrift von Abd al-Haliq echt war. Eine Woche dauerte die Untersuchung. Dann konnte Aram Andonian endlich nach Paris reisen, um die Dokumente dort der armenischen Delegation der Friedenskonferenz vorzulegen. Zumindest stand es so auf dem Passierschein, den die französische Militärbehörde in Aleppo ausgestellt hatte. Im Anschluss an Paris wollte Andonian weiter nach England, wo die armenische Wohltätigkeitsunion ihre Wurzeln hatte, um den Verantwortlichen der Zentralbehörde, den Honoratioren in Manchester, das Material zu übergeben. Sie sollten entscheiden, wo und wann diese Bombe gezündet werden sollte. Kaum einen Monat später lagen den hohen Herren die Dokumente vor. Sie prüften sie und fragten Andonian: »Wie glaubwürdig ist Naim Bey?« Am Ende fällten sie eine Entscheidung. Aram Andonian sollte ein Buch schreiben – ein Buch, das noch heute eine der eindrucksvollsten und mutigsten Anklageschriften darstellt, mit der die damalige türkische Regierung und die Partei Ittihat ve Terraki (das so genannte Komitee für Einheit und Fortschritt) auf ihre furchtbare Verantwortung festgenagelt werden, den Weg für die Völkermorde jenes Jahrhunderts geebnet zu haben.

Nach Jahrzenten der Verfolgung und Vernichtung war Andonians Buch der erste Sieg des armenischen Volkes. Doch die Gräuel waren noch nicht beendet. Die Armenier ließen weiter ihr Leben, auch wenn es diesmal der Kampf um die arabische Unabhängigkeit war, der seine Opfer forderte. Während eines Massakers im Februar, an dem auch die Gendarmen des ehemaligen Reiches beteiligt waren, wurden Hunderte von Armeniern getötet.

Keiner der Überlebenden – gleich welcher sozialen Stellung, welchen Bildungstandes oder Alters – war vor Diskriminierung gefeit. Auch Koko musste diese Erfahrung machen. Nach der deutschen Schule besuchte er das Kolleg der italienischen Maristenpatres. Das Institut befand sich am Stadtrand. Jeden Tag begleitete einer der Hoteldiener ihn auf dem Rücken eines Pferdes dorthin. Die Klassenkameraden waren zum Großteil arabische Katholiken. Es gab sogar einige türkische Kinder. Für sie war Koko »Gregoire Sasuni«, eine nicht gerade höfliche Art, ihm seine Herkunft vor Augen zu führen. In Aleppo wurden die Bäcker, die zweihundert Jahre zuvor aus der rückständigen Bergregion Sasun hierhergekommen waren, so genannt. Später hatte man dann abwertend alle Armenier als Sasuni bezeichnet. Sich beim Direktor und den Lehrern zu beschweren brachte nicht viel. Als Koko darum bat, am Karfreitag, der von den orthodoxen Armeniern besonders feierlich begangen wird, vom Unterricht befreit zu werden, starrte ihn der Direktor mit unverhohlener Überheblichkeit an. »Ich dulde keine Abspaltungen«, erwiderte er. Koko blieb der Schule dennoch fern. Am darauffolgenden Montag bestellte der Direktor ihn ein. »Öffne die Hand, Mazloumian«, befahl er. Das Lineal sauste mit ganzer Kraft auf den rosafarbenen Handballen nieder.

Armen kam immer öfter der Gedanke, dass sich zwar gegen Waffen und Heere ankämpfen ließ, nicht jedoch gegen die in den Menschen verankerte Dummheit. Erschöpft und müde, wie er war, schien nicht mehr viel übrig von seiner übersprudelnden Energie, seiner Sicherheit und Kraft, die in den furchtbaren Jahren vielen Hundert Armeniern das Leben gerettet hatten. Er war noch immer eine wichtige Stütze für die AGBU von Aleppo, und die Armenier wussten, dass sie auf ihn zählen konnten, aber es war eher Gewohnheit denn Begeisterung, die ihn antrieb. Zu viele Versprechen, zu viele Enttäuschungen, zu viele tote Freunde hatte es gegeben, während Talaat und Enver gesund und munter in Berlin weilten und nur darauf warteten, beim ersten Schwächeanzeichen der neuen Regierung wieder an die Macht zu gelangen. Nein, Armen bezweifelte, ihre Namen jemals in einer Urteilsverkündung zu hören und sie jemals in den jahrelang von unschuldigen Armeniern überfüllten Gefängnissen landen zu sehen.

Er zweifelte sogar an seiner Stadt. Armen spürte, wie wachsende Verzagtheit von ihm Besitz ergriff. Eines Tages kam er zu dem Schluss, dass es nicht mehr sein Aleppo war und er hier nicht länger leben wollte. Er sprach mit Onnig darüber. Der sah es genauso: Auch er war davon überzeugt, dass es Zeit sei zu gehen, erneut zu emigrieren.

Onnig wählte Beirut. »Es wird die nächste Hauptstadt der Region sein. Die Zukunft liegt an der Küste, gemeinsam mit den Franzosen«, sagte er. Armen war zu enttäuscht von Vergangenheit und Gegenwart, um noch auf die Zukunft zu setzen. Er erwarb ein Grundstück in der Schweiz, einen Gutshof mit Landwirtschaft, viel Grün, vielen Kühen und sehr viel Ruhe. Dorthin wollte er gehen.

12

Allenby hob den in der Märzsonne glitzernden goldenen Schlüssel in die Höhe, um ihn den Blicken der Menge darzubieten. Die Straße vom Bahnhof zum Zentrum hatte sich ab dem zeitigen Morgen allmählich gefüllt. Die ein Geschäft witternden Händler hatten ihre Karren mit Obst, Gebäck und Süßigkeiten hergebracht. »Ein Aleppiner lässt sich durch nichts in Aufregung versetzen, es sei denn, es geht ums eigene Geld«, lautet ein altes Sprichwort. Tatsächlich wurde General Allenby – dieser Mann der Freiheit und Sieger über die Türken – mit einer Mischung aus Trägheit und Neugierde, doch ohne jede Aufregung erwartet.

Als er endlich eintraf, sah man ihn – zu beiden Seiten von bengalischen Lanzenreitern flankiert und mit dem gesamten Generalstab im Gefolge – auf dem Rücken eines prächtigen Rosses voranschreiten. Die Schaulustigen geleiteten ihn bis zum Bab el-Faradsch, wo der Zug nun zwischen zwei Mauern aus Panzerfahrzeugen, den neuesten kriegstechnischen Errungenschaften, hindurchführte. Am Ende drängte man sich zwischen dem Hotel Baron und den umliegenden Plätzen, um dem Höhepunkt des

Schauspiels beizuwohnen: der Übergabe der städtischen Schlüssel.

Auch Koko war bei der Zeremonie dabei. Den Gesetzen der Schwerkraft und dem noch strengeren, aus den Augen der Mutter sprechenden Reglement zum Trotz, beugte er sich weit über das Geländer der Hotelterrasse, um sich keinen Augenblick des Rituals entgehen zu lassen. Als der Wali dem General das Silbertablett mit dem Salzfässchen, dem Brot und dem goldenen Schlüssel überreichte, war Koko wie erstarrt. Etwas derart Feierliches lag in der Art, wie der noch auf dem Pferd sitzende General sich verneigte, den Schlüssel hob und dann das Brot brach, ein Stück davon nahm, in den kleinen Salzhaufen tunkte und es, einem uralten Willkommens- und Siegesritual folgend, verspeiste. Dieses Bild prägte sich deutlich in sein kindliches Gedächtnis ein, während ein zunächst zurückhaltender, dann stetig anschwellender Applaus aus der Menge aufstieg, der vom Lärm des Zaghrouta, des heulend kehligen Gesangs der Beduinen, gekrönt wurde. Der General stieg vom Pferd und trat, gefolgt vom Generalstab und den Notabeln, auf das Hotel Baron zu. Er blieb nur eine Nacht dort: Dann reiste er ab.

Er wurde in Kairo, London und bei der seit zwei Monaten tagenden Friedenskonferenz gebraucht. Er verließ Aleppo und seine Soldaten. Diese hatten ihre Zelte weitab vom Zentrum, zwischen dem Haus der Altunians und den Friedhöfen am Stadtrand, aufgeschlagen. Sie verbrachten viel Zeit in den Cafés und den Geschäften im Suk. Blond, hellhäutig, mit verlorenem Blick und die Taschen so prall gefüllt, wie man es in der Stadt schon lange nicht mehr erlebt hatte, erregten sie die Gier der Händler: »*Ingliziy, ingliziy, cam, cam, for you special prais*«, riefen die Teppichhändler lockend aus ihren Kabuffs im Suk. »Ingliziy, ingliziy, cam, cam«, waren daraufhin die gurrenden Stimmen der Seidenhändler zu hören. Und sie kauften: Teppiche, Seide, aber auch Messingteekannen und aufwändig gearbeitete Posamente, die nach der Rückkehr in die grauen Gefilde und unter den farblosen britischen Himmel ohnehin nur in einer Abstellkammer landen würden. Doch hier unten, mit den Lockrufen der Händler im Ohr, dem Geruch von Kardamom in der Nase und dem Geschmack des Mokkas noch im Mund, konnte man auf all das nicht achtgeben: weder auf das zu grelle Gelb noch auf das zu glänzende Gold.

Nein, hier unten schien alles perfekt, so perfekt wie der Frühling des gerade begonnenen Friedens. Am 12. April legte die Genozid-Untersuchungskommission ihre Ergebnisse vor und reichte Klage beim Kriegsgericht ein. Die Verantwortung – so hieß es in dem Dokument – liege einzig und allein bei denen, die die Befehle erteilt hatten, und insbesondere bei den beiden Großwesiren jener Zeit: Said Halim und seinem Nachfolger Talaat. Die neue türkische Regierung atmete erleichtert auf. Das türkische Volk und der gesamte Verwaltungsapparat waren freigesprochen worden. Die Säuberungsaktion begann unmittelbar darauf, doch der Durst nach Rache hatte bereits seine ersten Opfer gefordert. Am 8. April hatte man den unter anderem in Aleppo tätigen Cemal Pascha ins Gefängnis gesteckt.

Das ist erst der Anfang, verkündeten die Optimisten. Die Skeptiker blieben dagegen skeptisch, doch ihre Zeit war noch nicht gekommen. Die zur Herstellung des Weltfriedens seit Januar in Paris versammelten Siegermächte hatten offiziell den Beginn einer Ära des Wachstums und der Gleichheit zwischen den Völkern, eine Ära des Optimismus verkündigt. Feisal und Lawrence waren ebenfalls dort, um sicherzustellen, dass mit der Konferenz die Geburt des Königreiches Syrien besiegelt würde. Auch Doktor Altunian und seine Tochter Nora nahmen teil, um den Armeniern des Morgenlandes eine Stimme zu verleihen.

Armen war derweil in Aleppo geblieben und sprach nicht länger von einem Gutshof in der Schweiz: Er verfolgte die Ereignisse. Englische Truppen hatten sein Hotel beschlagnahmt. Im großen Speisesaal hatte man Dutzende Gefangene untergebracht. Im Foyer und in den Zimmern des Erdgeschosses waren die mit ihrer Bewachung beauftragten indischen Soldaten abgestellt.

Armen verfolgte die Konferenz in der Presse und durch die spärlichen Nachrichten, die Altunian ihm zukommen lassen konnte. Ja, es war ein geradezu perfekter Frühling: zu perfekt, um nicht in einen enttäuschenden Sommer zu münden. Im September, neun Monate nach Beginn – und niemand wusste, wie viel Monate vor dem Ende –, schritt die Friedenskonferenz, der Vorbote einer neuen Ära, nur träge, schleppend und mühsam voran. Nach der Begeisterung der ersten Tage, kam auch für Asadur Altunian und seine Tochter Nora die bittere Zeit der Enttäuschung. Die Angelegenheit der Armenier war auf vierzig Delegationen verteilt und durch Tausende Streitigkeiten behindert worden. »Drei Armenier, vier Parteien«, so pflegte der alte Krikor Mazloumian einst zu sagen. Er hatte recht, gestand sich Armen, als die Altunians ihm von dem traurigen Auftritt ihres Volkes auf der Bühne des Friedens berichteten.

Die Altunians reisten viele Monate vor dem Ende der Konferenz ab: Sie wollten das Krankenhaus nicht allzu lange sich selbst überlassen. An einem grauen Dezembermorgen kehrten sie nach Aleppo zurück und brachten unzählige schlechte Neuigkeiten mit. Die Wochen vergingen und zu den schlechten Nachrichten der Altunians kamen weitere, noch schlechtere hinzu. Man erfuhr, dass die Franzosen auf ihrem Anspruch auf Syrien beharrten und weiter, dass England Feisal im Stich gelassen hatte und Feisal wiederum am Ende das arabische Volk: Er hatte der Aufteilung Syriens und dem französischen Mandat zugestimmt.

Das Schicksal des Nahen Ostens war vorgezeichnet. Die Franzosen wollten Syrien und würden es bekommen, aber nicht ohne weiteres Blutvergießen. Man kämpfte in Damaskus, in Tyros, Sidon und Latakia. Der bereits mit der Niederschlagung türkischer Guerillagruppen beschäftigte französische Hochkommissar Gouraud wandte sich an Feisal. Doch Feisal war nicht in der Lage und noch weniger Willens, viel zu tun. Das Spiel, wenn man es denn so nennen konnte, war subtil. Aleppo war eines der »heißen« Zentren gegen die Franzosen. Gouverneur Ruschdi Bey, der das Volk dazu aufrief, sich am Kampf zu beteiligen, erläuterte das Vorgehen: »Wir können nicht offen den Krieg erklären. Bildet Banden und bringt die Franzosen dazu, dieses Land zu verabscheuen, aber nicht so, dass sie dafür unserem Herrscher zürnen könnten.«

Der Winter in der Stadt war bedrückend, überall gingen Gerüchte um. Es hieß, dass Franzosen und Araber sich entlang der Eisenbahntrasse gegenüberstünden; es hieß, die Engländer würden nach Aleppo zurückkehren; es hieß, Feisal habe die Kommunikation abgebrochen, aber auch, er habe während eines geheimen Treffens mit dem französischen Premierminister die Unabhängigkeitsgarantie erhalten. Am 8. März 1920 riefen in Damaskus die Rebellen das unabhängige Königreich Syrien mit Feisal auf dem Thron aus und erklärten Abdullah zum König des Irak. In den Augen der Weltöffentlichkeit war das nicht mehr als eine wohlwollend zur Kenntnis zu nehmende Aufschneiderei. Einen Monat später, am 16. April, räumten die Ergebnisse der Pariser Friedenskonferenz und die Unterzeichnung des Friedensabkommens jegliches Missverständnis vom Tisch, und ebenso jegliche Hoffnung: Palästina und Mesopotamien gingen an England, Syrien und der Libanon an Frankreich. Das war der neue Nahe Osten.

Im ganzen Land, vom Mittelmeer bis zum Euphrat, flammten neue Aufstände auf, es kam zu Plünderungen und Massakern. Der von Feisal ausgearbeitete Plan zum Widerstand setzte vor allem auf die Front im Norden. Es galt, die Eisenbahn zu stoppen, den Durchmarsch der französischen Truppen zu verhindern und die Aktion mit Atatürks Heer zu koordinieren. Faisal verlagerte seinen Standort von Damaskus nach Aleppo, von wo aus er die Durchführung des Plans besser überwachen konnte.

Für seine Ankunft waren keine offiziellen Zeremonien vorgesehen und er wurde lediglich von einer Schar schaulustiger junger Kerle mit eingefallenen Wangen und Zurufen wie »Unabhängigkeit«, »Einheit« und »Es lebe unser König!« begleitet. Mehr als der tatsächlichen Befürwortung der Ideale des arabischen Traums waren diese Bekundungen der eindrucksvollen und majestätischen Erscheinung und dem langen, bis zu den Füßen reichenden weißen Gewand des Königs geschuldet. Trotz der kläglichen Gefolgschaft legte Feisal zum Gruß die rechte Hand auf die Brust, ehe er im Gebäude des Hotel Baron verschwand. Über ein Jahr war vergangen, aber genau wie Murray Pascha, der arabische Hoteldiener der Mazloumians, den Rebellen prophezeit hatte, sollte der König von Syrien hier sein Hauptquartier einrichten.

Er bezog das Eckzimmer, Nummer 215, und begann – neben den Expeditionen nach Norden, entlang der Eisenbahntrasse und der türkischen Grenze – rege Kontakte innerhalb der Stadt zu knüpfen. Da gab es die Paraden, denen er vom Hotel aus beiwohnte, und vor allem die Besuche bei den hochgestellten Familien. König Feisal wusste, wie fragil seine Stellung in einem Land war, das es erst noch zu erobern galt und das fortwährend unter französischer Bedrohung stand. Und er wusste auch, wie entscheidend der Rückhalt bei den einflussreichen Persönlichkeiten von Aleppo für ihn werden könnte.

Als Erstes besuchte er die Altunians. Er hatte sie während der Friedenskonferenz in Paris kennengelernt und viel über ihre Klinik gehört. Auf dem in mancher Hinsicht dem Hotel Baron so ähnlichen Krankenhausgebäude prangte zum ersten Mal die arabische Flagge. Allerdings hatte die englische Oberschwester darauf bestanden, dass in »ihrem« Zimmer der Union Jack hängen dürfe.

Das Treffen wurde ein Erfolg, aber die Altunians waren »anders«: Den Doktor nannte man »den Amerikaner«, und sein in Aleppo lebender Sohn Ernest legte ein Gebaren an den Tag, als sei er nur zufällig und auf jeden Fall nur vorübergehend hier. Die anderen Familien waren weniger gastfreundlich. Für die alteingesessenen Syrer war dieser Mann nur ein aus dem fernen Hedschas hierher gelangter Fremder. Um den König herum entstand eine Leere. Seine Tage in Aleppo und im Hotel Baron wären womöglich einsam verlaufen, wenn um die Mittagszeit nicht der einzig wahre Freund, den er in der Stadt hatte gewinnen können, erschienen wäre: Koko. Der kleine Junge hegte große Bewunderung für das vornehme Auftreten und das ein wenig traurige Lächeln des Herrschers. Doch ihre Begegnungen fanden ein jähes Ende: Nach einem Monat verließ Feisal Aleppo Hals über Kopf.

Am 14. Juli, dem französischen Nationalfeiertag, bezichtigte General Gouraud ihn offiziell des Verrats und stellte ihm ein Ultimatum. Er ließ ihm vier Tage für eine Antwort: Krieg oder Frieden. In der Zwischenzeit stationierte er 80 Bataillone an den Grenzen. Feisal bat England um Rat: Einwilligen, lautete die Antwort. Feisal willigte ein. Es kam zu vereinzelten Kampfhandlungen, eine Reaktion der Unbeugsamen, aber die Würfel waren gefallen. Am 28. Juli verließ Feisal das Land, um in ein, wie er glaubte, zeitlich begrenztes Exil zu gehen, das jedoch endgültig werden sollte. Syrien und somit Aleppo waren in französischer Hand.

Erneut beugte sich Koko über das Geländer der Hotelterrasse, um dem Sieg eines anderen Herrschers, dem Einzug einer anderen Flagge beizuwohnen. Aus seiner kindlichen Sicht erschien ihm das Schauspiel nicht viel anders als das vorhergehende. Andersfarbige Soldaten, aber eben dennoch Soldaten, standen auf den Straßen Spalier. In der glühenden Julihitze erfüllte eine Kapelle die Stadt mit ihrer Musik, bis die Musiker erschöpft und die Trikoloren eingerollt waren. Nach dem Mittagessen wehte nur noch die fest an Kokos Fahrradlenker angebrachte Flagge, die im Fahrtwind flatterte, wenn er steil bergabsauste.

Wenige Tage nach der Ankunft der Franzosen war plötzlich eine mächtige Explosion zu hören und schwarzer Rauch stieg über den Gärten im Westteil der Stadt auf. Für Aleppo sollte das vorläufig die letzte Aufregung bleiben. Es handelte sich um ein in Vergessenheit geratenes Depot: eine von den Türken als Munitionslager umfunktionierte Moschee. Aus Versehen war eine glühende Zigarette auf einer Granate gelandet und alles war in die Luft geflogen. Mehr geschah nicht. Schon bald merkte Aleppo, dass die neuen Machthaber gar nicht so furchtbar waren. Das Vorhaben, Syrien in vier unabhängige Staaten aufzuteilen und Aleppo die Kontrolle über das nördliche Gebiet zu überlassen, entsprach einem alten Traum dieser Handelsmetropole nach Autonomie und Unabhängigkeit von Damaskus.

Auch Armen spürte sofort, dass ein neuer Wind wehte, und witterte seine Chance. Zwar hatte er auf die Engländer gesetzt und hegte eine instinktive Sympathie für sie, aber als die Ankunft der Franzosen sich als eine Friedensgarantie und eine Stabilitätsverheißung entpuppte, änderte er seine Meinung. Mit seinen über vierzig Jahren beschloss er, sich einen Luxus zu gönnen, der ihm am Ende des Krieges als reine Zeitverschwendung erschienen war: Er setzte erneut auf die Zukunft.

Doch die Zukunft meinte es nicht gut mit ihm. Der Herbst des Jahres 1920 hatte gerade begonnen, als Armen ein Telegramm aus Konstantinopel empfing. Holt euren Sohn ab, lautete es, er ist sehr krank. Der älteste Sohn der Mazloumians studierte seit zwei Jahren in der osmanischen Hauptstadt. Dort hatte er sich, wie auch immer es geschehen konnte, mit Tuberkulose infiziert.

Antranik starb am 27. November. Wie betäubt hörte Armen den Priester um göttliche Gnade für diesen neunzehnjährigen Toten bitten, der in seinem Sarg ruhte, so reglos und starr wie die uralten hellen Steinsäulen der Vierzig-Märtyrer-Kathedrale. Armen hatte Verfolgung, Exil, Verhaftung, den Tod der Eltern, Bombardements und das Fortgehen des Bruders ertragen. Er hatte geglaubt, genug gelitten zu haben. Er begriff nicht, weshalb ihn ein so harter Schlag treffen musste, nachdem der schlimmste Sturm bereits vorübergezogen schien.

13

Das Hotel war ein Getriebe, das kein Innehalten kannte oder zuließ. In diesem unablässigen Treiben wurden jegliche Gedanken und Gefühle verdrängt, übertönt, zunichtegemacht. Es nötigte zum Schweigen und drängte jenes Gewirr aus Schmerz und Vorwürfen, jenen niemals ausgestoßenen stummen Schrei, auf den sich Armens Erinnerung an seinen Erstgeborenen inzwischen reduzierte, in immer tiefere Regionen seiner Seele zurück. Nach einiger Zeit trat nur noch hier und dort eine merkwürdige Unausgeglichenheit zutage, die jedoch gefährlichen Zündstoff barg, wenn man zu sehr daran rührte. Es war die Verbitterung, die durch seine Bemerkungen und Scherze schimmerte – Scherze, die niemals frisch von Herzen kamen, sondern spitz, voller Ironie und mehrdeutig waren. Es waren die langen Phasen des Schweigens, denen plötzliche, unvorhersehbare Ausbrüche folgten. Es war das Umherirren zwischen den düsteren Schatten eines zutiefst verletzten Mannes.

Freunde und Bekannte wussten darum und verstanden ihn. Die anderen – Hotelgäste, Kellner, Lieferanten – lernten, Baron Mazloumian so zu nehmen, wie er war, und sich je nach Laune und Tagesverfassung auf ihn einzustellen.

Somit wird verständlich, weshalb Solomon in Gelächter ausbrach, als ihm der an der Hotelrezeption tätige Armenier Masig eines Tages vorschlug, Baron Mazloumian um eine Anstellung zu bitten. »Willst du mich auf den Arm nehmen? Baron Mazloumian wird mich mit Fußtritten hinausbefördern, wenn ich zu ihm gehe.« Masig hatte soeben mit seiner Mahlzeit begonnen – eine Schale voll *Fatteh*, ein mit Hühnerfleisch zubereiteter Eintopf und eine der Spezialitäten des Wirtshauses beim Bab el-Faradsch, in dem Solomon arbeitete. Und er hatte den jungen Mann beobachtet, wie er sich flink und behände zwischen den Tischen hindurchbewegte. Wenn Baron Mazloumian ihn so bei der Arbeit sehen würde, dachte er, würde er ihn auf der Stelle nehmen. Masig beschloss, nicht lockerzulassen: »Hör zu«, sagte er, »ich kenne den Baron. Du musst ihm zeigen, dass du es ernst meinst, dass du wirklich für ihn arbeiten willst, und du wirst sehen, dass er dich nimmt.«

Solomon kratzte all seinen Mut zusammen. Nach dem Ende seiner Schicht im Wirtshaus legte er die fleckige Schürze ab, zog ein weißes Hemd an, kämmte sich sorgfältig und trat hinaus. Das Hotel Baron lag nicht weit entfernt vom Bab el-Faradsch. Wenige Minuten später stand er vor dem eindrucksvollen Bauwerk, das zu betreten einem dahergelaufenen Aleppiner Küchenjungen normalerweise nicht im Traum einfallen würde. Er überwand seine Scheu und ging hinein. Wenige Sekunden später befand er sich wieder draußen. Baron Mazloumian hatte ihn kaum eines Blickes gewürdigt.

»Ich hatte recht, er hat nicht mal mit mir gesprochen«, sagte er einige Tage später zu Masig, als er ihm die gewohnte dampfende Schüssel servierte. »Und du? Bist einfach gegangen? Das war falsch. Du hättest hartnäckig bleiben müssen. Du musst ihm beweisen, dass du wirklich dort im Hotel für ihn arbeiten willst«, stachelte ihn Masig erneut an.

Solomon kehrte ins Hotel Baron zurück. Armen hatte denselben finsteren Gesichtsausdruck und denselben barschen Ton wie einige Tage zuvor, doch diesmal sagte er zu ihm: »Geh in die Küche zum Tellerwaschen, wir werden sehen, ob du das kannst.«

Mitternacht war längst vorbei, als endlich der letzte Teller abgetrocknet war. Solomon wurde angestellt. Er spülte und trocknete Geschirr, zwölf Stunden täglich, sieben Tage die Woche, sechs Monate lang. Eines Tages erkrankte einer der Kellner. Armen war verzweifelt. Er hatte keinen Ersatz bei der Hand und die Zeit des Mittagessens nahte. Nervös lief er die wenigen Meter zwischen seinem Büro und dem Speisesaal hin und her, während alle ringsum verschwanden: Das nahende Donnerwetter witternd, gingen die Angestellten ihm lieber aus dem Weg.

Dies war eine der wichtigsten zu befolgenden Grundregeln, wollte man den Stimmungsschwankungen des Barons entgehen. Auch Solomon wusste das genau. Dennoch trat er auf ihn zu: »Ich könnte versuchen zu kellnern, Baron Mazloumian: Ich weiß, wie das geht.«

»Wie willst du das wissen!«, unterbrach Armen ihn und lief weiter, wobei er nervöse Blicke in den großen Saal mit den dort wartenden kahlen Tischen warf. Als die ersten Gäste eintrafen und sich erstaunt umsahen, gab er nach. Solomon zog ein schwarzes Jackett über und wurde in den Speisesaal geschickt. »Pass bloß auf«, warnte Armen, »wenn du Anlass zu Ärger gibst, bist du entlassen.«

Er verschwand in seinem Büro. Hin und wieder warf er einen sorgenvollen Blick aus der Küche auf das, was im Speisesaal geschah: Alles lief glatt. Solomon bewegte sich mit einer Selbstverständlichkeit zwischen den Tischen, als habe er sein Leben lang nichts anderes getan. Armen sollte es erst Jahre später erfahren, aber es stimmte tatsächlich: Solomon hatte sein ganzes Leben lang nichts anderes getan. Selbst hier im Hotel Baron war er ständig zwischen dem Spültisch und dem Fensterchen in der Küchentür hin- und hergependelt, um die Kellner zu beobachten und sich ihre Bewegungen einzuprägen. Abends in seinem Zimmer wiederholte er sie, alleine für sich, bis er sicher war, sie zu beherrschen. Er war ein vorbildlicher Kellner geworden. Armen nahm das zur Kenntnis.

Die Beförderung wurde am darauffolgenden Nachmittag gefeiert. Um diese Zeit zogen sich die Gäste zum Ausruhen in ihre Zimmer zurück und selbst Armen ließ sich nicht blicken. Wie stets, wenn es etwas zu feiern und somit eine Mahlzeit oder etwas zu trinken abzustauben gab, erschien als Allererster Bedros, der dafür bekannt war, in einer Woche so wenig auszugeben wie andere in einer Stunde. Er war einer der vielen Armenier, die dank der Mazloumians den Massakern entkommen waren. Er hatte bereits für den alten Krikor zu arbeiten begonnen, seit den Zeiten des Hotel du Parc, vielleicht sogar seit denen des ersten Hotels Ararat. Dank seiner kräftigen Statur war er zu einem unermüdlichen Hoteldiener geworden: Er trug Koffer oder schleppte Eimer und Schüsseln voll Wasser vom Brunnen in die Zimmer, wenn einer der Gäste ein Bad zu nehmen wünschte.

Außerdem kümmerte er sich um den Nachtdienst. Abends, wenn die Eingangstür geschlossen wurde, kauerte er sich in eine Ecke des Foyers und schlief. Tagsüber aß er die Reste aus der Restaurantküche und kleidete sich mit dem, was er geschenkt bekam. Um zu sparen, rasierte er sich nicht, sondern zupfte sich die Barthaare einzeln aus. Er kaufte keine Zigaretten, sondern rauchte in einer Pfeife, die ein Freund ihm geschenkt hatte, den Tabak der Zigarettenstummel, die er aus den Aschenbechern der Hotelbar sammelte. Geizige Gäste konnte er nicht leiden und beschimpfte sie – allerdings auf Türkisch, damit ihn keiner verstehen konnte. Eines Tages hatte er aus der Ferne einen Gast wiedererkannt, der sich in vornehmer Haltung dem Hotel näherte. »Verflucht sei deine Religion und verflucht die Religion deiner Schwester«, hatte er wie üblich zu murmeln begonnen, während er das Gepäck, einen schlichten Koffer, zur Hand nahm. »Verflucht sei deine Religion und verflucht die Religion deiner Schwester«, grummelte er während des Treppensteigens weiter vor sich hin, »letztes Mal hast du nichts springen lassen. Verflucht sei die Religion deiner Schwester und verflucht seist du, wenn du nicht wenigstens diesmal ein hübsches Trinkgeld rausrückst.« »Schon gut, schon gut, du sollst dein Trinkgeld haben!«, unterbrach ihn der Gast, der sehr gut Türkisch verstand, auf halbem Wege.

Mit Trinkgeldern und Ersparnissen hatte Bedros ein kleines Vermögen angehäuft. Seine Schätze bewahrte er in zwei alten Dosen auf: Eine war mit Zigarettenkippen, die andere mit Einpfundsterling-Goldmünzen gefüllt, und Letztere wurde einmal in der Woche geöffnet. Denn der geizige Armenier, der praktisch nichts zum Leben brauchte, hatte zwei Leidenschaften: leichte Frauen und Fußball. Einmal pro Woche ging er beidem nach, und ohne Aufwand und Ausgaben zu scheuen, brachte er innerhalb weniger Stunden die Ersparnisse tagelanger harter Arbeit durch.

Der erste Besuch an diesem großen Tag galt dem Barbier. Mehrere Stunden lang ließ er sich rasieren, das Haar schneiden und pomadisieren. Er gab ungeheure Trinkgelder. So frisch frisiert und mit Pomade versehen, die Quaste seines Tarbuschs schräg drapiert, was ihm ein leicht arrogantes Aussehen verlieh, betrat er als Herr und Gebieter sein Lieblingsbordell. Man empfing ihn wie einen großen Pascha. Und er benahm sich genau so. Nachdem das eigentliche Anliegen des Besuchs erledigt war, mietete er eine Kutsche, ließ sich in Begleitung einer Schar von vier oder fünf Damen durch die Straßen von Aleppo kutschieren und lud seine Begleiterinnen zum Feiern ein.

Beim Fußball war er nicht weniger freigiebig. Aufs Eleganteste gekleidet kam er ins Stadion und spendete seiner Mannschaft unverhältnismäßig große Summen. Einzig wenn der Lederball im Netz landete, geriet er in Schwierigkeiten. Seine Freudenrufe für das geschossene Tor ertönten erst, nachdem die anderen Fans längst aufgestanden waren. Selbst nach langen Jahren und trotz allem Bemühen und der vielen Spiele, die er bereits gesehen hatte, schaffte er es nicht, das Tor der eigenen Mannschaft von dem der Gegner zu unterscheiden.

Der einzige andere Hotelangestellte, der diesem Lebensstil etwas abzugewinnen vermochte, war Joseph, ausgerechnet der arme Joseph, der die ihm verhasste Frühschicht übernehmen musste und für das Frühstück zuständig war. Mühsam die Augen offenhaltend und bereits eine Zigarette zwischen die Lippen geklemmt, hantierte er zwischen sieben Uhr morgens und etwa halb zehn in dem großen Saal mit Kaffee, Tee, Brot und Marmelade, um sich anschließend aus dem Staub zu machen. Ihm die Zigarette abzunehmen brachte gar nichts, denn wenig später hatte er sich schon die nächste angesteckt. Ebenso erfolglos blieb die immer wieder vorgebrachte Aufforderung, solange dazubleiben, bis der letzte Gast gefrühstückt hatte. Wenn jemand auf die unglückselige Idee kam, erst um 9.35 Uhr oder, schlimmer noch, gar um 9.40 Uhr zum Frühstück herunterzukommen, fand er Chaos vor: verlassene, nicht abgeräumte Tische und den Saal leergefegt wie nach einer überstürzten Flucht. Und Joseph, wo war Joseph? Verschwunden.

Dann schritt Armen ein. Er beschwichtigte den verärgerten Gast, bat um Entschuldigung für die Unannehmlichkeiten und versicherte, dass in wenigen Minuten der Tisch bereit und das Frühstück serviert sei. Inzwischen eilte irgendjemand in das Café neben dem Hotel Baron. Im Hinterzimmer, die obligatorische Zigarette zwischen den Lippen, saß Joseph, den Blick auf die Karten geheftet, und spielte. Er verspielte den Großteil seiner Einnahmen, nutzte jede freie Minute und teilweise sogar seine Arbeitszeit, ohne sich um das Hotel und das Geschrei von Baron Mazloumian zu kümmern.

Nach einiger Zeit hatte Armen genug davon, Joseph hinterherzurennen. Er entließ ihn. Aber im Augenblick des Abschieds war ausgerechnet er, der fordernde und abweisende Herr, es, der besonders darunter litt. Auch wenn er Arbeitssuchende mit Fußtritten hinausbeförderte und Kellner und Küchenjungen tagtäglich seinen Stimmungsschwankungen unterworfen waren, so schloss er sie doch insgeheim ins Herz. Einige – wie Bedros – wohnten sogar im Hotel, andere kehrten am Abend in ihre eigenen vier Wände zurück, aber nach einer Weile wurden sie für Armen Teil einer großen Familie, der Familie des Barons.

Zu dieser großen Familie gehörten natürlich auch viele der obdachlos gebliebenen Armenier. Im Hotel Baron hatte Zhorab seine einsamen Abende verbracht und Aram Andonian hatte hier ein heimliches Versteck gefunden. Aber auch als Krieg und Massaker bloß noch eine schmerzliche Erinnerung waren, war es ein kleiner Ruhepol für jenes in tausend Teile zerbrochene und in der Welt verstreute Volk geblieben.

1919 klopfte Barsegh Kanachyan an die Tür des Hotels Baron. Er wurde ohne Zögern aufgenommen. Schon damals galt Barsegh als einer der bedeutendsten armenischen Musiker: Mit seiner Ankunft wurde das Klavier zum neuen Protagonisten des Familienlebens. Nach dem Abendessen versammelte man sich dort, um gemeinsam alte armenische Melodien anzustimmen, und nach dem Mittagessen vergnügten sich Armens Kinder mit dem Instrument. Man traf sich in einem der Zimmer im Erdgeschoss, der Nummer 113, einer Art Aufenthaltsraum, wo die Kinder zu speisen pflegten und wo das Klavier, eines der wenigen, die es damals in Aleppo gab, thronte. Kanachyan führte Koko und Asnive in die Geheimnisse des Notenlesens ein, erklärte ihnen, wie sich den schlichten weißen und schwarzen Tasten ganze Meisterwerke entlocken ließen, derweil er selbst spielte, sang und redete. Besonders gern sprach er von Komitas Vardapet, dem bedeutendsten armenischen Musiker, und wie er, trotz der türkischen Bedrohung, nicht etwa geflohen, sondern von Dorf zu Dorf gepilgert war, um die alten Lieder seines Volkes zu sammeln. Die Armenier mussten sterben, aber ihre Kultur sollte weiterleben, sagte Barsegh an die beiden Kinder gewandt.

Koko begriff so gut wie nichts von all dem. Er war noch keine zehn Jahre alt, besaß ein Fahrrad und hatte viel mehr Lust, damit herumzusausen, als auf einem Schemel zu sitzen und Tasten zu drücken. Seine Schwester Asnive war dagegen fleißig: Sie lauschte den Erzählungen, folgte dem Unterricht und übte regelmäßig. Als 1921 eine neue kleine Mazloumian Einzug in das Leben im Hotel Baron hielt, gewannen die musikalischen Nachmittage in Zimmer 113 einen dritten Gast hinzu. Die Kleine wurde auf den Namen Arda getauft. Sie konnte weder spielen noch verstehen, was Kanachyan sagte, und begnügte sich damit zu weinen. Um sie zu beruhigen, schaukelten die Geschwister sie in einer zur Hängematte umfunktionierten Decke, während Kanachyan am Klavier nach den passenden Tönen für ein ihr genehmes Wiegenliedchen suchte. Als er die richtige Melodie gefunden hatte, nannte er sie schlicht *Oror*, »Wiegenlied«. Viele Jahre später sollte es das berühmteste Wiegenlied der neuen armenischen Republik werden.

1923 verließ Kanachyan das Hotel Baron und bezog ein eigenes Zimmer. Man hatte ihm die Leitung des Aleppinischen Chors anvertraut, endlich verdiente er sein eigenes Geld und war nicht länger auf die Gastfreundschaft der Mazloumians angewiesen. Dennoch blieb das Baron eine Art zweites Zuhause für ihn. Viele Monate lang kam er jeden Abend ins Hotel, um dort zu speisen, zu spielen und zu singen.

Dann wurden die Besuche seltener. Koko war froh, nicht länger Klavierunterricht nehmen zu müssen, aber er begriff nicht, weshalb. Eines Morgens nahm Armen ihn beiseite und verkündete, dass er Kanachyans Trauzeuge sein werde. Koko nickte. Der Ton des Vaters war feierlich, es musste sich um etwas Wichtiges und Ernstes handeln, eine Erwachsenenangelegenheit, aber er hatte nicht die leiseste Ahnung, was das Wort Trauzeuge bedeutete.

Armen erklärte ihm daraufhin, dass Kanachyan heiraten und er, Koko, das Kreuz tragen werde. Statt nun alles besser zu begreifen, war Koko nur noch verwirrter. Wozu das alles? Was passierte, wenn man heiratete? Koko verstand das alles nicht. Er fragte auch nicht weiter nach, sondern schwang sich auf sein Fahrrad und sauste davon. Der Vater war ohnehin schon wieder in seinem Büro verschwunden.

Einige Tage später zog man ihm seine besten Kleider an und brachte ihn in die Handak-Straße. Sie betraten die Kirche. Es waren nicht allzu viele Personen anwesend. Unter ihnen Kanachyan mit einer bildhübschen jungen Frau an seiner Seite. Man erklärte ihm, sie sei Mitglied des von Kanachyan geleiteten Chors. Sie hieß Koarik, Juwel. Koko fand den Namen sehr passend, sie sah tatsächlich aus wie ein Juwel, so schön und strahlend, dass man sich auf den ersten Blick in sie verlieben konnte. Als der Priester kam, reichte jemand Koko ein Kreuz und befahl ihm, es den Brautleuten an die Stirn zu halten. Aber er war zu klein, um es allein zu schaffen, man musste ihm helfen. Am Ende der Zeremonie hatte er die Bedeutung des Wortes Trauzeuge verstanden. Doch er verstand nicht, wozu das ganze Tamtam diente und weshalb man überhaupt heiratete.

14

Mit der Nachkriegszeit begann eine neue Ära. Die ständige Furcht vor der osmanischen Herrschaft und die bleierne Last der Verfolgung wichen dem französischen Lebensstil: ein allzeit gefülltes Glas Champagner und dazu ein Schuss Demokratie, Freiheit und Eleganz.

Koko sollte all das bis zum Letzten auskosten. Seine erste Leidenschaft waren Automobile. Mit sechzehn Jahren, als er bereits besser und öfter fuhr als jeder andere Aleppiner, überlegte er, wie sich das Führerscheinproblem lösen ließe. Man bekam ihn frühestens mit achtzehn Jahren, wobei das Personenstandsregister von Aleppo nicht mehr als eine schöne Zukunftsvision war: Das Alter auf den Ausweispapieren war so verhandelbar wie der Preis für irgendeine Ware im Suk. Ein großzügiges Schmiergeld an einen Angestellten, und schon war Kokos Geburtsdatum auf 1909 vorverlegt. Hatten nicht auch der alte Doktor Altunian und viele weitere Freunde die Angelegenheit in ähnlicher Weise geregelt? Von diesem Augenblick an begann für Koko ein lebenslanges Hin und Her von Geburtsdaten, so dass er bisweilen selbst Schwierigkeiten hatte, sich zurechtzufinden.

1931, mit gerade einmal zwanzig Jahren, erfuhr sein Leben eine entscheidende Wende. Er kehrte aus Beirut zurück, wo er an der AUB, der renommiertesten Universität des Nahen Ostens, studiert hatte, fest davon überzeugt, dass ihm anschließend die Welt mit all ihren Möglichkeiten zu Füßen liegen würde. Armen empfing ihn, wie es jeder Vater in jenen Zeiten, in denen man sich innerhalb der Familie siezte und eine öffentlich gezeigte Geste der Zuneigung als unschicklich galt, getan hätte. Da kein Foto existiert, können wir uns die Szene nur ausmalen: Armen hinter seinem Schreibtisch sitzend, in einem dunklen, etwas aus der Mode gekommenen Gehrock; ihm gegenüber Koko, unbehaglich auf dem sonst Lieferanten, Bittstellern oder anderen aufdringlichen Personen vorbehaltenen Platz kauernd, um eine Unterredung mit dem Vater zu führen. Er begann von seinem Berufswunsch des Piloten zu sprechen, von der grandiosen Zukunft, die in den Lufträumen der Welt auf ihn warten würde. Armen spielte mit einem Blatt Papier auf dem Schreibtisch, den Blick starr auf den Teppich geheftet. Als der Sohn geendet hatte, ließ er das Blatt auf die Schreibtischplatte sinken, erhob sich und brachte ihn mit drei Sätzen zum Erstarren: »Schlag dir diesen Unfug aus dem Kopf. Du musst dich um das Hotel kümmern. Das ist dein Beruf.« Damit verließ er das Zimmer.

Zu jener Zeit war an den einmal gesprochenen Worten eines Vaters nicht zu rütteln; schon gar nicht in einer zwar modernen, aber patriarchalischen armenischen Familie. Die folgenden Monate gehörten für Koko zu den schwersten seines Lebens. Armens Worte hatten ihm viele der Tore, die er offen geglaubt hatte, verschlossen. Aufbegehren kam nicht in Frage: Das verbat ihm seine strenge Erziehung. Es war keine Frage des Mutes. Man konnte und durfte es schlichtweg nicht tun. So wie er später auch andere riskante Entscheidungen des Vaters akzeptieren sollte, obwohl ihm das drohende Unheil klar vor Augen stand, beugte er sich auch jetzt ohne Widerspruch. Aber der Gehorsam hatte einen hohen Preis: Koko glitt allmählich immer tiefer in einen Abgrund der Unsicherheit und Niedergeschlagenheit hinein.

Die Mutter sollte Armens Strenge mildern. Mit der ihr eigenen Zurückhaltung und der Bescheidenheit einer Frau, die es gewohnt war, stets im Hintergrund zu bleiben, gelang es ihr, den Ehemann nicht zu verletzen und den Sohn aus seiner Krise hinauszuführen. Sie überredete Armen, sie gemeinsam mit Koko eine Reise durch Europa unternehmen zu lassen. Kokos Zukunft war das Hotel? Nun gut, dann sollte er sich auf höchstem Niveau der Sache annehmen und bei den größten Meistern der Kunst des Gastgewerbes, in der Schweiz, in die Lehre gehen. Auch Koko ließ sich überzeugen. Ja, er würde sich um das Baron kümmern, aber auf seine Art, und ihm zu einem Ruf verhelfen, der es neben den berühmtesten Hotels der Welt bestehen lassen sollte.

Armen hatte seine Kräfte auf einen Punkt konzentriert: das Hotel effizient und dem Zeitgeist entsprechend zu gestalten. 1924 hatte ein Kühlschrank seinen triumphalen Einzug in der Küche gehalten. Im Jahr darauf war ein

Radio, eines der ersten der Stadt, angeschafft worden. Das war immerhin etwas, aber nicht genug, fand Koko: Die aus Europa kommenden Reisenden sollten in Aleppo, im Herzen der arabischen Welt, an der Schwelle zur Wüste, die Erlesenheit und Eleganz ihrer Herkunftsländer vorfinden.

Die lange Reise durch Europa diente dem Erlernen dieser Kunst. Er reiste nach Lausanne, um sich dort an einer der renommiertesten Hotelfachschulen der Welt einzuschreiben. Doch zwei Tage nach seiner Ankunft schloss das Institut endgültig seine Tore. Also beschloss er, auf eigene Faust vorzugehen und vor Ort zu lernen, indem er die besten Hotels und Restaurants aller europäischen Hauptstädte aufsuchte, um dort Ideen zu sammeln, Stil und Lebensweise zu studieren.

Das La Tour d'Argent in Paris, das Sacher in Wien, das Hungaria in Budapest, ja selbst London öffnete ihm seine Türen, oder zumindest einige der vielen sich bietenden. In vollen Zügen sog er die melancholisch euphorische Stimmung dieser Metropole an der Spitze eines bereits im Zerfall begriffenen Weltreiches in sich auf. Koko war wie berauscht, verkehrte mit Schriftstellern, Archäologen, Philosophen, Intellektuellen und Poeten und tauchte in die Welt des Savoy Hotels und der Mall ein. Einigen Personen begegnete er an den Ufern der Themse zum ersten Mal. Bei anderen handelte es sich um alte Bekannte, die bereits nach Aleppo gereist und im Baron untergekommen waren, oder um Freunde der Altunians. Und warum nicht auch ein bisschen seiner Leidenschaft frönen? Der

Vater war weit weg. Koko wurde Mitglied des exklusivsten privaten Luftfahrtclubs von ganz England, im Brooklands Flying Club: ein einmaliges Ambiente, ein Sammelsurium aus Verrückten und Pionieren, wo er mit einigen der abenteuerlustigsten und waghalsigsten Piloten Englands und Australiens Freundschaft schloss.

Rund ein Jahr später, 1933, kehrte er nach Aleppo zurück. Er verbrachte Tage damit, Andenken an England aus den Koffern und Kisten zu ziehen: die Reiseausbeute, oder zumindest einen Teil derselben. Die von den Tischlern sorgfältig verpackten Möbel sollten erst später eintreffen. Koko hatte nur die leichteren Gegenstände eigenhändig mitgenommen: Bücher, kleine Geräte, Rezepte und ein großes, in dunkles Leder gebundenes Album, das Gästebuch, in dem die Unterschriften all der Persönlichkeiten verewigt werden sollten, die ganz bestimmt in »seinem« Hotel absteigen würden.

Die Arbeiten begannen. Ein Teil des Hotelgartens verschwand, etliche Pistazien- und Feigenbäume mussten dem Bau der Familienunterkunft weichen. Die Mazloumians sollten nicht länger im Hotel, sondern in einem eigenen Haus wohnen. Dann wurde Kokos großartige, Aufsehen erregende Idee umgesetzt und die Bar eingerichtet. Nicht etwa eines der üblichen aleppinischen Cafés, nein, eine »echte« Bar, wie er sie in den Londoner Clubs gesehen hatte. Sorgfältig wählte er die einladenden Ledersessel, die lange, blankgewienerte Messingtheke, die hohen, an Gestelle erinnernden Barhocker und die mit Flaschen gefüllten Holzregale.

Auch der Salon der Familie fiel der neuen Ära zum Opfer. Koko brachte das Klavier, auf dem Barsegh Kanachyan einst gespielt und an dem er ihm vergeblich das Musizieren hatte beibringen wollen, dort unter. Wände und Boden wurden mit den Teppichen, die der Vater in Izmir hatte fertigen lassen, geschmückt. Ein letzter Schliff, ein kleiner Hauch orientalischer Geschmeidigkeit in Gestalt breiter Ledersofas, die Koko eigenhändig im Suk von Aleppo erstanden hatte.

Die Arbeiten nahmen fast zwei Jahre in Anspruch. Endlich war das Baron umgestaltet, ein kleines Savoy Hotel am Tor zur Wüste, ein winziger Palast, dazu berufen, die historischen Größen der nächsten Jahrhunderthälfte zu beherbergen. Ein auf Koko persönlich zugeschnittenes Reich: wo man sich, wenn man die Tür hinter sich zuzog, wie in Europa fühlen konnte.

15

Mit längst nicht mehr zeitgemäßem Hochmut herrschte Istanbul über den Bosporus. Der Zug des schwedischen Königshauses hielt in der nunmehr entmachteten einstigen Hauptstadt, gestattete sich eine kurze Pause und fuhr weiter. Prinz Gustav war in offizieller Angelegenheit nach Bagdad unterwegs, gemeinsam mit seiner Ehefrau, Prinzessin Louise, seiner Schwester, Prinzessin Ingrid, und einer großen Gefolgschaft. Der königliche Zug ließ die kleinen Holzhäuser am Stadtrand zurück und steuerte direkt auf das Herz der neuen Türkei, auf Anatolien zu. Gegen Abend erreichte man Eskischehir. Der schwedische Thronfolger sprach voller Begeisterung und ohne Unterlass von seiner Leidenschaft für die Archäologie. Er erzählte von Mesopotamien, von den Assyrern und Babyloniern, von laufenden Grabungen und bereits abgeschlossenen, an denen er in seiner Jugend teilgenommen hatte.

Das von der Eisenbahn durchpflügte, trockene Land wurde auf den Höhen von Kappadokien allmählich lieblicher und die Stimme des Prinzen schwächer. Vielleicht lag es an der Hitze, an der Höhe, den Temperaturschwankungen oder der langen Reise. Vielleicht auch an der Aufregung und seinen inzwischen über fünfzig Jahren. Jedenfalls überkam den schwedischen Thronerben ein plötzliches Unwohlsein.

Dem königlichen Zug blieb keine Wahl. Man musste bis Ankara, dem Stolz Atatürks, weiterfahren. Innerhalb weniger Jahre war es dem »Vater der Türken« gelungen, eine ärmliche Bauern- und Hirtensiedlung in eine Stadt mit 750 000 Einwohnern zu verwandeln. Auf einer von Dürren heimgesuchten Hochebene hatte er lange Prachtstraßen und große Paläste errichten lassen, umgeben von üppigen Bäumen und blühenden Gärten.

Doch die Königsfamilie brauchte weder Prachtstraßen noch Gärten, sondern lediglich einen Arzt und ein Krankenbett für den Prinzen. Und die Hauptstadt der neuen Türkei hatte weder das eine noch das andere zu bieten. Oder zumindest nichts, was dem Rang des Königs angemessen gewesen wäre. Auf dem Weg nach Bagdad gäbe es nur eine Stadt, die Seiner königlichen Hoheit das Nötige bieten könne – erklärte der Botschafter dem Sekretär des Prinzen –, und das sei Aleppo. Die Stadt läge dreihundert Kilometer, also eine Tagesreise mit dem Zug entfernt und verfüge über eines der besten Krankenhäuser und das beste Hotel des Nahen Ostens. Die königlichen Herrschaften stimmten sofort zu: Der Ruf des Hotels Baron war bis nach Schweden vorgedrungen. Eine Cousine, Lady Louise Mountbatten, hatte dort einige Jahre zuvor ein paar Nächte verbracht. Bei ihrer Rückkehr hatte sie von der dortigen Bedienung geschwärmt und das Hotel als einen ganz besonderen und für die Gegend einzigartigen Ort beschrieben. Am selben Abend noch meldete der Telegraph der Mazloumians die Ankunft der hohen Herrschaften und das Gesuch, das Hotel entsprechend herzurichten.

Koko und Armen empfingen die Gäste am »Bagdad«-Bahnhof. Sie betteten den fiebernden Prinzen Gustav in das bequemste Auto. Die anderen Familienmitglieder folgten in einer Karawane. Im Hotel wartete Doktor Altunian. Er hörte den königlichen Patienten mit dem Stethoskop ab und stellte viele Fragen. Endlich kam er zu seinem Urteil: »Nichts Ernstes. Ein paar Tage Ruhe und entsprechende Pflege, und seine Hoheit wird die Reise fortsetzen können.«

Bagdad wurde von der Programmänderung in Kenntnis gesetzt, während Aleppo sich darauf einstellte, den vornehmen Gästen einen ihrem Rang angemessenen Aufenthalt zu gewähren. Der Rolle und der Ehre seines Landes entsprechend, eröffnete der französische Hochkommissar die kurze, aber intensive Zeit der Feierlichkeiten mit einem Galaempfang. Die Konsuln und anderen Notabeln folgten ihm auf dem Fuß. Keiner wollte im Wettstreit der Eitelkeiten hinter den anderen zurückstehen. Aber die folgenden Abende bestanden nicht nur aus Champagner und Tanzvergnügen. Auch die Sehnsucht nach Europa hatte ihren Anteil. Abends, sobald die höfischen »Verpflichtungen« einen unverhofften Freiraum ließen, kam Prinzessin Ingrid hinunter in den Salon, ließ sich auf einem der Teppiche nieder und fragte Koko, ob man mit seinem Apparat nicht Radio Stockholm empfangen könne. »Gewiss, Eure Hoheit!«, erwiderte Koko, der stolze Besitzer eines der wenigen im damaligen Aleppo existierenden Geräte dieser Art. Und noch stolzer war er darauf, dieses selbst bedienen zu können.

Die Szene wiederholte sich, mit wenigen Varianten und zum großen Vergnügen des Prinzen sowie der anderen, mehrere Abende in Folge. Koko saß mit Kennermiene vor dem Radio und hantierte mit den Reglern. Mitten in einem Getöse aus Knistern und Rauschen rief er triumphierend: »Da ist er, ich habe ihn! Hört nur, hört!« Die Prinzessin deutete ein Lächeln an und beugte sich zu dem Gerät hinunter, doch das Knistern blieb ein Knistern: Nichts davon verwandelte sich in Radio Stockholm. Koko drehte erneut an den Reglern und wieder brachte der Apparat nur unverständliche Geräusche hervor. Als die Prinzessin schließlich heimlich, wie es der Anstand gebietet, zu gähnen begann, gab er sich geschlagen: »Eure Hoheit, vielleicht ist es besser, wenn wir heute Abend BBC hören.«

So verbrachten sie eine knappe Woche. Dann war Prinz Gustav, wie Doktor Altunian vorausgesagt hatte, zur Weiterreise fähig. Hager, das nordische Gesicht um die Wangenknochen herum noch stärker eingefallen als sonst, kam der Genesene die Freitreppe des Hotels hinab. Doch die Augen hinter den runden Brillengläsern dieses archäologiebegeisterten Mannes wirkten heiter. Bedros und zwei weitere Männer waren bereits mit einem Berg von Kisten und Koffern zum Bahnhof vorausgeeilt, um den Zug zu beladen. Koko wartete im Foyer, die Hände an der Hosennaht, bereit zu einer leichten Verneigung, wie es sich gegenüber Personen von blauem Blute schickte. Aber es war ein nordisches Königshaus, und der Prinz überraschte ihn, brachte ihn in Verlegenheit, indem er ihm die Hand entgegenstreckte und sich für die großartige Gastfreundschaft bedankte.

Er ließ ein Foto mit Widmung, seine Unterschrift im Gästebuch und ein ansehnliches Sümmchen zurück. Diesmal konnte sich Bedros nicht über das Trinkgeld beschweren. Und auch für Armen erwies sich die Krankheit des Prinzen und seine Quasi-Beschlagnahmung des Hotels – mit all den einhergehenden gesellschaftlichen Ereignissen – als äußerst lukrativ. Armen investierte die gesamten Einnahmen in das Hotel. Inzwischen trafen jede Woche Abenteurer, Piloten, Entdecker, Archäologen, Diplomaten und Geschäftsleute in Aleppo ein. Alle wollten im Baron absteigen, aber das Hotel konnte nicht mehr allen ein Bett bieten.

Man musste sich vergrößern. Erneut wandten sich Armen und Koko für die Planung an einen armenischen Architekten. Sie wünschten – so erklärten sie – ein weiteres Stockwerk und auf dem Dach eine Terrasse aus Zement, genau wie die bereits vorhandene: alles in dem strengen und schlichten Stil des ursprünglichen Gebäudes. Die Arbeiten begannen 1935, kamen jedoch nur langsam voran. Allein der Bau des zweiten Stockwerks nahm beinahe zwei Jahre in Anspruch. Als die Terrasse an die Reihe kam, waren bereits überall die Vorboten eines bevorstehenden neuen Krieges zu spüren: Zement wurde selten und teuer. Der Architekt schlug eine andere Lösung vor: ein richtiges Dach mit Dachziegeln.

Armen stimmte zu. Er überwachte die »externen« Arbeiten. Um die Inneneinrichtung kümmerte sich dagegen Koko. An den Hotelwänden erschienen Heizkörper – die ersten in der Stadt und unabdingbar zum Schutz der Gäste vor der großen aleppinischen Winterkälte. Den roten Saal, der zusammen mit der Bar direkt neben dem Foyer lag, gestaltete er dagegen in eher orientalischer Manier. Kelims an den Wänden, achteckige Tischchen und flache Sitzpolster. Im Gegensatz dazu war der Speisesaal durch die großen, während seiner Reise durch Europa besuchten Hotels und insbesondere durch den britischen Stil inspiriert: Holzvertäfelung an den Wänden, verkleidete Deckenbalken, Schirmlampen auf den Tischen und mehrarmige Kerzenleuchter. Die einzige orientalische Note und – für jene, die es zu deuten wussten – Anspielung auf die gerade erst vergangene Tragödie waren die Vorhänge an den Fenstern, die von den armenischen Frauen, die in Aleppo Zuflucht gefunden hatten, mit kostbaren Handstickereien verziert worden waren.

Trotz der Bauarbeiten lief der Hotelbetrieb mit voller Kraft weiter. Die Bar schloss nie vor zwei Uhr nachts und meistens war man vollkommen ausgebucht. An einem Unwetterabend erschienen zwei hochgewachsene, blonde junge Frauen in eleganten Pelzmänteln in Begleitung zweier ebenso gutaussehender, athletischer und vornehm gekleideter Herren im Foyer. Es waren der ehemalige Boxweltmeister Gene Tunney und ein hohes Tier der National Geographic Society in Begleitung ihrer Frauen. »Ist das hier das Hotel, wo es den Bernkasteler Doctor gibt?«, fragten sie an der Rezeption. Bernkasteler Doctor war einer der besten »Weißen« aus Deutschland und damals sehr in Mode. »Wir haben zwei Kisten«, versicherte Koko. Er gab Solomon, der inzwischen zum Oberkellner avanciert war, ein Zeichen und führte sie an einen der Tische. Der »Bernkasteler Doctor« wurde gleich darauf gebracht, entkorkt und gekostet. Gene Tunney und seine Begleiter leerten die Flasche und kauften dann den gesamten im Keller des Hotels lagernden Vorrat. Während der langen, ihnen noch bevorstehenden Reise würden sie diesen gut gebrauchen können, erklärten sie Koko. Sie seien im Auftrag der Firma Citroën und des National Geographic Magazine in Richtung Australien unterwegs. Aleppo sei der letzte Vorposten vor einer nicht von Politikern, sondern von der Natur gezogenen Grenze. Jenseits derselben guten Wein oder andere abendländische Spezereien aufzutreiben sei völlig aussichtslos.

In jenen Jahren verbrachte Agatha Christie viele Monate im Hotel, während ihr Ehemann, der Archäologe Max Mallowan, mit Grabungen im Norden Syriens beschäftigt war. Die Schriftstellerin kam morgens die Treppen hinunter und ließ ein frostiges »Good morning« vernehmen. Damit waren für sie die Kontakte mit der Außenwelt beendet. Wenn im Spätherbst oder Winter die Sonne schien, trug sie einen Stuhl auf die Terrasse und blieb dort, in Mäntel und Schals gehüllt, viele Stunden lang sitzen. Im Sommer zwang die Hitze sie, in der schattigen Stille der Bar Zuflucht zu suchen, aber in beiden Fällen füllte sie Blatt um Blatt, und niemand wusste, was sie zu Papier brachte. Erst Jahre später bekam Koko heraus, dass sie *Mord im Orient-Express* verfasst hatte, und er konnte ihr sogar ein kleines Geständnis entlocken: Ihre Inspirationsquelle war die tragische Geschichte von Charles Lindbergh gewesen.

Koko sollte die ganze Tragweite dieses Dramas erst 1937 begreifen, als Charles Lindbergh persönlich mit seiner Frau, Anne Morrow, nach Aleppo kam. Sie waren unterwegs nach Bagdad, in einem speziell nach Maßgabe des großen Piloten konstruierten Flugzeug. Lindbergh war der Held der amerikanischen und der weltweiten Luftfahrt, der »große Überflieger«, der Mann, der alle Rekorde gebrochen und in 21 Stunden und 45 Minuten die Strecke von San Diego nach New York und in 33 ½ Stunden die Strecke von New York nach Paris zurückgelegt hatte. Aber er war auch der Vater, der fünf Jahre zuvor die Entführung und Ermordung seines drei Jahre alten Sohnes hatte erleben müssen. 1935 war der Prozess gegen den Mörder abgeschlossen. Unmittelbar darauf waren Lindbergh und seine Frau nach England gezogen. Ein Versuch, dem Leben eine neue Richtung zu geben, der jedoch erfolglos geblieben war. Das wurde Koko klar, als Lindbergh ins Hotel kam. Er gab sein Bestes als Gastgeber, doch dann musste er sich geschlagen geben: Lindberghs Aufenthalt im Baron war kurz und wenig erfreulich, einer der wenigen, die in Kokos Erinnerung die Bitterkeit von niemals zu lindernden Wunden hinterließen.

16

Das Pünktchen am Horizont war immer deutlicher erkennbar, bekam Form und Ausmaße und entpuppte sich schließlich als ein schwirrender Propeller mit zwei Flügeln und einem Steuerschwanz. Das Fluggerät drehte eine ausholende Runde über die Stadt und verlor dann an Höhe, wobei es langsam weitere Kreise zog, als suche es etwas oder jemanden. Endlich schien der Mann hinter dem Steuerknüppel sein Ziel gefunden zu haben und lenkte direkt auf die grasbewachsene Ebene zu, wo irgendjemand verzweifelt Signale aussendete, um die Aufmerksamkeit auf sich zu ziehen.

Dieser »Jemand« war der höchst aufgeregte Koko. In wenigen Augenblicken würde Jimmy Woods, eines seiner Idole und einer der bekanntesten Männer jener Zeit, auf dem Boden landen. Woods war der erste Pilot auf der Wettkampfroute London–Melbourne, dem Flugereignis des Jahres.

Der Wettkampf sollte frühestens ab dem 20. Oktober 1934 beginnen, doch Woods hatte die Aufgabe, die Route auszukundschaften und den Weg für all die Abenteuerlustigen zu bereiten, die beabsichtigten, seinen Spuren zu folgen. Deshalb hatte seine Gipsy I Moth London sehr viel eher verlassen als die anderen, um in südlicher Richtung erst Marseille, dann Rom und Athen anzusteuern. Nach dem Flug über die Türkei hatte er weiter Kurs in Richtung Osten gehalten.

Koko war über jede Etappe auf dem Laufenden gehalten worden. Dank seiner während des London-Aufenthaltes geschlossenen Kontakte war er nicht nur Fluglotse an dem inexistenten Kontrollturm des Aleppiner Flughafens, sondern der Royal Aero Club hatte ihn darüber hinaus auch zum Verantwortlichen für die Etappe in der Stadt ernannt. Als der Augenblick gekommen war, zog er sich die passendste Jacke – einen in London erstandenen blauen Blazer – über, stieg in sein Auto – einen nagelneuen Studebaker – und sauste los, um Woods in Empfang zu nehmen.

Er kennzeichnete die Lage des Flughafens, stellte sicher, dass alles zur Landung bereit war, und griff nach dem Fotoapparat, um den historischen Augenblick zu verewigen. Durch den Sucher verfolgte er den ein wenig taumelnden Landeanflug des Doppeldeckers. Als er auf den Auslöser drückte, hatte das Flugzeug bereits den Boden berührt und war zum Stillstand gekommen: Allerdings lag es auf dem Rücken, wie ein gerupftes Huhn. Irgendetwas war bei dem Manöver schiefgelaufen. Vielleicht war Woods erschöpft. Oder vielleicht hatte ein Windstoß in allerletzter Sekunde für den kleinen Unfall gesorgt. Koko spannte den Hebel, um den Film weiterzutransportieren. Plötzlich tauchte der Pilot, der Anblick seines blutverschmierten Gesichts mit zwei vor Wut funkelnden Augen und der zum Schlag erhobenen Faust, vor ihm auf: Was fiel diesem Fremden ein, ihn in einer derart misslichen und seinem Ruf abträglichen Lage zu fotografieren?

Es war nicht einfach, aber Koko konnte ihn schließlich dazu bewegen, ihm weder die Nase noch den Fotoapparat zu zertrümmern. Gemeinsam richteten sie das Flugzeug wieder auf. Koko begleitete ihn zur Behandlung ins Krankenhaus und anschließend ins Hotel. Am Abend, nach einem längeren Schläfchen und einem ordentlichen Bier, war Woods wieder vollständig besänftigt und gab Koko die letzten Anweisungen zu den Wettkampfregeln und insbesondere zur Landeprozedur.

Ein Flugzeug sei erst »angekommen«, so erklärte er, wenn es bis zu dem am Ende der Landebahn aufgestellten Zelt gerollt sei. Der Pilot müsse aussteigen und Koko das Bordbuch überreichen. Kokos Aufgabe sei es, die Uhrzeit festzustellen, sie in die Liste einzutragen und zu unterschreiben. Koko nickte: Er hatte verstanden.

Am 20. Oktober begann der Wettkampf. Flugzeuge von unterschiedlichster Form und Größe und unter verschiedenster Flagge bevölkerten den Himmel von Aleppo und versuchten ihr Glück auf der Landebahn. Koko war ganz in seinem Element und kam keine Sekunde zur Ruhe. Die Piloten landeten, er trug die Daten ein und begleitete sie ins Baron.

Auch die KLM, die Königliche Luftfahrtgesellschaft der Niederlande, nahm mit einer DC-2 an dem Wettkampf London–Melbourne teil. Es war ein ziviles Luftfahrzeug:

Im Gegensatz zu den anderen war es nicht eigens für den Wettkampf konstruiert oder umgerüstet worden. An Bord befanden sich drei Passagiere und ein Sack voller Briefe. Die Gesellschaft bereitete die Öffnung ihrer Handelsrouten in Richtung Osten vor: Die »Rallye« war eine gute Gelegenheit, um Schwierigkeiten und Merkmale der Strecke ausfindig zu machen.

Die DC-2 der KLM traf gegen Abend in Aleppo ein. Die Landebahn war kaum noch zu erkennen. Koko wartete in seinem als Kontrollturm dienenden Zelt, aber sie konnten ihn nicht sehen. Schuld daran war ein Stromausfall auf der Erde. Flugkapitän Parmentier bereitete sich auf die Landung vor. Er richtete die Flugzeugnase ins Nichts und empfahl das Flugzeug, die Post, die Passagiere und sich selbst Gott und dem Schicksal. Die DC setzte mit einem Ruck auf dem Boden auf und verlor langsam an Geschwindigkeit. Aber sie musste noch den letzten Abschnitt zurücklegen und im Dunkeln bis zu Koko und seiner Unterschrift rollen. Koko versuchte ihnen beizustehen. Er schaltete die Scheinwerfer seines Studebaker an und beleuchtete die Landebahn. Dann gab er dem Flugkapitän ein Zeichen zu stoppen, nicht weiterzurollen. Es war ein Notfall. An diesem Abend – so beschloss er – konnte man getrost auf die übliche Prozedur verzichten. Und die Ankunftszeit? Sie war der Augenblick, in dem das Flugzeug den Boden berührt hatte. Die Mannschaft der KLM gewann zwar den Wettbewerb nicht und belegte nur den zweiten Platz, aber sie erreichte ein wesentlich bedeutenderes Ziel: Zum allerersten Mal hatte ein

Personenflugzeug eine derart lange Strecke in 90 Stunden, knapp vier Tagen, zurückgelegt. Die niederländische Fluggesellschaft war Koko für seine entgegenkommende Behandlung unendlich dankbar.

Nach der KLM kamen die Flying Sweethearts, die »Fliegenden Verliebten« an die Reihe. Amy Johnson und Jim Mollison waren das meistbeachtete und am häufigsten fotografierte Pärchen jener Epoche. Sie war die Königin der Lüfte, er der geflügelte Schotte. Gemeinsam bildeten sie eine Mischung aus Liebe und Abenteuer, die der besten Fortsetzungsromane würdig gewesen wäre und ein gefundenes Fressen für alle Klatschblätter lieferte.

Amy war eine alte Bekannte im Hotel Baron. 1930 war sie schon einmal nach Aleppo gekommen. Damals war sie lediglich eine 26-jährige angehende Heldin gewesen, die sich einer Herausforderung stellte, mit der sie ins Rampenlicht der Weltöffentlichkeit geraten sollte. »Sie hat ihre langweilige Arbeit aufgegeben, um im Himmel nach Abenteuern zu suchen«, titelten die Zeitungen. Die ehemalige Sekretärin aus London hatte sich mit gerade einmal achtzig Stunden Einzelflugerfahrung in ein Unternehmen gestürzt, das selbst deutlich erfahrenere Piloten als sie bisher noch nicht gewagt hatten. Sie hatte beschlossen, von London nach Australien zu fliegen, um den Rekord von 21 Tagen, den der ebenfalls aus England stammende Pilot Bert Hinkler 1928 aufgestellt hatte, zu brechen.

Mitten in diesem Unterfangen war sie im Hotel Baron gelandet. Aleppo hatte sich erst seit Kurzem an den Anblick von Automobilen gewöhnt. Pferde, Kutschen, Esel und Kamele blieben nach wie vor die am weitesten verbreiteten Fortbewegungsmittel. Die Ankunft einer Frau, die allein ein Flugzeug steuerte und wie ein erfahrener Mechaniker die komplizierten Mechanismen des Motors beherrschte, erregte großes Aufsehen. Tagelang sprach man darüber mit dem für Araber so typischen fatalistischen Staunen gegenüber allem Wundersamen, das sich dem gemeinen Verstand entzieht. Warum nur sollte eine junge Dame, eine *Ingliziy*, auf das angenehme Londoner Leben verzichten und ihr Leben in den Lufträumen der Welt riskieren? Ein Rätsel. Die Aleppiner blickten zum Himmel hinauf. Allein Allah konnte das wissen und die Engländer waren bekanntermaßen ohnehin nicht ganz richtig im Kopf: Nur Engländer und verrückte Hunde spazieren durch die Mittagssonne, lautet ein altes, nie widerlegtes asiatisches Sprichwort.

Amy Johnson war nach Osten weitergeflogen, aber aus der Zeitung hatte auch Aleppo es erfahren: Die merkwürdige junge Frau hatte Bert Hinklers Rekord zwar nicht brechen können, aber sie hatte es dennoch geschafft, in die Geschichtsbücher einzugehen. Nie zuvor hatte eine Frau allein ein solches Unterfangen gewagt und zum Abschluss gebracht. In Australien landete sie auf der kleinen Insel Melville Island und wurde anschließend auf dem Festland von Tausenden Menschen jubelnd begrüßt. König Georg V. verlieh ihr den Order of the British Empire. »Amy, du bist so wunderbar«, titelten die Zeitungen, die sie bei ihrem Aufbruch kein bisschen beachtet hatten.

Aleppo freute sich, sie anlässlich des London-Melbourne-Wettkampfes wiederzusehen. Längst war sie zur Königin der Lüfte avanciert, und sie kam in Begleitung ihres Ehemanns: Alles schien nun weniger unverständlich. Koko empfing sie wie eine alte Freundin, eine Schwester in dieser Gemeinschaft aus Luftfahrtbesessenen. Auch der Rest der »europäischen« Stadt war hocherfreut: Ihre Ankunft lieferte reichlich Stoff für niveauvollen Klatsch.

Amy Johnsons und Jim Mollisons Ehe steckte in einer schwierigen Phase. Der gemeinsam unternommene Langstreckenflug war eine Art letzter Versuch, ihre Beziehung zu retten. Die damaligen Skandalblättchen und die Aleppiner verfolgten das hinter den Wendungen des großen Abenteuers verborgene Liebesdrama mit heimlicher Genugtuung. Doch die fliegenden Verliebten gaben ihnen wenig Anlass dazu. Zumindest während des ersten Abschnitts ihrer Route war nichts von irgendwelchen Spannungen zu bemerken. Sie hatten einen Vorsprung, den sie bis nach Karatschi halten sollten. Bis hierhin waren sie von England aus in einer Gesamtzeit von 22 Stunden gelangt – ein für die damalige Zeit absoluter Rekord und ein sehr gutes Mittel gegen Ehestreitigkeiten.

Der Aufenthalt in Aleppo verlief sehr harmonisch, unter viel Gelächter und Scherzen, mit einem ausgezeichneten Abendessen und einer ruhig durchschlafenen Nacht. Am nächsten Tag flogen die beiden weiter. Mit ihnen ging auch Kokos eleganter blauer Blazer auf die Reise. Amy hatte sich über die Kälte beschwert und Koko hatte in ritterlicher Manier die Jacke ausgezogen und Amy um die Schultern gelegt. Doch in der Aufregung des Startmanövers waren diese Geste und der Blazer in Vergessenheit geraten.

Obwohl der London–Melbourne-Wettkampf Koko seine Lieblingsjacke kostete, war er für ihn ein Erfolg. Das neugestaltete Hotel, »sein« Baron, hatte den Durchbruch geschafft. Der Ruf des Hotels reichte weit über die Landesgrenzen hinaus und das Gästebuch quoll über vor Einträgen. Piloten, Besatzung und wer sonst noch kam, alle waren begeistert von der exotischen Atmosphäre, die in Aleppo, im Suk und der Zitadelle herrschte. Aber die Idee, eine Bar nach Londoner Vorbild zu eröffnen, war der beste Schachzug überhaupt gewesen. Es war wunderbar, über die Basare zu schlendern, sich in die arabischen Cafés zu setzen und Zimt- oder Minztee zu trinken: Aber alle waren heilfroh, irgendwann wieder an die vertraute Theke zurückzukehren und ein leckeres Bier oder ein Glas Champagner zu trinken, die ein Barkeeper ihnen so servierte, wie sich das gehörte. Und Koko war der perfekte Gastgeber: Er war einer von ihnen, war gänzlich vertraut mit der englischen Sprache, kannte London, kleidete sich wie ein Gentleman und war über alle Ereignisse und europäischen Strömungen bestens informiert.

Natürlich kam es manchmal auch zu Missgeschicken und zu Fehlern. Niemals würde Koko vergessen, was ihm während des Besuchs von Bessie Owen, einer lebenshungrigen Amerikanerin auf den Spuren von Amy Johnson, unterlaufen war. Bessie hatte einen reichen amerikanischen Bankier dazu gebracht, ihr den Flug von den

USA über Europa und Asien nach Manila zu finanzieren. Die Unternehmung sollte später, wie sie Koko erzählte, in einem Buch verewigt werden, dessen Titel bereits feststand: *Aerial Vagabond.* Darin sollten der Reisebericht und die Fotos der interessantesten Etappen des Fluges verewigt werden. Koko war überglücklich, daran mitwirken zu dürfen. Gemeinsam mit Bessie legte er Flugrouten und Fotomotive fest und gemeinsam ging es auf Unternehmungstour. Jeden Tag verließen sie das Hotel zeitig am Morgen und stiegen in die Lüfte auf. Abwechselnd übernahm einer das Steuer und der andere fotografierte. Eine systematische Arbeit, bis am Ende nur noch die Zitadelle von Aleppo, die Ruinen des Simeonsklosters und ein paar Stunden bis zur Abreise der Amerikanerin übrigblieben. Sie kehrten erst nach Sonnenuntergang ins Hotel Baron zurück.

Koko eilte zu einem befreundeten Fotografen und erklärte, es sei höchst eilig. »Die Dame, die diese Fotos geschossen hat, reist morgen ab, du musst sie sofort entwickeln. Es sind Bilder von der Zitadelle und vom Simeonskloster Qual'at Sim'an, sie sollen in einem Buch erscheinen. Sag Bescheid, sobald du fertig bist.« Der Fotograf begab sich sofort an die Arbeit. Gegen Mitternacht schickte er einen Jungen, um Koko Bescheid zu geben. »Alles in Ordnung«, sagte er, als Koko bei ihm eintraf, »die Fotos sind fertig und sie sind wirklich schön, aber das hier ist nicht das Simeonskloster, das ist Mushabbak.« Koko lächelte. »Hör mal, ich war im Flugzeug mit dabei. Willst du mir erzählen, wie das Simeonskloster aussieht?« Der Fotograf schwieg und breitete die Fotos auf dem Tisch aus. Dann legte er weitere, aus seinem Archiv stammende Bilder daneben. Er hatte recht. Auf dem Weg ins Hotel zerbrach Koko sich den Kopf. Bessie Owen würde am nächsten Morgen abreisen, für eine weitere Exkursion war keine Zeit. Als er zurück war, schlief sie bereits. So hinterließ er ihr die Fotos in einem Umschlag und verschob das Problem auf den nächsten Tag.

Am anderen Morgen bestürmte die Frau ihn in ihrer gewohnten Begeisterung und überhäufte ihn mit Dank. »Du warst einzigartig, phänomenal, in keinem anderen Hotel der Welt bin ich so behandelt worden.« Koko fand nicht den Mut, ihr die Wahrheit zu sagen. Je mehr sie ihn lobte, desto weniger fand er die Worte, ihr den Irrtum bei den Fotos zu erklären. Er fühlte sich wie ein Wurm, als er sie zum Flughafen begleitete, und schwenkte sein Einstecktüchlein, bis das Flugzeug weit oben am Wüstenhorizont verschwunden war.

Ein Jahr später erhielt er ein Paket aus Amerika. Es war das Buch *Aerial Vagabond.* Hastig blätterte er es durch und stieß sofort auf das besagte Foto mit der großen Bildunterschrift »Die Ruinen des Simeonsklosters«. Peinlich berührt klappte er es hastig zu und legte es auf den Tisch. Er brachte nicht einmal den Mut auf, ihr einen Dankesgruß zu schicken. Einige Monate später kam ein zweites Paket mit beiliegender Karte: »Ich hatte dir ein Exemplar des Buches geschickt, aber es muss verloren gegangen sein. Hier ein weiteres. Ciao Bessie.«

Koko wusste, dass es diesmal keine Ausrede gab. Eilig

schrieb er ein paar Zeilen. Ja, das erste Exemplar sei bestimmt verloren gegangen, und er danke ihr. Dann schloss er den Briefumschlag, schickte ihn ab und fühlte sich wie der größte Feigling der Welt.

17

Das Leben in Aleppo während der Zeit des französischen Mandats war süß. Süß für jene, die, wie Koko, an den Toren zur Wüste leben konnten, als seien sie in Paris oder London. Für jene, die morgens in kurzen weißen Hosen mit französischen oder englischen Freunden Tennis spielten, um anschließend im größten Suk der Welt, zwischen Gewürzen und orientalischen Düften, Beduinenfrauen mit geheimnisvollen blauen Tätowierungen, Stammesführern aus den Bergen und seltsam gekleideten Kurden zu begegnen. Süß war es, die Tollheit Europas zu spüren, das mit einem Glas Champagner in der Hand auf eine neue Katastrophe zusteuerte, und mit demselben Champagner die nach Jasmin und Gewürzen duftenden Abende in Aleppo zu genießen.

Inmitten dieses Wahnsinns plätscherte Kokos Leben dahin wie ein breiter, ruhiger Fluss – ein Leben, in dem sich Tennis- und Polospiele, Cocktails und Schwimmbadbesuche, Jagdereignisse und üppige Abendessen aneinanderreihten. Aber auch Exkursionen zu den Ausgrabungsstätten, wo befreundete Archäologen im Sand nach alten Ruinen gruben, oder auch Empfänge im Hotel und Feste in den Häusern der großen ortsansässigen Familien oder französischer Amtsträger.

Koko genoss dieses Leben in vollen Zügen. Armen dagegen nicht. Vater und Sohn arbeiteten zusammen, kümmerten sich gemeinsam um das Hotel, doch die Grenzen ihrer jeweiligen Bereiche waren klar und eindeutig definiert. Insbesondere dann, wenn am Ende eines Aufenthaltes Koko dem Abreisenden das Gästebuch zum Unterzeichnen vorlegte und Armen ihm mit nicht ganz zeitgemäßer Förmlichkeit die Rechnung überreichte.

In allen anderen Fällen mied Armen die ungleiche Gesellschaft von Flugpionieren und Archäologen, von Händlern und Abenteurern, er mied das modische Geplänkel und Klingen der Champagnergläser, von denen Kokos Bar erfüllt war. All das verstand er nicht, und was er sah, gefiel ihm nicht. Diese extravagante, frivole Atmosphäre diese ständige Jagd nach dem Nichts und waren ihm allzu fremd. Er misstraute dem Ganzen. Das würde zu nichts Gutem führen, sagte er sich. Bei jeder Gelegenheit lag er seinem Sohn in den Ohren, sich endlich fest zu binden, eine Frau zu nehmen und eine Familie zu gründen. Er hatte sogar zwei, drei Treffen mit jungen Frauen aus bestem armenischem Hause arrangiert, aber Koko war es jedes Mal gelungen, sich zu entziehen und zu seiner unbekümmerten Lebensart zurückzukehren.

Armen war, der guten alten Zeit gemäß, eine andere, strengere und distanziertere Gesellschaftsordnung gewohnt, und er verbrachte viele seiner Abende in dem kleinen, unter der Freitreppe des Hotels versteckten Büro.

Er kümmerte sich um Aleppo. Seit 35 Jahren stand er der Gemeinde vor. Sein Volk lag ihm am Herzen. Über zwei Jahrzehnte waren seit dem Genozid vergangen, aber es gab immer jemanden, dem es zu helfen, den es zu ermutigen oder dem es zuzuhören galt. So zum Beispiel Joseph Aiwasian, Sohn armenischer Flüchtlinge, die dem Massaker in dem kleinen Bergdorf Sookolouk, das im Sandschak von Alexandrette über der Bucht lag, entkommen waren. Mit zehn Jahren war Joseph von einer deutschen Familie adoptiert worden. Nach einem kurzen Aufenthalt in Aleppo war er mit ihnen nach Deutschland gegangen. In den Dreißigerjahren kehrte er mit einigen Ideen und voller Hoffnung zurück. Er hatte die Vorstellung, das kleine bäuerliche Sookolouk in einen Touristenort für Aleppiner auf der Suche nach Sommerfrische und Erholung zu verwandeln. Armen gefiel die Idee des jungen Mannes. Er selbst hatte bereits in Land investiert. Bisher jedoch immer in sicheren Entwicklungsgebieten: am Stadtrand von Aleppo, in Beirut. Sollte man das sauer verdiente Geld wirklich in eine von Franzosen besetzte, von Türken begehrte und von grobschlächtigen Bauern bewohnte Bergregion investieren? Er besprach die Sache mit Doktor Altunian und gemeinsam begaben sie sich nach Sookolouk. Es endete damit, dass Altunian zwei Hügel und Armen diverse Hektar Land erwarben. Die Bauarbeiten begannen. Zuerst erschien Aiwasians Villa, ganz aus Holz und umgeben von einem riesigen, zum Golf von Alexandrette hin gelegenen Garten. Danach wurde auch die von Doktor Altunian fertiggestellt, mit Schwimmbad und einem Tennisplatz, direkt neben einem steil zum Meer abfallenden Hang, auf dem die Tennisbälle in schöner Regelmäßigkeit verloren gingen. Dazu ein ganzer Hügel, der eigens für die Wettspiele der Enkelkinder zur Verfügung stand. Armen ließ nach dem Erwerb einige Jahre verstreichen, ehe er sich entschloss, mit dem Bau zu beginnen. Als es so weit war, begab er sich nach Sookolouk, um das Projekt in die Wege zu leiten, und musste feststellen, dass auf der einen Hälfte seines Grundstücks bereits jemand anderes, nämlich der iranische Konsul aus Alexandrette, eine Villa errichten ließ. Armen protestierte, aber es war nicht viel zu machen. Aiwasian hatte ihn übers Ohr gehauen.

Ein anderer hätte daraufhin die Türen der Gastfreundschaft für immer verschlossen – nicht so Armen. Er fand sich damit ab, ein kleineres Haus zu bauen, und half weiterhin denen, die an seine Tür klopften und die Hand ausstreckten. Der Nächste, der zu ihm kam, war Abru Abroian, ein in Beirut tätiger Händler für englische Textilwaren und Bekleidung. Handel zu treiben ist eine schwierige Kunst, aber in einer Stadt von geborenen Händlern wie Beirut, erweist sich diese als besonders schwer. Abroian beging einige Fehler. Am Ende hatte er kein Geld mehr, dafür einen Berg Schulden und ein laufendes Konkursverfahren. Da er den Libanon verlassen musste, floh er nach Aleppo.

Er kannte fast niemanden. Irgendjemand aus der armenischen Gemeinde erzählte ihm von Baron Mazloumian. »Er ist der Einzige, der dir helfen kann.« So betrat

Abroian eines Tages das Hotel und fragte nach dem Besitzer. Armen empfing ihn in seinem Büro und hörte sich die Geschichte seiner Misserfolge an. Wieder einmal öffnete er die Türen des Hotels. Nicht nur im metaphorischen Sinne: Er bot ihm seine Gastfreundschaft, ein Dach über dem Kopf und Verpflegung an.

Sechs Monate später erklärte Abroian, er wolle wieder Geschäfte machen. Aber, so sagte er, er brauche »ein wenig Unterstützung«: Er müsse eine Bank davon überzeugen, ihm die Chance für einen Neubeginn zu gewähren.

Armen sprach mit seiner Bank und Abroian erhielt ein Darlehen. Zurück in Beirut, begann er erneut Textilhandel zu betreiben und schaffte es sogar, die vereinbarten Schulden zu begleichen. Etwa zwei Jahre später sahen ihn die Kellner des Baron erneut das Foyer des Hotels durchschreiten und nach Baron Mazloumian fragen.

Armen brachte es nicht übers Herz, ihn seinem trotz all der unternommenen Anstrengungen offenbar feindlich gesonnenen Schicksal zu überlassen. Im Grunde, so dachte er, war Abroian ein armer Teufel, und außerdem war er Armenier. Genau wie einige Jahre zuvor, bot er ihm ein Bett und einen Platz bei Tisch an. Damit war für ihn der Fall erledigt. Aber er hatte die Rechnung ohne Ieranik gemacht. Seine Frau traf Abroian in den Fluren des Hotels und geriet außer sich. »Das ist ein Taugenichts, einer, der nichts vom Handel versteht. Sei auf der Hut vor ihm!«, warnte sie Armen, als er nach Hause kam. Dann sah sie ihm scharf in die Augen. Sie kannte ihren Mann und wusste, dass er nie Nein sagen konnte. Erst recht nicht zu einem Armenier. »Lass dich und deinen Namen nicht in diese Angelegenheit hineinziehen«, mahnte sie. Armen erwiderte etwas, klang aber wenig überzeugend. Ieranik warf ihm einen weiteren schneidenden Blick zu: »Schwöre bei unserem Sohn, dass du nichts unterschreiben wirst«, verlangte sie. Armen senkte niedergeschlagen den Blick.

Es vergingen genau sechs Monate, dann kam die Bitte nach einer weiteren Bürgschaft bei der Bank: Diesmal ging es um eine größere Summe. Auch diesmal konnte Armen sie nicht einfach abschlagen. Er suchte denselben Freund auf wie zwei Jahre zuvor, doch war er diesmal gezwungen, sich abzusichern: »Ich kann nichts unterschreiben, das habe ich beim Leben meines Sohnes geschworen.« Aber der Bankier verlangte nichts Schriftliches von ihm. Er kannte Armen Mazloumian zu gut, um ihn mit der Bitte um eine Unterschrift in Verlegenheit zu bringen. Ein Wort und ein Händedruck waren mehr als genug.

Abroian bekam das nächste Darlehen. Es war das Jahr 1938. Zum dritten Mal kehrte er nach Beirut zurück und stürzte sich in das Handelsleben der libanesischen Hauptstadt. Die Geschäfte gediehen. Schon bald tauchte Abroian an den Spieltischen des Casinos du Liban auf, das als Inbegriff des süßen morgenländischen Lebens galt. Er war ein moderater Spieler, sowohl was seine seltenen Gewinne als auch was die häufigen Verluste betraf, doch eines Abends geschah etwas Verblüffendes: Er gewann ein Vermögen. So viel Geld, wie er nie zuvor im Leben gesehen hatte. Einen Teil davon investierte er in

Textilien, mit dem Rest begann er seine Schulden bei der Bank zu begleichen.

Armen strahlte. Frauen denken viel zu schlecht, sind viel zu misstrauisch, dachte er. Man muss den Menschen vertrauen und bereit sein zu helfen. Und wie kann man einen Bruder, einen Armenier im Augenblick der Not im Stich lassen? So sprach er zu ihr und sollte seine Worte später bitter bereuen. Ausgerechnet das Vertrauen in Abroian, in einen armenischen Bruder, sollte ihn noch teuer zu stehen kommen und den Ausgangspunkt für eine lange Reihe von Unglücksfällen für sich, seinen Sohn und seine Enkel bilden.

18

In einer Stadt, in der sich die Gässchen wanden wie arabische Krummsäbel, stellte die Straße zum Hotel Baron eine bemerkenswerte Ausnahme dar: breit und gerade, wie sie war, eignete sie sich hervorragend für Paraden und Kriegspomp nach gallischer Manier. Die Franzosen tauften sie »Rue Gouraud« und wählten sie für ihre Siegesfeiern. Die Erben Napoleons hatten über ein Jahrhundert darauf gewartet, sich ihren Platz an der Sonne des Nahen Ostens zu erobern. Nun genossen sie diesen in vollen Zügen und mit gewissem Hochmut. Vor allem am 14. Juli, dem von der ganzen Nation stolz gefeierten Tag des Sturms auf die Bastille, versammelten sich alle in der Rue Gouraud.

Die Parade begann vor dem Hotel Baron. Hier, rings um den kleinen Palast der Mazloumians, schlug das Herz des Festes, sah man das bizarre und bunte Aleppo: Armenier und Araber, Juden und Kurden, Hotelgäste und Amtspersonen, Bettler und reiche Herrschaften. Sie warteten alle gleichermaßen geduldig darauf, Meharisten und Legionen, die *Pompon rouges* der Marine und die himmelblauen Anzüge der Luftwaffe, die Turbane der algerischen Kavallerie, die khakifarbenen Uniformen der indochinesischen Infanteristen und die unter dem Gewicht der Kanonen schwankenden Maulesel vorbeiziehen zu sehen.

Auch einige Syrer setzten angesichts der *Drapeau de la France*, dieses Symbols der Freiheit anderer, die es gewissermaßen auf Weisung der Nation zu feiern galt, eine zerknirschte Miene auf. Aber es waren wenige. Mit dem Beginn der Parade, in dem Durcheinander aus Trikolore-Kokarden und edelsteinverzierten Kreuzen, aus Soldaten in festlichen Uniformen und vornehmen Tuniken, aus Blechbläsern und martialischen Barttrachten, erhoben sich die lauten Rufe der Kinder: »Da kommen die Dondons!«, riefen sie, als die französischen Infanteristen, mit Gesichtern so rot wie gekochte Langusten, vorbeizogen. Diesen Spottnamen hatten sie ihrer Angewohnheit zu verdanken, ständig »dites donc« zu sagen. Mit Pfiffen und Beifall wurde dagegen die Attraktion der Attraktion empfangen: der »Camel Dancer«, eine rätselhafte, in schwarze Schleier gehüllte Gestalt, die schlangenartige Bewegungen vollführte und sich auf dem Rücken eines Kamels zusammen mit ihrem Geheimnis vorbeitragen ließ: War es ein Mann oder eine Frau?

Der große Rummel dauerte trotz Hitze, Wind und gelegentlicher Staubhosen stundenlang an. Die Normalsterblichen drängten sich auf den Balkonen zusammen und riskierten durch diese ungewohnte Belastung ihr Leben, oder aber sie mussten sich mit einem kleinen Spalt in der die Straße säumenden Menschenmauer begnügen. Die Notabeln und die Crème de la Crème von Aleppo hatten dagegen Anspruch auf einen Platz auf der eigens auf der Terrasse des Barons eingerichteten »Ehrentribüne«. Die Platzverteilung erfolgte nach schwer nachvollziehbaren, komplizierten Kriterien. In einer Stadt mit mindestens zehn verschiedenen offiziellen Religionen – jede mit ihren eigenen Gepflogenheiten und ihrer eigenen Geschichte und jede gestützt von einer peinlich auf ihre wahren oder vermeintlichen Rechte bedachten Volksgruppe – wurde das Problem des Vorrechts für die bedauernswerten französischen Beamten, die das Protokoll führen mussten, zu einer nervenaufreibenden und äußerst heiklen Angelegenheit.

Unvermeidliche und oft in letzter Minute auftauchende Schwierigkeiten bargen stets die Gefahr, sich zu kaum wiedergutzumachenden diplomatischen Fehlern auszuweiten.

Der Patriarch Ardavast Surmelian war der Empfindlichste und am wenigsten Umgängliche unter den religiösen Oberhäuptern von Aleppo. Man sah ihn von weitem zu Fuß nahen. Oder besser gesagt, sah man zu allererst die Insignien der armenischen Kirche, die sein offizieller Begleiter, Arakel, gut sichtbar emporhob. Einige Schritte dahinter erschien dann die Gestalt des alten Patriarchen, feierlich, würdevoll und trügerisch mild: das prophetengleiche Gesicht konnte blitzschnell wütende Züge annehmen, der weiße Bart vor Empörung anfangen zu zittern, wenn es am nötigen Respekt mangelte. Nicht etwa gegenüber seiner Person, denn er war nur der Geringste unter den Dienern Christi, sondern gegenüber der armenischen Gemeinde, der Armenisch Apostolischen Kirche, die zu leiten er – unwürdigerweise, wie er betonte – auserwählt worden war. Die Franzosen wussten, dass sie diesen leicht zu erzürnenden Patriarchen mit Vorsicht und Umsicht behandeln mussten. Doch ließ sich kaum verhindern, dass Surmelian früher oder später explodierte.

Es geschah an einem 14. Juli, auf der wie gewohnt eingerichteten Ehrentribüne des Baron. Surmelian betrat die Terrasse, der Leiter der Zeremonie empfing ihn mit einer leichten Verbeugung, einem breiten Lächeln und einer Geste, mit der er ihm seinen Platz zuwies. Dieser befand sich ein klein wenig zurückgesetzt hinter der ersten Reihe. Die kantigen Gesichtszüge Surmelians erstarrten zu einer steinernen Maske. In trockenem Ton wandte er sich an seinen Begleiter Arakel. »Gehen wir nach Hause. Das hier ist nicht unser Platz«, sagte er zu ihm. Ostentativ wandte er Offizieren, Würdenträgern und Beamten den Rücken zu und schritt langsam die Treppen hinunter.

Surmelian hatte mit lauter Stimme gesprochen, um in dem Gewirr aus Dutzenden von Stimmen deutlich vernommen zu werden. Niemandem war der abrupte Rückzug der armenischen Insignien und des kleinen, aus zwei Personen bestehenden Geleits entgangen: Arakel vorneweg, gefolgt von dem gekränkten, würdevollen Patriarchen. »Was soll das? Warum geht er fort? Was ist geschehen?«, fragten sich die auf der Terrasse Zurückgebliebenen gegenseitig.

Der Leiter der Zeremonie und Hauptverantwortliche für den Zwischenfall, Gabriel Balit, setzte eiligst den französischen Regierungsvertreter in Aleppo, Monsieur

David, davon in Kenntnis. David unterhielt sich gerade mit dem Hochkommissar und einigen Diplomaten. Balit schilderte ihm in knappen Worten das Geschehene. Es war Mitte Juli, ein wunderschöner, heißer Sommermorgen, aber bei der Vorstellung einer Krise der Beziehungen zur armenischen Gemeinde, noch dazu zu deren erwartungsgemäß empörtem Würdenträger – sprich: dem Patriarchen Surmelian –, lief es Monsieur eiskalt den Rücken hinab. Er warf Balit einen finsteren Blick zu und hastete die Treppen des Hotels hinunter, die Straße entlang, bis er den armenischen Patriarchen und seinen Begleiter eingeholt hatte. Er wartete mit all seiner in jahrelanger Diplomatentätigkeit erworbenen Zuvorkommenheit auf, bat Hochwürden um Verzeihung, erklärte, dass es sich um ein Missverständnis gehandelt, dass irgendein zerstreuter Beamter einen – in der Tat unverzeihlichen – Fehler begangen habe, der sich jedoch, da die höchsten Stellen rechtzeitig davon in Kenntnis gesetzt worden waren, zum Glück wiedergutmachen ließe. Wenn er so gütig wäre, wieder zurückzukehren – versicherte David –, würde er so behandelt, wie seine Stellung und sein Ansehen es geböten.

Langsam, als würde ihn diese Geste ungeheure Anstrengungen kosten, und gefolgt von seinem Begleiter lenkte der Patriarch seine Schritte zurück zur Terrasse des Baron. Er wollte in die erste Reihe, also wurde sein Wunsch erfüllt. Doch der Patriarch gab sich nicht mit halben Sachen zufrieden. Nachdem er Platz genommen hatte, befahl er seinem Begleiter, Gabriel Balit zu rufen.

Der Chef des Protokolls, der bereits von Monsieur David gebührend zur Rede gestellt worden war, musste nun auch die Schelte Surmelians über sich ergehen lassen. »Du solltest eigentlich wissen, dass ich die Armenier vertrete«, sprach der Patriarch, »und dich entsprechend verpflichtet fühlen, mir am Tag der Befreiung deines Landes den besten Platz anzubieten, den Platz, der einem Volk, das noch immer auf seine Freiheit wartet, eigentlich gebührt.«

Die kurze Herrschaft der »Dondons« in Syrien war bald schon beendet. 1936 kam es unter dem Regierungsbündnis der Front populaire zu einer neuen Ausrichtung der französischen Politik: Das Parlament in Damaskus erhielt seine gesamte Macht zurück. Es war das erste Anzeichen von Schwäche, das die Erben Napoleons an den Tag legten. Weitere sollten folgen. Der bevorstehende Krieg nötigte Paris dazu, einige seiner Schätze zu Schleuderpreisen abzutreten, um sich, wenn schon nicht die Freundschaft, so wenigstens die Neutralität Ankaras zu erkaufen. Im Januar 1937 erkannte Frankreich den Sandschak von Alexandrette als separate Einheit an. Zum ersten Mal seit Ende des großen Krieges lockerte es den Griff um Alexandrette und Antiochia.

Der zweite Schritt war komplizierter. Es galt, einige Regeln zu beachten, um den Deal zu vertuschen und ihn als Berücksichtigung des Volkswillens erscheinen zu lassen. Man »erzeugte« künstlich das Problem der Autonomie dieser Region. Der Völkerbund wurde involviert und der Beschluss gefasst, ein Referendum abzuhalten, um die Bevölkerung entscheiden zu lassen: Syrien oder die Tür-

Das Hotel Baron wurde 1911 von Armen Mazloumian erbaut und war das prächtigste Gebäude Aleppos. Von Milliadär David Rockefeller über Charles Lindbergh bis Pier Paolo Pasolini, alle stiegen hier ab.

Armen Mazloumian, Enkel des Gründers und letzter Besitzer des Hotels. Seit der Bürgerkrieg die Stadt 2012 erreichte, blieben die letzten zahlenden Gäste aus und das Gebäude verfiel zusehends. Mazloumain starb 2015.

Viele der Hotelzimmer sind für immer verbunden mit den berühmten Gästen, die einst darin lebten. Zimmer 201 war reserviert für Kemal Atatürk, der Vater der modernen Türkei. König Faisal I von Syrien bewohnte Zimmer 205, Lawrence von Arabien Zimmer 202 und Agatha Christie bevorzugte Zimmer 203. Dort schrieb die englische Schriftstellerin Teile ihres Romans »Mord im Orient Express«.

Wo einst der internationale Jet-Set feierte, verfallen die einst so prächtigen Räume.

Heute wirkt das Interieur des ehemaligen Grand Hotels veraltet und staubig – die Rezeption, die alten Telefone, die rostige Limousine.

kei. Eine Delegation aus Schweden, Dänen und anderen Mitgliedern des Bundes kam in das Gebiet, um die Vorgehensweise zu bestimmen und das Referendum zu organisieren.

Antiochia und Alexandrette hatten damals nicht viel zu bieten. Die Vertreter des Völkerbundes nahmen lieber Müdigkeit als Langeweile in Kauf. Sie bezogen im Hotel Baron Quartier und legten jeden Morgen weit mehr als hundert Kilometer holpriger Straße zurück. Ein halbes Jahr lang führten sie dieses Dasein als Pendler der Freiheit: Aleppo, Alexandrette, dann wieder Aleppo. Anstrengend – aber am Ende des Tages warteten die Bar des Baron, eine zu Recht berühmte Küche und dieser halbe Engländer Koko auf sie: Mit ihm konnte man über das Weltgeschehen reden und seinem Ärger über die Probleme, die einem die Franzosen permanent bereiteten, Luft machen.

Die Bewohner der beiden Städte waren zu 85 Prozent Araber oder den Massakern vor zwanzig Jahren entkommene Armenier und zu 15 Prozent Türken. Nur durch ein falsches Spiel konnten die Franzosen darauf hoffen, diesen Tausch abzuschließen. Sie gingen ohne Skrupel vor und halfen den einstigen Mördern auf jede erdenkliche Weise. Der kleinen protürkischen Bewegung gewährte man das Recht, jegliche für die »Einheit« eintretende Kundgebung oder Demonstration durchzuführen. Kamen dagegen auch nur drei prosyrische Demonstranten auf der Straße zusammen, schritt sogleich die Polizei ein, um sie zu vertreiben oder fortzuschaffen. Die Hürden und Hindernisse seitens der französischen Beamten betrafen alle Ebenen und waren derart zahlreich, dass die Delegation nach vergeblichen Protesten und Bemühungen gezwungen war, sich ihre Machtlosigkeit einzugestehen. Sie packte ihre Koffer und verschwand.

Die Franzosen hatten freie Hand: »Wenn der Völkerbund nicht in der Lage ist, eine Volksbefragung durchzuführen, dann werden wir es tun«, verkündeten sie lauthals. Eine Kommission hatte die Aufgabe, die Bevölkerung zu überzeugen. Die größte Skepsis angesichts eines Beitritts zur Türkei legten – mit gutem Grund – die Armenier an den Tag. Um sie kümmerten sich ein französischer Oberst und ein Armenier, ein gewisser Papanasian, der sich längst von seinen eigenen Wurzeln entfernt hatte. Schmeicheleien, Versprechen und Androhung von Vergeltung und darüber hinaus ein geschicktes Vorgehen bei der Stimmenauszählung vollendeten das Werk. Am 23. Juni 1939 wurden Alexandrette und Antiochia türkisch, die Kontakte zu Frankreich, Syrien und den Arabern brachen ab und die beiden Städte der neuen Provinz Hatay hießen fortan Iskenderun und Antakya.

Die Mazloumians und die Altunians mussten einige Jahre auf die erfrischenden und erholsamen Sommeraufenthalte in Sookolouk verzichten. Viele der im dortigen Sandschak lebenden Armenier sahen – ob zu Recht oder zu Unrecht – das Gespenst vergangener Schrecken wiederauferstehen. Und sie wählten den Exodus: zumindest ein gutes Drittel von ihnen.

Eine neue Flüchtlingswelle – Bauern, Hirten, arme

Leute, die nach dem Referendum geflohen waren – ergoss sich in die Straßen Aleppos. Und die Stadt musste wohl oder übel diesen doppelten Schlag einstecken: die Flüchtlinge und den Verlust der beiden Städte, die ihren nächstgelegenen Zugang zum Meer und ein wichtiges »Tor« für Handel und Kommerz dargestellt hatten. Die Unzufriedenheit der Bevölkerung war hautnah spürbar und allgegenwärtig, aber die Franzosen scherten sich nicht darum. Sie hatten andere Sorgen. Hitlers Panzerdivisionen hatten die Maginot-Linie umgangen und drangen bis nach Paris vor. Schon bald war das halbe Land von den Deutschen besetzt, die andere Hälfte stand unter der Diktatur von Marschall Petain. Die Hauptstadt wurde nach Vichy verlegt. Der syrische Hochkommissar Gabriel Puaux schlug sich auf die Seite von Pétain und bot den Deutschen an zu kollaborieren, indem er ihnen freien Zugang zum Flughafen von Aleppo garantierte. Die Flugzeuge der deutschen Luftwaffe kamen, füllten ihre Tanks mit Treibstoff und ihre Vorratsbehälter mit Reis, Tee und allen Arten von Lebensmitteln, um anschließend Kurs auf den Irak zu nehmen und dort die Erdölbrunnen der Engländer zu bombardieren. Das Erscheinen der Deutschen blieb den Portiers und Kofferträgern des Baron noch lange im Gedächtnis: Sie waren es, die die Soldaten bei ihren Einkäufen im Suk begleiteten, die Waren anschließend in die Flugzeuge luden und am Ende großzügige Trinkgelder kassierten.

Auch in Kokos Erinnerung hatte der Auftritt der Deutschen einen, wenn auch gänzlich anders gearteten, Platz.

Eine kurze Zeitlang befand sich im Geldschrank des Hotels eine beträchtliche Menge an Gold aus den Safes in Berlin, dazu bestimmt, einen Staatsstreich im Irak zu finanzieren. Der britische Geheimdienst setzte die Royal Air Force davon in Kenntnis und das Hotel wurde bombardiert. Zum Glück nicht sehr gründlich. Koko befand sich im Hotelgebäude. Er schaffte es gerade noch rechtzeitig, hinauszugelangen und auf der gegenüberliegenden Straßenseite in einer Art Nachtclub-Bar Zuflucht zu suchen. Die Bomben der Alliierten verschonten das Hotel, nicht jedoch sein Haus. Als der Überraschungsangriff beendet war, fand Koko sein Zimmer zerstört.

Die seltsame deutsch-französische Allianz in Syrien war nicht von langer Dauer. Mit der Ankunft der Engländer und mit ihnen der Franzosen unter Führung de Gaulles, also der an der Seite Londons kämpfenden Vertreter der France Libre, wendete sich das Blatt. Von den vielen irgendwann nach Aleppo gelangten Militärs erschienen Koko diese am allerschlimmsten: In seinen Augen waren sie arrogant, ignorant, ohne Feingefühl und unnötig grausam. Sie stürzten sich sogar auf Madame Marcopoli, eine alte, kranke und übergewichtige Dame von Adel. Ihre »Schuld« wog schwer: Sie war die Mutter eines italienischen Konsuls, also des offiziellen Repräsentanten eines mit den Deutschen verbündeten Staates, und somit eine Feindin. Die Frau wurde von einem französischen Offizier verhaftet und geschlagen, während sie durch die Straßen im Zentrum lief. Die Marcopolis waren eine der ältesten Familien Aleppos, eine jener seltenen Pflanzen mit nunmehr weit entfernten, an den venezianischen Ufern des Mittelmeers vergessenen Wurzeln, deren Zweige rings um das Heilige Land grünten. Sie erfuhren, dass die Edeldame in ein Gefangenenlager geschafft worden war, aber es gelang ihnen nicht, sie zu sehen. Der verzweifelte Sohn sprach mit Koko. »Meine Mutter ist krank, sie braucht ärztliche Behandlung, sonst wird sie sterben.« Die Solidarität der Aleppiner kam in Gang, ideologische und politische Hürden wurden überwunden. Koko sprach mit seinem Freund Ernest Altunian, dem Sohn des alten, als »die ruhigste Hand des Nahen Ostens« bekannten Asadur. Ernest, der bereits im Ersten Weltkrieg verletzt und ausgezeichnet worden war, diente freiwillig als Arzt im britischen Heer. Er hatte zahlreiche Kontakte innerhalb der französischen Streitkräfte. Signora Marcopoli wurde freigelassen und der verantwortliche französische Offizier versetzt.

Am 8. Juni marschierten die Soldaten des Britischen Königreiches in Syrien ein. Catroux, Kommandant der sogenannten Freien Französischen Streitkräfte (Forces françaises libres), definierte es als einen ersten Schritt in Richtung Freiheit und Unabhängigkeit. In Wahrheit war es der Abschied Frankreichs vom östlichsten Rand des Mittelmeers. Damit begann der Exodus der dem Vichy-Regime treuen Franzosen. Die Söhne und Töchter der Republik hatten zehn Tage Bedenkzeit: Entweder sie blieben unter britischer Flagge und somit unter der des freien Frankreich oder sie kehrten nach Frankeich zurück. Von 20 000 entschieden sich 18 000 für die Rückkehr.

Auch ein mit Koko befreundeter französischer Kommandant war darunter. Bevor er Syrien verlassen würde, wollte er, gemeinsam mit seiner Frau und den beiden Kindern, einen letzten Ausflug zu den Ruinen des Simeonsklosters unternehmen. Er wandte sich an Koko: Ob er Lust hätte, ihn zu begleiten? Nein, Koko hatte eigentlich keine Lust. Die Vorstellung, zu Beginn des Sommers durch die sonnenheißen und felsigen Berge in Richtung Türkei zu fahren, reizte ihn nicht. Dennoch, er war bereit, alles zu ertragen. In den Augen der Leute galt er seit jeher als halber Engländer: Er wollte nicht als Opportunist erscheinen, als einer, der seine Gefälligkeiten nach den jeweiligen Siegern ausrichtet. So nahm er die Einladung an, und sie fuhren los: Der Kommandant saß hinter dem Steuer.

Die Engländer hatten Aleppo mit einem Ring aus Straßensperren abgeriegelt. Kaum war die kleine Gruppe außerhalb der Stadt, stieß sie auf eine solche Sperre. Ein Soldat befahl ihnen anzuhalten. Doch statt zu bremsen, gab der Franzose Gas und fuhr Slalom um die Absperrungen. Koko sah sich um, sah den Soldaten sein Gewehr anheben und schrie: »Bleib stehen, bleib stehen, wir haben doch Kinder dabei!« Der Freund bremste scharf, aber er war wütend. Als der Unteroffizier näher kam, war es an Koko, das seltsame Verhalten zu erklären. »Bonne promenade«, verabschiedete sie der junge Unteroffizier am Ende der Erklärung mit einem Lächeln. Der Gruß, der gute Wunsch und das Lächeln brachten den französischen Freund in Rage. »Oh nein, wenn unser Ausflug zum Simeonskloster vom Wohlwollen der Engländer abhängt, dann kehren wir lieber zurück nach Aleppo!« Und damit wendete er das Steuer.

Einige Tage später verließen 90 Prozent der Franzosen wehmütig Aleppo und die syrische Küste, während sich die Stadt mit britischen Soldaten füllte. Die erste Etage des Baron wurde fast vollständig von der Household Cavalry, einem der königlichen Regimenter mit den meisten Aristokraten, in Beschlag genommen. Die wenigen noch verbliebenen Franzosen fühlten sich unnütz, verdrängt und ein wenig entthront. Als einer der Offiziere de Gaulles besagtes Regiment vorbeiziehen sah, rief er mit lauter Stimme: »Bei all den Engländern bedeutet das ja wohl, dass die Franzosen nicht mehr gebraucht werden!«, und wandte sich verstimmt ab. Der Kommandant des britischen Regiments, Tiarks, hörte es. Er verdrehte die Augen, und als sein Blick schließlich auf Koko fiel, empfahl er ihm ein Höchstmaß an Diplomatie. »Bedienen Sie immer erst die Franzosen, wir sollten jeglichen Zwischenfall vermeiden.« Koko rief die Kellner und alle Hotelangestellten, vom kleinsten Kofferträger bis zum Maître d'Hotel, zusammen, um ihnen die neue Weisung zu geben: zuallererst die Franzosen. Bei jedem Bankett und jeder offiziellen Zeremonie, aber nicht nur dort: Die Vorzugsbehandlung galt auch für normale Mahlzeiten.

19

Die Altunians verschwanden plötzlich, eines Nachts. Allerdings ohne den Vater, den alten Arzt Aram Asadur Altunian. Aleppo war seine Stadt: Wohin hätte er gehen sollen? Sein Sohn, Ernest, war es, der bemerkte, wie unangenehm, beschwerlich, ja geradezu gefährlich es war, mit einem britischen Pass in der Tasche durch die Straßen von Aleppo zu schlendern. Paris war gefallen, die Nationalsozialisten zogen durch den Arc de Triomphe und Frankreich war zweigeteilt. Syrien blieb in den Händen des Vichy-Regimes. Das war der Zeitpunkt, an dem Ernest die Koffer des Hauses zu packen begann. Er wollte nicht das Risiko einer Internierung eingehen: Er hatte im ersten großen Krieg gedient und konnte es, trotz seiner nicht mehr ganz jungen Jahre, kaum erwarten, auch im zweiten mitzumischen. So sagte er zumindest. Aber bei seiner Entscheidung spielten auch eine existenzielle Unruhe und ein niemals überwundener Minderwertigkeitskomplex gegenüber dem Vater, diesem schwer zu übertreffenden Vorbild, eine Rolle. Der alte Asadur hatte der fünfzig Jahre jüngeren Schwiegertochter mit einer sehr komplizierten Operation das Leben gerettet.

Mit seinen neunundvierzig Jahren empfand sich Ernest, wie er sagte, als »zu dick, zu grau und ganz allgemein auf dem Abwärtspfad«. Es war ihm nicht gelungen, für die Aleppiner viel mehr als der »Sohn des Amerikani« zu sein. Er hoffte, in einem anderen Land ein neues Leben beginnen und Besseres leisten zu können.

So reiste er eines Nachts, gemeinsam mit seiner Frau, nach Jerusalem. Er meldete sich freiwillig als Arzt für das Heer der Alliierten und war nunmehr zufrieden; sowohl angesichts des neuen Dienstgrades als Oberst als auch ob der Tatsache, dass sich die alte Koppel seiner Uniform noch in demselben Loch schließen ließ wie vor zwanzig Jahren. Um die Röllchen und Polster ober- und unterhalb des Ledergürtels scherte er sich nicht weiter. Er war so glücklich und aufgeregt, dass er Koko telegraphierte: »Lass alles liegen und komm, du und deine Erfahrung als Pilot werden gebraucht.« Eine Aufforderung und die Verlockung, ein neues Leben zu beginnen. Weit weg vom Vater, inmitten des Weltgeschehens.

Koko hatte seine alten Träume nicht vergessen, er hatte sie lediglich beiseitegeschoben. Gewiss, das Baron lief auf Hochtouren, die Neuerungen hatten es zu einer Pflichtadresse für Adlige, Diplomaten und hohe Amtspersonen aus ganz Europa auf der Durchreise durch Aleppo werden lassen. Doch die alte Leidenschaft – Himmel, Motoren, Uniformen – lockte auch nach zehn Jahren noch verheißungsvoll. Armen gewann allerdings schnell die Oberhand. »Ich bin alt, das Hotel gehört dir, und nur du kannst dich darum kümmern. Der Rest sind Torheiten.«

Koko blieb. Wieder einmal: in der Nähe des Vaters und inmitten des Weltgeschehens, das Einzug in das Hotel Baron hielt. Zunächst in Gestalt der Franzosen, dann mit der deutschen Besatzung und schließlich, 1941, am Ende des gemeinsam mit den Soldaten der France Libre geführten britischen Feldzuges, mit der Befreiung vom Vichy-Regime.

Im Sommer 1942 beschloss General de Gaulle, die Nahostfrage, eines der zahlreichen offenen Kapitel im Bündnis mit Großbritannien, zu lösen. Am 7. August kam es zu einem heimlichen Treffen zwischen ihm und Churchill in Kairo. Dann reiste er weiter nach Syrien und nach Aleppo. Dieser Mann gab Koko und den Aleppinern ein großes Rätsel auf. Noch setzte niemand großes Vertrauen in ihn. Je gewichtiger die Miene des zukünftigen Retters Frankreichs wurde, desto mehr machte man sich – insgeheim – über ihn lustig. Vor allem die Engländer, die die kriegerischen Fähigkeiten ihrer Verbündeten – und nicht nur diese – mit gewisser Überheblichkeit betrachteten und sie unverhohlen belächelten. Ein einziger Sieg war ihnen gelungen, bei Bir Hakeim in Libyen, wo die Franzosen die deutschen Soldaten unter Rommel hatten stoppen können. Sie sprachen so oft davon, dass es selbst einem perfekten Gastgeber wie Koko irgendwann zu viel wurde, ständig mit ihren »kleinen militärischen Erfolgen« behelligt zu werden und mitanzusehen, wie Wohlfahrtsbälle und Kundgebungen nach diesem Ereignis benannt wurden.

Trotz der Überheblichkeit den Vertretern des Freien

Frankreich gegenüber, behielt die Neugierde die Oberhand. Hunderte Aleppiner drängten sich unter der Terrasse des Baron zusammen, um der Ankunft des Generals auf der Rue Gauroud beizuwohnen.

Es ging das Gerücht um, die beiden Staatsmänner hätten während des Geheimtreffens in Kairo eine Einigung erzielt. De Gaulle – so hieß es – habe Aleppo ausgewählt, um die große Verheißung bekanntzugeben: Wenn die Alliierten den Krieg gewännen, würde Syrien ein eigenständiges Land werden, mit einer verfassungsgebenden Versammlung, freien Wahlen, einem Parlament, einer Regierung und einem Delegierten beim Völkerbund. Das, so dachte man, würde de Gaulle verkünden.

Vor allem Armen war davon überzeugt. Nicht nur war er Bürgermeister der Stadt, sondern er traf sich seit einiger Zeit auch mit alten Freunden, wie Saadallah al-Dschabiri, dem Sohn von Fakr Bey, dem er viele Jahre zuvor, während der Deportation, das Hotel anvertraut hatte. Sie bildeten eine Gruppierung, den Nationalen Block Al-Kutla al-wataniyya, und trafen sich oft in dem Haus in Sookolouk. Weit ab von unliebsamen Blicken und Beobachtern entwarfen sie ein neues, unabhängiges Syrien, das – endlich von fremden Mächten befreit – von den besten Männer des Landes regiert werden sollte.

Das Warten zog sich in die Länge. Endlich trat der General aus der Tür des Baron. Groß, hager, die markante Nase in dem angespannten Gesicht, dem der Schlafmangel anzusehen war. Er wirkte wie ein dünner Halm, ein schwankender Schilfhalm auf der sonnenbeschienenen

Terrasse. Auf der Straße verstummten alle, die Gesichter wandten sich angespannt lauschend zu ihm um. Vage Freiheitsbekundungen erfüllten die heiße syrische Sommerluft und senkten sich auf die Menge nieder. Weder ein Termin für Wahlen noch für die Einberufung einer verfassungsgebenden Versammlung: nichts als das allgemeine Versprechen zukünftiger Autonomie.

Armen verbarg seine Enttäuschung hinter der Etikette, die ihm seine Doppelrolle als erster Bürger der Stadt und als Gastgeber aufnötigte. Nur unwillig löste sich die Menge auf, in der Hoffnung, der General möge erneut in Erscheinung treten. Doch die Terrasse blieb leer. Der enge Terminkalender während seines Aufenthalts in Aleppo ließ de Gaulle kaum Zeit für eine kurze, ihm zu Ehren dargereichte Erfrischung, ehe ihn ein Nachmittag voller Verpflichtungen erwartete. Der General nahm im Hotelgarten, im Schatten der großen Feigen- und Pistazienbäume, Platz, um angeregt mit den Anwesenden zu plaudern. Das Gebäck war bereits gereicht worden, nun wartete man auf den Champagner. Oben auf der Treppe erschien Joseph, der Kellner, mit einem großen Silbertablett und fünfzig Champagnerkelchen aus feinstem böhmischem Kristall, die Armen und Koko gerade erst erworben hatten. Joseph schritt voran. Die erste Stufe, die zweite, die dritte, dann ein falscher Schritt: Joseph, die fünfzig neuen Gläser, der Champagner und das schwere Silbertablett kippten auf den General. Mit einem Sprung gelang es de Gaulle, den Schaden zu begrenzen. Dennoch blieb ihm nichts anderes übrig, als sich umzuziehen.

Am Abend erschien er zu einem offiziellen Essen im Hotel. Niemandem entging die noch angespanntere Miene, die noch verletzlichere und bescheidenere Haltung als am Morgen auf der Hotelterrasse. Grund dafür war eine ziemlich anstrengende Diskussion mit einem britischen Vertreter in Aleppo. Er konnte es kaum erwarten, die Stadt endlich zu verlassen.

De Gaulles Besuch war eine letzte Bestätigung dessen, was inzwischen allen klar war: Die Lage für die Franzosen, selbst für die »freien« Franzosen, war nicht gut. In diesem Augenblick waren die Engländer die großen Protagonisten des Nahen Ostens. Auch das Hotel Baron verwandelte sich nach dem Abzug der Vichy-Truppen in einen Vorposten der britischen Regierung. Die berühmte Household Cavalry nahm dauerhaft einen großen Teil desselben in Beschlag. In Beirut und Damaskus stationierte Offiziere und Beamte, die in Aleppo zu tun hatten, belegten den restlichen Teil. Die von der vordersten Front zurückgekehrten Soldaten, die London geschickt hatte, um zwischen einem Luftangriff und dem nächsten ein wenig zur Ruhe zu kommen, rundeten ein Bild ab, das hin und wieder durch die Mitglieder einer ganz besonderen Einheit, der mit der moralischen Aufmunterung der Truppe beauftragten ENSA (Entertainments National Service Association), ergänzt wurde.

Niemand war vor ihren Scherzen sicher. Nicht einmal Koko, den Joyce Grenfell, eine der brillantesten »Rekrutinnen« der ENSA, als »Mussolini« betitelte und zwinkernde Blicke in Richtung seines inzwischen fast kahlen Kopfes warf. Koko lachte, aber mit zusammengebissenen Zähnen. Wenn man schon seine Scherze mit ihm trieb, hätte er lieber die Rolle des Siegers als die des Opfers innegehabt.

Auch Solomon blieb nicht verschont. Sechs Monate lang hatte er Teller gewaschen und die Kellner bei der Arbeit beobachtet, um anschließend etliche Jahre als Bedienung im Speisesaal zu verbringen. Inzwischen hatten Armen und insbesondere Koko vollstes Vertrauen in seine Fähigkeiten, und er war nunmehr zum Barmann des Hotels erkoren worden. Doch es waren die Engländer, die ihn zu einer Person ersten Ranges für das Leben der Household Cavalry in Aleppo werden ließen. Als die Sehnsucht nach Hecken, roten Jacken und Hörnern zu mächtig wurde, organisierte man große Fuchsjagden. Natürlich gab es in Aleppo weder Wälder noch Füchse, ganz zu schweigen von den grünen Hängen wie auf dem englischen Land. Doch die Hotelflure des Barons waren breit und Solomon war klein und wendig: Ab diesem Zeitpunkt war es normal, plötzlich Horden galoppierender Soldaten hinter Solomon her durch das Hotel jagen zu sehen, begleitet von dem Ruf »Tally Ho«.

Bei Sonnenuntergang schlüpfte Solomon aus seiner Jagdbeute-Verkleidung und verwandelte sich in den König der Nacht. »Peter« tauften ihn die Soldaten. Er war es, der alle erdenklichen Arten alkoholischer Getränke ausschenkte, egal was, egal wie viel und egal für wen: mit Ausnahme der Australier. Ein außen am Hotel angebrachtes Schild gestattete hohen Offizieren Eintritt, verbot aber der Truppe den Zugang: »Australian army officers only«.

Die australischen Soldaten protestierten, ohne nennenswerten Erfolg. Was tun? Sich einer solch offenkundigen Ungerechtigkeit und einem so dreist zur Schau gestellten Snobismus beugen? Niemals. Eines Nachts bezogen einige von ihnen vor dem Hotel Stellung, schrien, stimmten derbe Trinklieder an und riefen den vorbeikommenden Engländern »Hallo Bobo« hinterher. »Hallo Bobo« war der ironische Gruß der Australier an ihre britischen Mitstreiter, die wegen des vielen blauen Bluts in ihren Reihen als allzu vornehm galten. Irgendwann beschlossen sie, anderswo weiterzufeiern. Sie nahmen das verhasste Verbotsschild ab und trugen es während ihres langen nächtlichen Streifzuges mit sich. Am nächsten Morgen musste Koko versuchen, es wieder aufzutreiben. Es war wie eine Schatzsuche. Er verfolgte die Spuren der Australier durch die gesamte Stadt, bis hin zur letzten Etappe: dem besten Bordell Aleppos. Das Verbotsschild »Australian army officers only« war dort gut sichtbar zurückgelassen worden.

Das Schild wurde ordnungsgemäß wieder außen am Hotel angebracht und das Verbot blieb in Kraft. Australier und Briten hatten nur als Offiziere Zugang zur Bar, zum Hotel und seinen Vergnügungen. Das bedeutete allerdings nicht, dass die Abende nicht ausarteten und bisweilen in wüsten Saufgelagen endeten.

Eines Abends, als Solomon alias Peter zwischen dem ein und anderen an der Bar servierten Scotch für einen Augenblick auf die Terrasse trat, sah er aus dem Stockwerk darüber einen Stuhl herabbaumeln. Er hing an einer

Kette aus aneinandergeknüpften Telefondrähten. Während er erstaunt die ungewöhnliche Erscheinung betrachtete, vernahm er plötzlich wilde Schreie. Er konnte gerade noch rechtzeitig beiseitespringen und einem Hagel aus Möbeln ausweichen, die aus dem Fenster im oberen Stock geflogen kamen. Ohne dass jemand dabei verletzt wurde, landeten Tische und Nachtschränkchen auf der Terrasse. Solomon-Peter schlug Alarm, hastete die Treppen hinauf und riss die Zimmertür auf, hinter der er den Ursprung der Lawine vermutete. Er sah sich einer Gruppe von Offizieren unterschiedlichsten Ranges gegenüber, die unter dem Ruf »Ein Bier rein, ein Möbelstück raus!« dabei waren, sich zu betrinken. Vorsichtig schloss er die Tür und warnte die übrigen Gäste, die Terrasse eine Weile lang nicht zu betreten. Am nächsten Morgen erschien einer der Offiziere mit einer Miene, als sei nichts geschehen, im Büro, um den entstandenen Schaden ohne lange Diskussion – weder seitens des Militärs noch seitens der Mazloumians – vollständig zu begleichen. Die alte Regel: »Der Gast ist König«, galt immer. Selbst, wenn der Gast sich etwas sonderbar benahm. Und vor allem natürlich in Kriegszeiten.

Keiner der Angestellten, und nicht einmal Koko persönlich, hätten es beispielsweise jemals gewagt, gegenüber General Kemp, dem größten Gintrinker, den das Hotel jemals gesehen hatte, eine Bemerkung fallen zu lassen. Er begann am Morgen, fuhr während des Tages kontinuierlich fort und behielt, auf diese Weise gestärkt, seinen Trinkrhythmus ohne Unterbrechung oder Beschränkung bis zum Abend bei. Es sei denn, höhere Gewalt war im Spiel. Dazu kam es eines Tages, als der General zu einem offiziellen Bankett eingeladen wurde. Er würde mit den Notabeln von Aleppo speisen. Ehrengast war der Großmufti, die bedeutendste religiöse Autorität der Stadt. Ein höchst wichtiger Teilnehmer und ein Unglück für all jene, die gern dem Alkohol zusprachen.

Natürlich fand das Bankett im Hotel Baron statt. Den Saal entsprechend herzurichten, war stets eine lange und komplexe Angelegenheit: Bei der Sitzordnung mussten menschliche Befindlichkeiten und ein äußerst kompliziertes Protokoll berücksichtigt werden, was durch die Anwesenheit der verschiedenen Religionsgemeinschaften noch erschwert wurde. Obschon Fehler allgemein unerwünscht waren, so galt es insbesondere bei solchen Gelegenheiten, sie unter allen Umständen zu vermeiden, denn das Verhältnis zwischen den Besatzungsmächten und den örtlichen Behörden konnte nicht unbedingt als harmonisch bezeichnet werden. An diesem Tag kümmerte sich Koko höchstpersönlich um die Gläser. Üblicherweise waren sie stets mit Wasser gefüllt, und so gefüllt sollten die Gäste sie bei ihrer Ankunft vorfinden. Doch in das für General Kemp vorgesehene Glas hatte Koko vorsorglich eine Flüssigkeit gefüllt, die zwar ebenso durchsichtig wie Wasser, aber entschieden alkoholhaltiger war, nämlich puren Gin.

Kurz nach 13 Uhr strömten die Gäste in den Saal. Alle bis auf einen französischen General, der außerhalb von Aleppo aufgehalten worden war, waren gekommen. Die Kellner beeilten sich, das nicht gebrauchte Gedeck vom

Tisch zu räumen. Um die Regeln des Protokolls nicht zu übertreten, musste die vorherige Sitzordnung verändert werden. Koko plauderte mit den Gästen, doch aus dem Augenwinkel verfolgte er die Arbeit der Kellner. Zu seinem Entsetzen stellte er fest, dass am Ende all des Hin und Hers das für Kemp vorgesehene Glas ausgerechnet auf dem Platz des Muftis gelandet war. Koko ließ seine überraschten Gäste mitten in einer geistreichen Bemerkung stehen. »Entschuldigen Sie mich!«, bat er. Dann stürzte er sich mit einer blitzartigen Bewegung auf das Glas mit der durchsichtigen, so viel Zündstoff bergenden Flüssigkeit, um es durch ein mit Wasser gefülltes zu ersetzen.

Schließlich nahmen die Gäste Platz. Das Bankett wurde mit einem Toast eröffnet. Die Gläser hoben sich unter zurückhaltendem Lächeln. Einzige Ausnahme bildete der angewiderte Blick des englischen Generals, der die Zähne zusammenbiss und seine Wut kaum verbergen konnte. Er verabscheute Wasser. Seit er keine kurzen Hosen mehr trug, war kein Mittag- oder Abendessen ohne eine angemessene Dosis Alkohol vergangen. Die Vorstellung, dieses grauenhafte Getränk zu sich nehmen zu müssen, verursachte ihm Übelkeit.

»Cheers!«, rief jemand.

»Cheers!«, antworteten alle und tranken.

Auch General Kemp führte sein Glas an die Lippen, schloss die Augen, nahm einen ersten Schluck – und war verblüfft. Sollte das möglich sein? Lag da ein Irrtum vor? Er kostete erneut. Kein Zweifel! Ein leichtes Lächeln zeichnete sich auf seinen Lippen ab. Er suchte Kokos Blick, doch der Hausherr war viel zu sehr mit Kellnern und Tabletts voller Mezze beschäftigt, um ihn zu beachten. Erst nach dem Essen schaffte er es, ein paar kurze Worte mit ihm zu wechseln. Er wirkte verlegen und zögerte: »Waren Sie das … mit dieser Sache? Nun ja, vielen Dank!«

20

Der Mann in Uniform – blank schillernde Knöpfe, die mit roter Borte verzierte Mütze stolz auf dem Kopf drapiert und mit geschwollener Brust – trat durch das Tor des Barons. Es war Paradetag: Die Terrasse diente wie üblich als Ehrentribüne. Zwei imposante Schotten – mit Kilt und schwarzer Federmütze – standen an den Seiten des Eingangs Wache. Während des Krieges war Aleppo ein Laufsteg für Uniformen. Die des Mannes, der mit stolzer Brust im Begriff war einzutreten, schien nicht ungewöhnlicher als irgendeine andere Uniform. Sie mochte zu einem der »kleineren« Alliierten, einem Rumänen, Griechen oder Bulgaren gehören. Die beiden Schotten hatten jedenfalls keinerlei Bedenken. Sie sahen die schillernde Uniform und die rot eingefasste Mütze und standen auf Kommando stramm. Aus ihrer Sicht zu Recht, denn im britischen Heer dient die Farbe Rot zur Kennzeichnung hoher Ränge.

Der Mann sah erstaunt zu den noch immer strammstehenden Wachen, ohne zu begreifen, während ganz Aleppo in homerisches Gelächter ausbrach. Der vermeintlich hohe Offizier war ein Amtsdiener der türkischen Botschaft. Er musste einem der bei der Parade anwesenden Befehlshaber ein Paket aushändigen, und noch nie in seinem Leben war ihm ein solcher Empfang bereitet worden und niemals wieder sollte er einen solchen erleben.

Es war ein Schnitzer: kein allzu großer und auch nicht der einzige in jener Zeit. Der wahre Krieg tobte anderswo. In die Stadt und ins Hotel Baron drang davon nur ein schwaches Echo in Form von Diskussionen und Berichten der alliierten Streitkräfte, die es sich in der stets überfüllten Bar mit einem Gin oder Bier auf einem der kleinen Ledersessel bequem machten. Aleppo war eine Stellung nicht zweiten, sondern lediglich dritten Ranges: eine Art Erholungsort für alle, die in der Libyschen oder ägyptischen Wüste ihr Leben riskiert hatten. Nach dem kurzen Aufenthalt der Deutschen bekam man keine weiteren Feinde zu Gesicht. Und wenn sie auftauchten, so wurden sie nicht immer als solche erkannt.

Im Hotel Baron traf ein Telegramm ein, das die Ankunft von General Felmy ankündigte. »Sorgen Sie dafür, dass er am Bahnhof abgeholt und ins Hotel gebracht wird«, endete das Schreiben ein wenig brüsk und gebieterisch. Koko gab nicht allzu viel auf diesen Ton: Provokantes Gebaren brachte ihn nicht aus der Ruhe. Am folgenden Tag stand er am Bahnhof, um den General mit allen gebührenden Ehren in Empfang zu nehmen und zum Hotel zu begleiten. Er bot ihm etwas zu trinken in der Bar an, sie plauderten ein wenig, dann musste Koko sich verabschieden, da er anderweitig verpflichtet war. Er ließ den Gast in angeregtem Gespräch mit einer Gruppe englischer Offiziere zurück. Am folgenden Morgen kam der General in die Hotelhalle hinunter, sah sich um und ging hinaus. Kurz darauf kehrte er zurück und fragte nach Koko: »Entschuldigen Sie«, begann er, »sind Sie sicher, dass Sie gar nicht wissen wollen, wo ich hingehe?« »Nein, weshalb sollte ich das wissen wollen?«, erwiderte Koko freundlich und erstaunt. »Weil ich General Felmy bin und von den deutschen Geheimdiensten abkommandiert wurde«, erklärte der Offizier. Es war ein so paradoxes Missverständnis, dass Koko unwillkürlich in Gelächter ausbrach. Der General stimmte mit ein.

Die Neutralität der Türken und die in Aleppo überwiegend herrschende Ruhe ließen die Stadt zu einem bevorzugten Ort für »Geheimdienste« aller Länder werden, egal, ob sie am Krieg beteiligt waren oder nicht. Und natürlich war das Hotel Baron der geeignetste Ort, um etwas aufzuschnappen, einem gerade von der Front Zurückgekehrten ein Gläschen zu spendieren, einen interessanten Kontakt zu knüpfen und seine Fühler für die Zukunft auszustrecken. Alle wussten das, und alle mischten mit auf diesem fast neutralen Spielfeld. So ließen beispielsweise die britischen Geheimdienste zwischen dem ein oder anderen von Solomon-Peter servierten Gin oder Bier den Deutschen die Nachricht eines Angriffs auf die neutrale Türkei zukommen: Damit wollten sie deren Aufmerksamkeit von den westlichen Gebieten ablenken, was ihnen auch gelang.

Koko hatte offenbar nur eine vage Vorstellung von

dem, was wirklich geschah. Wie es sich für den Chef eines renommierten Hotels gehörte, hielt er das Banner der Diskretion hoch, zog es vor, den offiziellen Wahrheiten Glauben zu schenken, und bohrte nicht weiter nach. So kam für ihn manches überraschend. Niemals hätte er zum Beispiel geglaubt, dass sich hinter dem anmutigen Gesicht von Christine Granville eine der aktivsten Widerstandskämpferinnen Polens verbarg. Von Anfang an ließ Koko sie und ihren ebenfalls im Hotel Baron gastierenden Bruder Andrei an seinen vielfältigen Aktivitäten, an Tennispartien, Ausritten, Schwimmbadbesuchen und archäologischen Exkursionen in das Umland von Aleppo teilhaben. Und er führte sie in den Kreis der mit ihm befreundeten Offiziere des britischen Heers ein, zu denen, neben vielen anderen, auch ein vornehmer afghanischer Prinz und die untadeligen schottischen Lords gehörten. Am Ende des Krieges las er durch Zufall in einer Zeitung von ihrer Verhaftung und erfuhr alles. Die schöne, ins Hotel Baron gelangte Frau war eine Luftfahrtpilotin und Protagonistin im Kampf gegen die Nationalsozialisten in Paris; ihr vermeintlicher Bruder war ein weiterer Vertreter des Widerstands.

Koko schöpfte selbst dann keinen Verdacht, als ein Buchhändler aus dem Libanon ihm vorschlug, einen Zeitschriftenkiosk in der Hotellobby zu eröffnen. Mit seinen Überredungskünsten hatte der Libanese ihn bereits beinahe von seinem Plan überzeugt. Doch irgendjemand – wer weiß, welcher Vertreter all der »Dienste« und »Gegendienste« – warnte ihn, dass sich der Libanese möglicherweise im Auftrag von Dritten einen strategischen Kontrollpunkt sichern wollte, um Informationen zu sammeln.

Wer den Ersten Weltkrieg mit all den von Arabern und Armeniern erlittenen Grauen erlebt hatte, konnte sich kaum vorstellen, dass sich hinter diesem geradezu heiteren Klima ein ernsthafter Konflikt verbergen könne. Natürlich blieb ein Krieg immer ein Krieg, egal wie weit weg er war, und peinliche Situationen blieben nicht aus. So gab es beispielsweise eines Tages kein warmes Wasser. Drei gerade von der libyschen Front zurückgekehrte Soldaten beschwerten sich bei Koko. Der reagierte ohne nachzudenken. »Wir befinden uns im Krieg. Ist Ihnen das etwa entgangen?«, sagte er zu den Soldaten, die noch das Kanonendonnern in den Ohren und das Kampfgeschehen vor Augen hatten. Einen Augenblick lang herrschte Schweigen, dann zeichnete sich ein merkwürdiges Lächeln auf den Lippen der Soldaten ab. »Das ist uns nicht entgangen«, antworteten sie und verschwanden. Koko wäre vor Scham am liebsten im Boden versunken.

Doch Vorkommnisse wie diese gehörten zur Ausnahme. Das alltägliche Leben hatte eher den Geschmack von Flitter und Leichtigkeit denn von Schützengräben und Entbehrung. Um diese Zeit kam Farid el-Astrache, der damals bekannteste arabische Sänger oder »Chansonnier«, wie er sich selbst im Gästebuch bezeichnete, ins Hotel. Gleichzeitig war der englische Botschafter in Ankara, Sir Hughe Knatchbull Hugessen, dort zu Gast. Ohne jeden Argwohn hatte er Elyesa Bazna als Hausdiener angestellt, jenen türkisch-albanischen Mann, der den deutschen Geheimdiensten – und später der ganzen Welt – unter dem Namen »Cicero« bekannt wurde und dem es gelang, den Safe der britischen Botschaft zu öffnen und Dokumente zu kopieren, die für den weiteren Verlauf des Krieges von entscheidender Bedeutung waren, ehe er selbst spurlos verschwand.

Eines Tages kam auch David Rockefeller. »Er ist einer der reichsten Männer der Welt. Behandelt ihn entsprechend«, befahl Koko an Solomon-Peter gewandt mit leiser Stimme, nachdem er den Bankier und einige Offiziere der amerikanischen Marine zu den hellen Ledersesseln der Bar geführt hatte. Solomon ließ nichts zu wünschen übrig, doch am Abend trat er auf Koko zu und kommentierte, ebenfalls mit leiser Stimme: »Baron, Sie haben gesagt, er sei einer der reichsten Menschen der Welt, und das will ich gern glauben. Aber wissen Sie, was er gesagt hat, als es zum Aufbruch kam? Jeder zahlt für sich selbst.«

Aus allen Teilen der Welt kam man in dem großen Speisesaal zusammen, in dem von Gulasch bis zum Neapolitanischen Babà alles serviert wurde. Es gab kein Gericht, das der Koch nicht hätte zubereiten können, kein Rezept, das Koko sich hätte entgehen lassen.

Nicht einmal das Curry-Rezept eines im indischen Regiment dienenden schottischen Offiziers. Der Mann lebte in einem Haus in der Nähe des Bab Antakiya, verbrachte jedoch viele Stunden des Tages in der Bar des Hotels. Er lernte Koko kennen und lud ihn zu sich nach Hause ein. Ein hervorragendes Essen, das allerdings von der Vorspeise bis zur Nachspeise von den klagenden Lauten eines Dudelsacks begleitet wurde. Der indische Koch hatte das beste Curry zubereitet, das Koko jemals gegessen hatte. Bevor er sich verabschiedete, bat er seinen Gastgeber daher um einen besonderen Gefallen: Er möge ihm den Inder für einen Tag überlassen, um ihn das Curry im Baron zubereiten zu lassen und seinem Koch das Rezept beizubringen.

Einige Tage später erschien der Inder im Hotel. Koko war anderweitig beschäftigt und konnte den Anweisungen nicht persönlich folgen. Ehe er das Hotel verließ, befahl er seinem Personal: »Gebt ihm alles, was er verlangt!« Als der Koch die Küche betrat, sah er sich mit unsicherer Miene um. Nachdem er die Schränke und die Speisekammer gründlich inspiziert hatte, schickte er alle hinaus und bat um eine Flasche Gin. Eine Stunde verging, der Inder kam an die Tür und verlangte eine Flasche Kognak. Dann schloss er sich in der Küche ein und gab kein Lebenszeichen mehr von sich.

Koko kehrte gegen zwei Uhr zurück, hungrig und mit großem Appetit auf Curry. Er traf seine Kellner und den Hotelkoch bei leidenschaftlichem Kartenspiel an. Der Inder sei noch in der Küche, erklärten sie. Sie würden hier warten, da er sich geweigert habe, sie hineinzulassen. Koko stieß die Tür auf, der Raum lag im Halbdunkel. Weder auf der Anrichte noch auf dem Herd waren Spuren der Zubereitung eines Currys zu sehen. Der Koch lag einige Meter entfernt, vollkommen betrunken und mit der Flasche in der Hand, ausgestreckt auf dem Boden.

Da Koko jemandem in so einem Zustand nicht zürnen konnte, richtete er seinen Ärger gegen die Angestellten. »Was habt ihr da angerichtet? Wie konntet ihr ihm bloß Alkohol geben?« »Baron Koko, Sie haben gesagt, wir sollen ihm alles geben, was er verlangt«, antworteten sie. »Er hat uns um die Flaschen gebeten, und wir haben sie ihm gegeben, da wir dachten, er benötige sie für das Curry.«

Koko gab sich nicht geschlagen. Er ließ es auf einen neuen Versuch ankommen. Diesmal blieben die Flaschen streng unter Verschluss und er behielt das Ganze persönlich im Auge. Der Hotelkoch holte alle Gewürze aus dem Schrank hervor, aber der Inder würdigte sie keines Blickes. »Ich gehen Suk, kaufen Curry«, verkündete er in seinem gebrochenen Englisch. Eine Stunde später kehrte er leicht angeheitert, aber mit einer Menge Gewürzen beladen zurück und begab sich an die Arbeit. Er bereitete ein göttliches Curry zu. Koko schrieb alles mit. Von nun an wurde das Rezept des indischen Kochs zur Spezialität des Restaurants. Mit seinem intensiven und exotischen Geschmack begleitete es die wiederholten Feiern, die in der offiziellen Bekanntgabe vom 12. April 1945 gipfelten: Syrien und der Libanon sollten Mitglieder der Vereinten Nationen und das französische Mandat über ihr Gebiet beendet werden. Syrien hatte schon so lange von Unabhängigkeit geträumt, dass es nun, wo dieser Traum wahr werden sollte, vor Freude explodierte. In dem kleinen Savoy Hotel am Tor zur Wüste klirrten an diesem Abend die Gläser. Zum allerersten Mal in seiner Geschichte ruhten die Fundamente des Baron auf freiem Boden.

21

Sally war bereits beim Erwachen müde und von dem großen Wunsch erfüllt, die Flucht zu ergreifen. Hinter dem Fenster trübte ein leichter Regen das frühlingshafte, kriegsversehrte London. Auch an diesem Morgen war im Radio von dem soeben unterzeichneten Frieden und dem zukünftigen Wohlstand in einer endlich dem Alptraum entronnenen Welt die Rede. Aber die Wunden eines Krieges zu heilen ist nicht so einfach, wie ein Papier voller Versprechen zu unterzeichnen. Und Sally hatte die zerstörten Häuser, die endlosen Schlangen an Bushaltestellen und Taxiständen, die Schlaglöcher auf den Straßen und die zwei – allerhöchstens zwei – Eier, die es pro Monat auf Lebensmittelkarte gab, einfach satt. Sie war sechsundzwanzig Jahre alt und verlangte vom Leben nur eins: das Sirenengeheul, den Bombendonner und die nächtlichen glutroten Feuer für immer hinter sich zu lassen und aus dem Gedächtnis zu verbannen. Wie auch das Blut, die Verletzten, von denen es in dem Krankenhaus, in dem sie während der Bombardements als Krankenschwester tätig gewesen war, immer zu viele und immer neue gegeben hatte.

Wenig später rief Ernest Altunian sie an, um sie zum Mittagessen einzuladen. Er war ein alter Freund der Familie, eine merkwürdige Mischung, halb Armenier, halb Engländer, der gern in der Seengegend bei Lanehead zum Segeln ging und in einem Krankenhaus irgendwo in Syrien arbeitete. Ernest sprudelte förmlich über an diesem Tag. Stolz auf seinen Verdienstorden, den Order of the British Empire (OBE), sowie vielleicht noch stolzer auf seine Ernennung zum »Fellow of the Royal College of Surgeons«, also auf seine Mitgliedschaft im Chirurgenverband, und gestärkt durch einen dreimonatigen Erholungsaufenthalt zwischen London und Lanehead nach dem Ende seines Militärdienstes in Palästina, hatte er endlich die alte Unsicherheit abgelegt. Er fühlte sich bereit, die Leitung des bedeutendsten und modernsten Krankenhauses des Nahen Ostens zu übernehmen, die der alte, inzwischen weit über neunzigjährige Vater ihm früher oder später überlassen würde. Er überhäufte Sally mit Worten, erzählte ihr, wie bestürzt er gewesen war, als er vor einigen Monaten in London ankam und die einst so schillernde Stadt so düster vorgefunden hatte. Viele Jahre würde es dauern, die Wunden zu schließen und die Seelen von den Spuren des Krieges zu befreien. Und ob London jemals wieder so sein würde wie einst, stünde in den Sternen. Nein, schloss Ernest, die Zukunft läge nun anderswo, in einem neuen und unversehrten Land wie Syrien, und genauer gesagt, in der Arbeit in Aleppo, an einem der modernsten und effizientesten Krankenhäuser des Nahen Ostens – einem Krankenhaus, das seinen Ruf noch über den gesamten Mittelmeerraum verbreiten würde. »Uns ist soeben die weltweit erste, jemals außerhalb der Vereinigten Staaten oder Englands durchgeführte Thymektomie gelungen«, rühmte er sich, »im nächsten Schritt werden wir uns an das Gehirn wagen.« Sally müsse unbedingt mitkommen. Er zähle, so sagte Ernest, auf ihre Unterstützung beim Aufbau einer Schwesternschule, die für alle zukünftigen Entwicklungen von zentraler Bedeutung sei. »Aber ich hatte eigentlich vor, in den Libanon zu gehen«, erwiderte Sally zaghaft. »Man hat mir dort eine Stelle angeboten …«

»Sag, dass du sie weder annehmen kannst noch magst, und komm nach Aleppo. Du hast eine Woche Bedenkzeit. Keinen Tag länger. Es ist ohnehin schon ziemlich spät für das, was ich vorhabe.«

Sally rief ihn am nächsten Morgen an und sagte zu. Dann begann sie ihre Koffer zu packen. Weder die Einreise nach noch die Ausreise aus Großbritannien waren in jenen Tagen einfach. Wochen-, oft sogar monatelange Wartezeiten, um einen Fähr- oder Bahnplatz zu ergattern, waren die Regel. Aber Ernest hatte im Rang eines Oberst als Heeresarzt gedient und konnte seine Beziehungen spielen lassen. Er besorgte Sally das heißbegehrte »Priority«, jenen Stempel, der ihr die Tore des Landes zur Welt, aber auch zu einer langen, beschwerlichen Reise öffnete. Mit zahlreichen Verzögerungen und Verspätungen brachte der einstige Luxuszug Golden Arrow Sally von London nach Calais. Auf beiden Seiten des Ärmelkanals musste sie sich endlosen Passkontrollen unterziehen und die Koffer von einem Büro ins nächste schleppen, um sich von den Zollbeamten die immer gleichen Fragen stellen zu lassen.

Endlich traf sie im noch stark in Mitleidenschaft gezogenen Paris ein. Nicht einmal hier gab es Kofferträger am Bahnhof. Sally war gezwungen, ihre Koffer selbst zum Taxi und dann ins Hotel zu schleppen, wo sie bis zum nächsten Tag auf die Abfahrt des Train Bleu wartete, der sie in die Sonne, ans Mittelmeer und nach Marseille bringen sollte.

In Marseille einen Schlafplatz für die Nacht zu finden wurde zur Odyssee, aber Sally konnte nicht wissen, dass ihr selbst jenes ziemlich mittelmäßige, zum Hafen und zum Meer hin gelegene Hotelzimmer, in dem sie schließlich unterkam, im Vergleich zu dem, was sie die kommenden vierzehn Tage erwartete, wie ein kleiner Palast erscheinen würde. So lange sollte die Reise bis zum äußersten Rand des Mittelmeers dauern. Es war dieselbe Strecke wie die der einstigen Kreuzfahrer, und das griechische Schiff, auf dem sie einen Platz für die Überfahrt gefunden hatte, war, was Hygiene und Bequemlichkeit betraf, den alten Schebecken und Lateinerbooten Gottfried von Bouillons und seiner Genossen nicht unähnlich. Aber auch diese Qual hatte ein Ende. Eines Morgens, noch vor Sonnenaufgang, erkannte Sally im diesigen Licht die dunklen Umrisse der Berge des Antilibanon und wenig später die Bucht von Beirut und die ersten Sonnenstrahlen auf den noch schneebedeckten Gipfeln. Sie war am Ziel.

Zumindest fast. Auf der Mole erwartete sie – glücklicherweise – ein Mann des britischen Konsulats von Aleppo. Altunian hatte ihn geschickt, da er sich vorstellen konnte, dass diese blonde, nordisch wirkende Londoner Krankenschwester weder mit den Gepflogenheiten noch mit den örtlichen Gegebenheiten des Nahen Ostens sonderlich vertraut sein würde. Die Koffer wurden vom Schiff geschafft und in den Wagen geladen, und Sally machte es sich neben ihrem Begleiter bequem. Mühsam knatternd quälte sich das Auto die Straße hinauf in die Berge, während das Wasser im Kühler dampfte. Es folgten ein endloses Tal und danach wieder endlose Berge, Serpentinen um Serpentinen, felsige Ebenen und Steilhänge. Die Nacht brach an und Sally dachte schon, sie würden niemals irgendwo ankommen. Erneut erklomm der Wagen eine Steigung, als am Horizont endlich Aleppo zu erkennen war: eine Lichtglocke, in der sich gegen die samtene, undurchdringliche Finsternis des reinen Wüstenhimmels kaum wahrnehmbar die Umrisse der Zitadelle, der Minarette und Kuppeln abzeichneten. Sally verschlug es den Atem, und sie war wie erstarrt angesichts dieser Schönheit. Das also war Aleppo, Aleppo im Mai: Sie durchquerten die Gärten am Stadtrand, die vom Duft der gerade erblühten Blumen erfüllt waren, und Sally schloss diese Stadt sofort in ihr Herz.

Der Wagen hielt vor einem eindrucksvollen, gut erleuchteten Gebäude aus hellem Gestein, das aus den vor der Stadt gelegenen Steinbrüchen stammte. Eine Krankenschwester nahm sie im Namen des Hauses in Empfang, doch war es inzwischen zu spät, sie in die für sie vorgesehene Wohnung zu bringen. Diese eine Nacht würde sie in einem der Krankenzimmer verbringen. Die Schwester machte ihr Licht in dem mit nichts als einem Bett, einem Waschtisch und einem Kreuz ausgestatteten Zimmer. Dann reichte sie ihr einen Stapel Briefe und eine Tasse mit einer dunklen Flüssigkeit. Sally sei doch Engländerin, sicherlich wäre sie froh, nach einer so langen Reise ein wenig heißen Tee zu trinken. Der Tee war nur lauwarm und das Bett erschien ihr noch härter als die Koje auf dem Schiff. Doch die vor ihr in Aleppo eingetroffenen Briefe der letzten beiden Wochen halfen ihr, sich beim Einschlafen weniger fremd und allein zu fühlen.

Sie träumte davon, auf dem griechischen Schiff zu sein und sich von dem Rollen der Wellen wiegen zu lassen. Plötzlich wurde sie wach: Jemand in weißem Kittel, ein Mann, war in ihrem Zimmer. Er befahl ihr, auf Englisch, aufzustehen. Sie war sprachlos. Was erlaubte er sich? Und noch verdatterter war sie, als der Arzt – denn inzwischen war ihr klar, dass er Arzt sein musste – mit geschäftiger Miene fragte, im wievielten Monat sie sei. »Ich bin weder schwanger noch Patientin, ich bin die neue Oberschwester!«, brachte Sally schließlich hervor.

Bald schon wurde die Schule eröffnet und Sally begann sich mit diesem neuen Land, das so anders war als das von Schmerz gezeichnete Europa, dem sie den Rücken gekehrt hatte, vertraut zu machen. Ein Jahr zuvor hatte

Syrien seine Unabhängigkeit erlangt. Es war der Sieg des Nationalen Blocks, der Bewegung, der auch Armen angehörte. Zum Ministerpräsidenten hatte man Saadallah al Dschabiri gewählt und Aleppo hoffte nun, gestärkt durch seine die Bühne der Macht erklommene Führungsklasse, den ewigen Streit und Machtkampf mit Damaskus zu gewinnen. Sally war verwirrt. Ernest Altunian hatte ihr damals in dem kleinen Restaurant im lebensmittelrationalisierten London der Nachkriegszeit nicht alle Nuancen jener politisch-psychologischen Gemengelage erklären können, deren wichtigstes Element die Euphorie bildete. Das hier waren Tausendundeine Nacht, war ein noch ungeschriebenes arabisches Märchen, dem auch in den härtesten Augenblicken nicht die geringste Spur von Eintönigkeit und Traurigkeit anzuhaften schien. Und keine Spur des Innehaltens. Nach Feierabend wurde Sally sogleich in einen Strudel gesellschaftlicher Ereignisse hineingezogen, auf einen Ritt der Wallküren mitgenommen, begleitet von dem ständigen Gefühl, täglich aufs Neue einen 4. Juli oder einen Sturm auf die Bastille zu erleben. Jeden Abend gab es einen Ball oder Empfang, jeden Sonntag Einladungen zu Ausflügen zu den Ruinen vergangener Zivilisationen, mit denen alte Erinnerungen an Gespräche mit befreundeten Archäologen wieder lebendig wurden.

Alles kreiste um Koko. Ihn kennenzulernen war unvermeidlich. Freunde der Altunians entpuppten sich stets auch als Freunde der Mazloumians. Im Grunde war es auch unvermeidlich, sich zu verlieben. Nicht nur, weil es

Frühling war, nicht nur, weil Sally wunderbar schlank und blond und ihre Augen so zartblau wie der Maienhimmel waren, sondern auch wegen ihrer unglaublich britischen Art, ihres Humors und dem Ton, in dem sie von jenem Land erzählte, das für Koko eine zweite Heimat darstellte. Koko dagegen war zwar weder schön noch stattlich, dafür aber sicherlich der brillanteste und faszinierendste Mann, den Sally während all der Feste in der Stadt kennengelernt hatte: ein Sohn des Orients und Europas, der sich in seinen niemals enden wollenden Träumen ein Leben in einem ihm unbekannten Land ausmalte.

Nebeneinander in Kokos neuem sportlichen Zweisitzer, einem roten Auburn Cord, waren sie das am meisten bewunderte Paar dieses Aleppiner Frühlings. Selbst Sallys blondes Haar erregte Aufsehen. Blonde Frisuren kannten die Leute hier zur Genüge: Seit den Zeiten der Kreuzfahrer hatten verschiedenste Kriege Scharen von Deutschen, Tscherkessen, Franzosen und Engländern hergeführt. Doch nie zuvor hatte man so helles, so duftiges und feines Haar zu Gesicht bekommen. Es war Nachkriegszeit und der Augenblick, in dem gewisse technologische Neuerungen der Vereinigten Staaten ihren Siegeszug über die Naturfasern feierten. Die jungen Mädchen konnten der Versuchung einer Berührung nicht widerstehen, dann liefen sie lachend davon und riefen: »Nylon, Nylon.«

Wie so oft im Märchen, zerbrach der Zauber, als es am allerschönsten war. Sally erkrankte. Sie würde genesen, beteuerte der Arzt, aber weit fort von Aleppo: Nichts sei schlimmer für ihre Lungen als diese Hitze und die mörderische Schwüle. Ein paar Monate in den Bergen oder zumindest im Hügelland, lautete das Urteil. Und alle Versuche der Oberschwester, eine Strafmilderung zu bewirken, waren vergeblich. Der Arzt ließ sich nicht erweichen: Bis zum Herbst hieß es: Adieu Aleppo.

22

»Lass uns gleich heiraten.« Sally starrte Koko mit ihren hellen, weit aufgerissenen Augen an, als würde sie ihren Ohren nicht ganz trauen. Koko wiederholte: »Lass uns gleich heiraten. Das ist die einzige Lösung.« Sally heftete den Blick erneut auf diesen sympathischen, durch und durch britisch wirkenden jungen Mann mit einem deutlichen Ansatz zur Glatze. Innerlich musste sie über die so unwirklich scheinende Situation lachen. Ein Jahr zuvor hätte sie jeden, der ihr prophezeit hätte, dass ein armenischer Herr namens Krikor Mazloumian ihr, Olive Margaret Steppens, an einem Frühlingsnachmittag in Aleppo bei einem Glas Limonade ein Heiratsantrag machen würde, für verrückt erklärt. Bei dem Gedanken, wie viele junge aleppinische Frauen sich darum gerissen hätten, diese Worte aus dem Mund des Mannes zu hören, der innerhalb der armenischen Gemeinde zu Recht als der »goldene Junggeselle« galt, musste sie erneut lächeln.

Dabei hatte sie nichts, oder fast nichts, dazu beigetragen, diese Worte, die eher einer Aufforderung oder gleichmütigen Konstatierung des Unvermeidlichen als einem Heiratsantrag glichen, zu provozieren. Sie hatte ihm einfach nur das Urteil des Arztes mitgeteilt. Um zu genesen und vor allem, um zukünftige Beschwerden zu vermeiden, würde sie unbedingt einige Monate – vielleicht zwei oder drei – in den Bergen verbringen müssen. Was war daran so schlimm? In England hätte sie ihre Koffer gepackt und sich irgendwo in Schottland oder Wales ein Plätzchen gesucht. »Wir sind hier nicht in England«, hatte Koko erwidert. »Hier gehen junge Frauen nicht allein für drei Monate in die Berge. Zumal nicht, wenn sie blond und blauäugig sind und aus England stammen, und erst recht nicht, wenn du es bist. Die Vorstellung passt mir ganz und gar nicht.« Hier im Nahen Osten wäre eine anständige Frau selbst aus gesundheitlichen Gründen niemals mit einem anderen Mann als dem ihr rechtmäßig angetrauten Gatten verreist. »Wir heiraten und reisen ab. Du wirst dich auf der Hochzeitsreise erholen«, schloss Koko in unumstößlichem Ton. So empfand es zumindest Sally. Und sie willigte ein.

Sie war daher ziemlich erstaunt, als Koko ihr kurz darauf zu verstehen gab, dass er mit seinen Eltern reden müsse. Erstaunt, aber auch ein wenig verärgert. Also wirklich! Wenn sie sich mit sechsundzwanzig Jahren, noch dazu als Frau, für die Ehe entscheiden und ihre Familie durch ein knappes Telegramm von diesem Richtungswechsel in ihrem Leben unterrichten konnte, wieso musste dann Koko, der immerhin fünfunddreißig war, Mama und Papa um Erlaubnis fragen? Unverbesserlich, diese Orientalen.

Doch Koko war bereits zu seiner Mutter geeilt. Ieranik

saß über ihren Stickrahmen gebeugt. Sie legte die Handarbeit beiseite und trat ihm, eher beunruhigt denn freudig, entgegen. Die Uhrzeit und seine ganze Haltung waren merkwürdig. Auch ließ er sich nicht auf die freudige Begrüßung des Collies ein, sondern blieb am Fenster stehen, ohne ein Wort zu sagen, er, der sonst immer so redselig war. Sie war froh, als der Sohn ihr schließlich alles zu erzählen begann. »Gut, du willst also heiraten«, antwortete sie. »Es ist an der Zeit. Kennen wir sie?« »Nein, es ist eine junge Frau, die für die Altunians arbeitet, sie kümmert sich um deren Schwesternschule.« Koko legte eine Pause ein. »Sie ist Engländerin.«

Ieranik verzog keine Miene. »Weiß dein Vater davon?«, fragte sie nur. »Noch nicht.« »Dann solltest du mit ihm darüber reden.«

Armen war in Beirut. Hin und wieder reiste er dorthin, um die Geschäfte zu überwachen und sich nach neuen Investitionsmöglichkeiten umzusehen. Koko beschloss, ihn so schnell wie möglich zu sprechen. Die einzige Möglichkeit war der Nachtzug. Den Abend verbrachte er mit Sally, die wegen der ganzen Erlaubnisfragerei noch immer etwas verärgert war. »Und wenn er Nein sagt?«, fragte sie schließlich, um ihn zu provozieren. »Wir werden sehen«, antwortete Koko geheimnisvoll und brach auf.

Am folgenden Morgen in Beirut mischte sich in den Cafés rings um den Märtyrer-Platz das Gähnen der letzten Nachtschwärmer mit dem der ersten Händler. Koko begab sich direkt zu dem Hotel, in dem der Vater wohnte. Er traf ihn am Tisch sitzend an, in die Lektüre der Morgenzeitungen vertieft. Die Nachtfahrt, die geballte Spannung und der Wunsch, alles schnell hinter sich zu bringen, ließen ihn ohne Umschweife zur Sache kommen. »Papa, ich will heiraten«, platzte er heraus. Armen faltete die Zeitung zusammen. »Ist es die junge Engländerin, mit der ich dich zusammen gesehen habe?« »Ja, sie ist es«, erwiderte Koko. »Dann bin ich einverstanden«, sagte der Vater ruhig. »Hast du mit deiner Mutter gesprochen?«

Sally fand an diesem Abend ein Meer aus gelben Rosen vor – insgesamt vier Dutzend. Sie konnten alles bedeuten: den Beginn eines neuen Lebens oder auch das Ende ihrer Träume. Erst als auch Koko erschien, begriff sie. Aber es blieb ihr weder Zeit zur Freude noch zur Rührung. Ihr zukünftiger Ehemann ließ ihr nur ein paar Minuten, um sich umzuziehen.

Atemlos wie zwei Verlobte auf der Flucht traten sie vor Ieranik. Zu dritt nahmen sie in dem Zimmer im Erdgeschoss Platz. Aus dem geöffneten Fenster drang der Duft der Nacht herein. Sie sprachen lange miteinander. Ieranik wollte alles wissen: ob sie mit ihrer Arbeit bei den Altunians zufrieden sei, ob sie sich wohlfühle in Aleppo, ob ihr England nicht fehle. Unvermittelt, als sei ihr plötzlich ein Gedanke gekommen, bat sie Sally, ihr den Verlobungsring zu zeigen. Sally streckte der zukünftigen Schwiegermutter stolz die Hand zur Begutachtung hin. »Der ist aber nichts Besonderes«, bemerkte Ieranik, an den Sohn gewandt, in trockenem Ton. Verlegen und vor den Kopf gestoßen ob des unerwarteten Vorwurfs, verteidigte sich Koko auf nicht gerade ritterliche Weise: »Sie hat

ihn ausgewählt. Ich hatte ihr drei verschiedene gezeigt.«
»Sie hat den falschen gewählt«, erwiderte Ieranik. Sie verließ das Zimmer und kam mit einem anderen Ring, den ein wunderschöner Amethyst zierte, zurück. Sie ergriff Sallys Hand und steckte ihr das Schmuckstück an den Finger. »So ist es besser.«

23

Am 21. Juli 1947 wurde Sally zu Frau Mazloumian. Ein anstrengender Tag: der heißeste Tag eines der schwülsten Sommer, die Aleppo je erlebt hatte. Die Vierzig-Märtyrer-Kathedrale, die den selbstverständlichen und natürlichen Rahmen eines jeden Übergangsritus der Familie bildete, war unglaublich überfüllt. Nicht nur Armenier, auch Moslems, Protestanten, Vertreter der verschiedensten katholischen Riten und viele andere waren gekommen. Einzig die Brauteltern fehlten.

Enge Verwandte und gute Freunde saßen in den Bänken. Alle anderen drängten sich zusammen, wie es eben ging und wo sie ein wenn auch noch so kleines Plätzchen fanden.

Sally und Koko standen vor dem Altar, Stirn an Stirn gelehnt und auf den Beginn der Zeremonie wartend. Dem armenischen Ritus der Apostolischen Kirche gemäß waren sie an diesem Tag König und Königin. Als Symbol ihrer Würde prangten zwei Kronen auf ihren Köpfen. Der König wirkte ziemlich aufgeregt, noch aufgeregter als an jenem Tag vor vielen Jahren, an dem er als kleiner Junge das Kreuz für Barsegh Karachyan getragen hatte.

Die Königin kam fast um vor Hitze und bezweifelte, die Zeremonie lebend und bei Sinnen zu überstehen. Der Schweiß rann ihr in Strömen unter der Krone hervor über die Stirn, um sich schließlich – auf unbeabsichtigt romantische Weise – in einer Pfütze zu ihren Füßen mit dem Schweiß Kokos zu vermischen.

Die Zeremonie nahm ihren Anfang. Sallys Versuche, den Gebeten des Bischofs zu folgen, gingen in einer Flut aus unverständlichen Lauten, allesamt in armenischer Sprache, unter. Koko hatte alles vorausgesehen und auch mit diesem Problem gerechnet. Sie hatten ein Zeichen vereinbart. An einem bestimmten Punkt des Rituals musste Sally, ob sie verstand oder nicht, ihr Jawort geben. In diesem Augenblick würde Koko ihr zweimal die Hand drücken und Sally würde *Aiò,* »Ja« auf Armenisch sagen.

Schwitzend versuchte die arme Königin sich zu konzentrieren. Der unverständliche Fluss nahm seinen Lauf, bis eine lange Pause des Schweigens einsetzte. Sally stand reglos und gespannt wie ein Bogen da. Nichts. Der Bischof begann erneut zu sprechen: Ein weiterer Wortschwall ergoss sich in den Kirchenraum, gefolgt von einem zweiten Schweigen und einem kaum vernehmbaren »Aiò«. Es war Kokos Jawort. Sally fand es urkomisch. Mit Mühe musste sie ein Lachen unterdrücken. Beim dritten Schweigen wartete Sally gespannt, aber sie spürte nichts an der Hand. Keinen Druck, nicht einmal eine Berührung. Nichts. Einige Sekunden verstrichen, dann erhob sich ein Gemurmel aus den Reihen der Verwandten. Sally spürte die wachsende Unruhe unter den Anwesenden und die

Last der auf sie gerichteten Blicke. Sie fühlte sich verloren. Sie versuchte Koko anzuschauen, aber soweit der Schleier aus Schweiß vor ihren Augen es erkennen ließ, schien er ruhig zu sein. Weitere Sekunden vergingen: Das Geraune wurde lauter, die Blicke wurden bohrender. Um nicht in Panik zu geraten, faste Sally einen Entschluss: Ein wenig zögernd berührte sie Kokos Hand. Der König erwachte aus seinem tranceartigen Zustand: Ein Schrecken blitzte in seinen Augen auf und kräftig drückte er ihr die Hand. Drei Mal. Und sie rief: »Aiò, oiò, oiò«. Ein Chor erleichterter Seufzer erhob sich aus dem Kirchenraum und umschloss sie. Sie waren vermählt.

Der Speisesaal im Hotel Baron bot Hunderten von Personen Platz für die Hochzeitsfeier. Traditionellerweise richtet die Familie der Braut das Fest aus. Doch Sallys Verwandtschaft war weit weg. Die Altunians hatten sich erboten, ihre Rolle zu übernehmen: Sie waren alte Freunde und Sally hatte sich unter ihrem Schutz auf ein Abenteuer eingelassen, das sie zur Königin einer armenischen Hochzeit in Aleppo hatte werden lassen. Doch Ieranik wollte die Aufgabe lieber selbst übernehmen. »Für uns ist alles viel einfacher: Wir haben ja das Hotel und festliche Empfänge bereiten wir beinahe täglich.«

Alles lief bestens: das Essen, die Bedienung, die Fotos, die Förmlichkeiten. Bis Nora – dieselbe Nora, die während der Zeiten der Verfolgungen unter osmanischer Herrschaft die Waisenhäuser errichtet hatte – auf Sally zutrat und sie bat, ihr den Ehering zu zeigen. Eine ganz normale Frage nach vollzogener Trauung. Doch Sally hob die Hand und erstarrte vor Schreck. Entsetzt sah sie auf ihren linken Ringfinger. Er war kahl. Unfassbar kahl. Erst jetzt wurde ihr klar, dass zur Vollendung des langen bisher erduldeten Rituals ein Ring fehlte.

Nora führte sie zum Trauzeugen. Der Mann saß seelenruhig auf der Terrasse, in der eitlen Hoffnung, dort ein wenig Erfrischung zu finden. Nora war sehr direkt: »Was ist mit den Ringen?« Der Mann verschluckte sich beinahe an dem Tortenstück, das er gerade im Mund hatte. Mit zitternden Fingern zog er die beiden Ringe hervor. Sie waren noch in seiner Westentasche. Solange die Brautleute nicht die Eheringe getauscht hatten, war die Trauung nicht vollzogen und die Zeremonie musste wiederholt werden. Trotz allem brachen Sally und Koko eine Viertelstunde später zu ihrer Hochzeitsreise auf. Ein Meer von schwenkenden Armen, Hüten und Taschentüchern begleitete von der Terrasse aus das Cabriolet, das mit quietschenden Reifen, heruntergelassenem Verdeck und vollbeladenem Kofferraum davonfuhr. Niemand hegte den geringsten Verdacht.

Auch Koko ahnte nichts. Sally hatte weder Zeit noch Gelegenheit gefunden, es ihm zu sagen. Koko hatte sich Hals über Kopf und mitten während des Festes zur Abreise entschlossen und damit alle ursprünglichen Pläne, die Hochzeitsnacht in Aleppo zu verbringen und erst am nächsten Morgen – in aller Frühe und Frische – abzufahren, über den Haufen geworfen. Zunächst brachte er nur vage Erklärungen zur Rechtfertigung dieser Flucht vor. Doch als er sich weiter bedrängt fühlte, rückte er mit der

Wahrheit heraus. Er sei abergläubisch, extrem abergläubisch. Während des Empfangs sei ihm klar geworden, dass der kommende Tag ein Dienstag war, ein Wochentag, der im Nahen Osten als verhängnisvoller Tag für jeglichen Aufbruch gelte. Er habe es daher vorgezogen, gleich in das Cabriolet zu steigen und eiligst davonzufahren, um noch vor Mitternacht nach Baalbek zu gelangen. Dort würden sie einen ganzen Tag im Hotel Palmyra verbringen und schließlich Mittwochfrüh weiterreisen.

Sally hörte sich seine Entschuldigung an, wartete noch eine Weile, ehe sie, einige Kilometer weiter, auf das Problem zu sprechen kam: Ob Koko klar sei, dass sie gar nicht verheiratet waren? Im ersten Augenblick begriff Koko nicht recht. Ruhig und in Gedanken ganz woanders, fuhr er weiter. »Ach ja? Äh, was hast du gesagt?«, antwortete er zerstreut. »Schau dir deine Hand an. Du hast keinen Ring und ich genauso wenig. Wir haben sie nicht getauscht, also ist die Ehe nicht geschlossen worden«, beharrte Sally. Koko blieb wie festgenagelt mitten auf der Straße stehen. Er betrachtete seine Hand und ergriff dann die Hand der Frau, die er bis eben sicher für seine Gattin gehalten hatte. Einen Augenblick starrte er auf ihre Hände. Dann ließ er den Motor wieder an. »Darum kümmern wir uns, wenn wir zurück sind«, sagte er und nahm erneut die halsbrecherische Fahrt in Richtung Libanon auf: Der Dienstag rückte näher. Es war bereits dunkel, als sie Baalbek erreichten. Koko stürzte ans Telefon, um alle nachfolgenden Hotels davon in Kenntnis zu setzen, dass sich ihre Ankunft um einen Tag verschieben würde. An das Problem mit den Ringen dachte er nicht länger.

Am folgenden Morgen beschlossen sie, hinauf in den großen Zedernwald zu fahren. Die frisch angelegte Straße, die den Berg emporführte, war sehr schmal und ausgesetzt. Hinter jeder Kurve boten sich Sallys Blicken wundervolle Panoramen und beängstigende Abgründe, Steilhänge und Schluchten – ein endloses Wechselspiel aus Begeisterung und Schrecken. Als sie den Gipfel erreicht hatten und aus dem Auto stiegen, lagen vor ihren Augen die Bergketten des Antilibanon, die Bekaa-Ebene und das satte Grün der Wälder, aus denen einst Salomon das Holz für den Tempel in Jerusalem hatte kommen lassen. »Wie wundervoll«, rief Sally, »ich fühle mich wie neugeboren in dieser reinen, kühlen Luft. Unglaublich, wie viel Wasser es hier gibt. In Aleppo ist alles so trocken. Sieh doch nur«, und sie deutete auf einen Punkt ganz in der Nähe des Cabriolets, »selbst auf der Straße fließt ein Rinnsal.«

Koko wandte sich um und erstarrte. Was dort floss, war kein Wasser, sondern Benzin. Es kam aus dem beschädigten Tank des Wagens. So verbrachte Sally also den ersten Tag ihrer Hochzeitsreise mehrere Stunden lang damit, einen Finger auf den Tank zu drücken und darauf zu warten, dass Koko von seinem verzweifelten Versuch, inmitten der Berge einen Mechaniker aufzutreiben, zurückkehren möge.

All das hätte reichlich Stoff für lange Gesichter und Streit liefern können, aber Sally war viel zu sportlich und Koko viel zu euphorisch: Am Mittwochmorgen nahmen sie, bestens gelaunt und mit repariertem Tank, ihre Fahrt in Richtung Beirut wieder auf. Das Hotel empfing sie mit einem großen Fest und einer mehrstöckigen Torte: eine Nachbildung der Torte in Aleppo. Ganz oben steckten zwei Lilien: eine für die Braut und eine für den Bräutigam. Die vierundzwanzigstündige Wartezeit war ihrer Frische nicht gerade zuträglich gewesen: Ein wenig traurig hingen sie seitlich hinab, was bei den beiden Brautleuten, die sich am nächsten Tag nach Zypern einschiffen und auf ihre »eigentliche« Hochzeitsreise begeben wollten, lautes Gelächter hervorrief.

Zwei Wochen später waren sie wieder in Aleppo, lächelnd, erholt und sonnengebräunt. Sie legten die Koffer ab und eilten sogleich zum Bischof. Er begrüßte sie warmherzig und erkundigte sich nach der Reise. »Es ist alles gut gelaufen, Hochwürden«, antwortete Koko, »aber wir leben in Sünde.« Der Bischof sah ihn verständnislos an. »Es ist nicht zum Ringtausch gekommen«, fuhr Koko fort. In den Augen des Bischofs blitzte Entsetzen auf. »Unmöglich, das ist ja gerade so, als seiet ihr nicht verheiratet, als habe die Zeremonie nicht stattgefunden, als …« »Genau das wollte ich Ihnen zu verstehen geben«, unterbrach ihn Koko. Der Bischof starrte ihn erneut an, dann begann er nervös im Zimmer auf und ab zu laufen. Mehrere Minuten verstrichen schweigend auf diese Weise. Schließlich blieb der Geistliche vor den beiden stehen und sah ihnen direkt in die Augen. »Nicht so schlimm. Das Einzige, was mir zu tun bleibt, ist, die Ringe jetzt zu segnen«, erklärte er. Dann hob er die Hand und schlug das Kreuz. »Ich meine mich erinnern zu können, dass hinreichend viele Personen den Verlauf der Zeremonie bezeugen können. Seid unbesorgt, der Herrgott kennt hier in Aleppo schlimmere Sünden als die eure. Geht nur, geht, und denkt daran, dass ich es bin, der euren Sohn taufen möchte.«

24

In Aleppo leben wie in Yorkshire, das war es, was Koko und Sally wollten. Ein einziges Stockwerk in dem kleinen, im hinteren Teil des Hotelgartens gelegenen Haus aus den Dreißigerjahren trennte ihre eigene Wohnung von der der Eltern Kokos. Aber die Treppen hinaufzusteigen, kam einer Reise über das gesamte Mittelmeer und darüber hinaus gleich. Die Tür ging auf und man befand sich jenseits des Ärmelkanals, in England, in einem Salon, in dem sich Sofas und Sessel mit geblümten Kattunbezügen und an den Wänden, dicht an dicht, Stiche mit Fuchsjagdszenen und Foxterrier-Schnauzen drängten, dazu hohe Holzregale voller Bücher und runde Tischchen, auf denen stets trockener weißer und milderer roter Sherry bereitstanden. Man durfte nur nicht aus dem Fenster schauen. Draußen wogte eine Palme und verbreitete eine Atmosphäre, die an Wüste und Kamele denken ließ und den zarten Zauber brach. Sogleich war man wieder im Nahen Osten. Yorkshire war zu Ende. Der Traum war zu Ende. Und Sally kehrte in die Wirklichkeit zurück: Sie hatte nicht bloß einen Mann, sondern gleich eine ganze Welt geheiratet. So wie all die anderen englischen oder europäischen Frauen, die vor ihr der Stimme des Herzens gefolgt und an fremden, unbekannten Ufern gestrandet waren, erschloss sich auch ihr tagtäglich ein neues Leben.

Sally kehrte dem Krankenhaus den Rücken und musste sich zwischen all den Konventionen und Gepflogenheiten zurechtfinden, die für jemanden, der dort hineingeboren wird, selbstverständlich, für jemanden, der aus der Fremde kommt, jedoch nur mühsam zu erlernen sind.

Sie lernte die armenische Sprache und die ungeschriebenen Gesetze des Lebens im Hotel Baron. Während in England die Familienväter gemeinsam mit der Ehefrau und den Kindern aßen, hatte Koko stets jemand anderen – sei es einen wichtigen Kunden, einen Lieferanten oder einen alten Freund –, mit dem er zu speisen gedachte, und das Hotel war der natürliche Ort, dies zu tun. Während in England die Gesetze in den großen und majestätischen Sälen des Ober- und Unterhauses Gestalt gewannen, wurden in Syrien die Geschicke des Landes oft im Hotelrestaurant zwischen einem Gang und dem nächsten entschieden. Die Notabeln, die gemeinsam mit Saadallah al-Dschabiri, dem einstigen Ministerpräsidenten, an die Macht gekommen waren, trafen sich weiterhin im Hotel Baron. Auch nach dem Tod ihres führenden Kopfes kamen sie oft im Speisesaal, in der Bar oder einem der kleinen Hinterzimmer zusammen, um dringende Geschäfte oder politische Angelegenheiten abzuwickeln. Wenn es bei so einer Versammlung einmal spät wurde, blieb man auch über Nacht im Hotel. Das syrische Bürgertum fand das befremdlich. Für Armen und Koko war es dagegen bloß eine Rückkehr in die Vergangenheit: Alles geschah auf dieselbe Weise wie zu Zeiten von Cemal Pascha oder Feisal.

Während man in England seine Gäste zu einer verabredeten Zeit daheim empfing, konnte eine Einladung zum Abendessen in Aleppo bedeuten, dass jeder zu jeder beliebigen Zeit eintrudelte. Eines Tages klingelten bereits abends um sechs die ersten Gäste an der Tür. »Dürfen wir? Ist es gestattet?« Sally war völlig von den unzähligen Gängen des Menüs, dem noch herzurichtenden Buffet und drei quengelnden Kindern in Anspruch genommen. Nein, ihr dürft nicht, hätte sie am liebsten gesagt. Stattdessen erwiderte sie: »Natürlich, kommen Sie herein und machen Sie es sich bequem.« Sie hätte weder diesen vornehmen, hochgewachsenen, leicht gebräunten Mann, der sich ihr mit ausgestreckter Hand als Max Mallowan vorstellte, noch die ein wenig kräftige Frau mit den großen, durchdringenden Augen und der schüchtern schweigsamen Ausstrahlung, die ein: »Agatha Mallowan, mein Name«, murmelte, einfach wieder fortschicken können. Sally hatte die beiden nie zuvor gesehen – das Paar wohnte erst seit Kurzem im Hotel –, dennoch wusste sie, dass er der wohl bekannteste englische Archäologe seiner Zeit war und die so wenig zum Sprechen aufgelegte Dame niemand anderes als Agatha Christie. »Möchten Sie etwas trinken?«, fragte sie die Schriftstellerin, wobei »etwas« so viel wie Whisky, Gin oder einen Cocktail bedeutete. »Nein danke, ich trinke nie«, antwortete Agatha entschlossen. »Vielleicht etwas Alkoholfreies, einen

Orangensaft oder eine Limonade?« Agatha gab sich geschlagen und nahm eine Limonade. Vorsichtig nippte sie daran, als habe ein vermeintlicher Verbrecher aus einem ihrer Kriminalromane ihr das Getränk gereicht, und begann sich vorsichtig umzusehen. Sally eilte in die Küche, gab dem Personal ein paar Anweisungen und kehrte dann in den Salon zurück. Sie reichte dem Paar eine Schachtel Zigaretten: »Möchten Sie rauchen?« »Nein danke, ich rauche nicht«, erwiderte die Schriftstellerin. Es folgten einige Augenblicke des Schweigens. Im Hintergrund war das Klappern von Geschirr zu hören. Derweil schlenderte Max Mallowan durch den Raum. Er tat, als betrachte er die Bücher und Kokos armenische Ikonen. In Wahrheit war er in Gedanken weit weg, beschritt im Geiste geheimnisvolle Wege, die ihn zu jahrtausendealten, längst in Vergessenheit geratenen assyrischen und hethitischen Städten führten. Die beiden Frauen saßen einander gegenüber. Zwei gleichermaßen helle Augenpaare, die sich jedoch zu fremd waren, um miteinander zu kommunizieren. Vielleicht wäre es Koko gelungen, Agatha Christie in ein Gespräch über das Reisen zu verwickeln und ihr Gelegenheit zu geben, ihrem Abscheu gegenüber Schiffen Ausdruck zu verleihen. Vielleicht hätte sie sich darüber ausgelassen, dass sie wegen des Kalten Krieges auf ihr Lieblingstransportmittel – den Zug – hatte verzichten müssen und zwei Wochen lang jener durch Wellengang stets bei ihr hervorgerufenen Übelkeit ausgeliefert gewesen war. Aber Koko war nicht anwesend. Der armen Sally fiel in ihrer Verzweiflung nichts weiter ein, als sie zu fragen, ob sie die Zeichnungen ihrer Kinder sehen möge. Agatha Christie antwortete nicht, sondern durchbohrte sie bloß mit einem Blick, als habe man sie gebeten, sich nackt auszuziehen oder auf einem der Tische Foxtrott zu tanzen.

Das Klingeln an der Tür brachte für alle die Erlösung: für Agatha Christie von den Kinderzeichnungen und für Sally von diesem so abweisenden Gast. Ein weiteres englisches Pärchen traf ein. Sally empfing sie wie ein Rettungsheer. Agatha Christie zuckte unmerklich zusammen. Sally füllte zwei Whiskygläser und begann mit der Vorstellung. »Mr. und Mrs. Mallowan«, sagte sie. Das Gesicht der Schriftstellerin glättete sich. Unter dem schützenden Gewand der Ehefrau verborgen, gelang es ihr sogar, ein paar Worte mit dem Paar zu wechseln. Je öfter Sally sie den nach und nach eintreffenden Gästen als »Mrs. Mallowan« vorstellte, desto entspannter wirkte Agatha Christies Miene. Endlich einmal hatte sie das Gefühl, nicht als Attraktion des Abends eingeladen worden zu sein, und endlich einmal musste sie nicht auf die endlosen Fragen zu ihren Büchern antworten. Als schließlich auch Koko eintraf, lief bereits alles scheinbar wie geschmiert. Nach der Nachspeise trat einer der Kellner zu Koko und flüsterte ihm ins Ohr: »Der Konsul wünscht Sie zu sprechen. Er wartet im Foyer.« Es war der englische Konsul aus Alexandrette. Erbost fragte er: »Warum, zum Teufel, haben Sie mir nicht gesagt, wer das ist? Ich habe mich völlig blamiert, wie soll ich das wieder ausbügeln?« Er hatte Agatha Christie nie persönlich kennengelernt und Mrs. Mallowan den ganzen Abend lang als Mrs. Mallowan behandelt. Genau so, wie die Schriftstellerin sich das wünschte. Doch für den Konsul handelte es sich um eine doppelte Schlappe: beruflich wie persönlich. Als Repräsentant der britischen Regierung hätte ihm nicht entgehen dürfen, an der Seite einer der berühmtesten lebenden Schriftstellerinnen seines Landes zu Abend zu essen, und ebenso wenig schickte sich das für einen so leidenschaftlichen Leser ihrer Kriminalromane wie ihn. Koko versuchte ihm klarzumachen, dass Agatha Christie schüchtern war und es verabscheute, im Mittelpunkt der Aufmerksamkeit zu stehen, aber vergeblich. Der Konsul wollte nichts davon hören. Er kehrte in den Salon zurück, entschlossen, den Schaden zu beheben. Zu spät. Die Mallowans waren bereits gegangen und hatten sich für diesmal in Sicherheit gebracht. Zumindest fast. Denn Armen, der alte Armen, hatte Agatha Christie im Hinausgehen beiseitegenommen. »Wir haben alle Ihre Bücher«, hatte er leise erklärt, »aber ich habe nur eines gelesen. Würden Sie mir eine Widmung schreiben?« So hatte Mrs. Mallowan immerhin seinem Wunsch nachkommen müssen.

25

Eines Tages erschien ein Mann mit heller Haut und markanter Nase und wollte Armen Mazloumian sprechen. Es war Abru Abroian, der zweifach gescheiterte Händler, dem Armen, allen Bedenken seiner Ehefrau zum Trotz, geholfen hatte. Nach dem unverhofften Gewinn im Kasino hatte Abroian einen guten Teil seines Vermögens in den Kauf von englischem Tuch investiert. Bei Ausbruch des Zweiten Weltkrieges hatte England seine Exporte nach und nach zurückgeschraubt und schließlich ganz eingestellt, so dass der Wert dieser Textilien ins Unermessliche gestiegen war. Abru war einer der wenigen, wenn nicht der einzige Händler, dessen Lagerhallen gefüllt waren. Innerhalb kürzester Zeit war er zum Millionär geworden. Nach dem Ende des Krieges war Beirut mit großem Investitionshunger zu neuem Leben erwacht. Auch Armen hatte sich verleiten lassen: Zu dem nicht unbeträchtlichen Grundbesitz in Aleppo waren weitere Grundstücke in Hamra, dem zukünftigen Kernviertel der libanesischen Hauptstadt, hinzugekommen. Darüber hinaus führte er seit einem Monat harte Verhandlungen über den Kauf des Normandy Hotels, das hinter dem St. George Hotel als das zweitbeste in ganz Beirut galt. Einige Tage zuvor hatte er sich durchgerungen, hatte den Vorvertrag unterzeichnet und wollte nun einige Güter in Aleppo verkaufen, um das Geschäft zum Abschluss zu bringen.

Genau zu diesem Zeitpunkt trat Abru Abroian erneut in Erscheinung. Als Millionär, der er inzwischen geworden war, verkündete er Armen, dass er sich für dessen Jahre zuvor erwiesene Dienste erkenntlich zeigen wolle. Er habe von der Sache mit dem Normandy Hotel gehört und rate ihm, die Finger davon zu lassen. Er könne ihm ein sehr viel besseres Geschäft vorschlagen. Zusammen mit einem anderen Armenier, einem gewissen Dimitrian, Firmenbesitzer in der Metallbranche, plane er ein großes Hotel in Aley, einer kleinen Stadt rund zehn Kilometer östlich von Beirut. »Noch ist es ein unbedeutender Vorort«, erklärte Abroian, »wir können unzählige Hektar für einen Spottpreis erwerben, aber in ein paar Jahren wird jeder Zentimeter dieses Landes Gold wert sein. Werde Teilhaber unserer Gesellschaft!«

Armen ließ sich überzeugen. Er brach die Verhandlungen für das Normandy Hotel ab, verkaufte Land, Pferde und allen Besitz in Syrien, um den Erlös in das Geschäft von Aley zu stecken. Sie arbeiteten einen Entwurf aus, legten ihn den örtlichen Behörden zur Genehmigung vor und warteten geduldig darauf, dass gewisse vermeintliche »Freunde« Abru Abroians den bürokratischen Apparat in Schwung bringen würden.

Sie warteten einige Monate, ein ganzes Jahr. Schließlich kam die Nachricht: Abru Abroians Pläne waren abgelehnt und ein Großteil des Landes enteignet worden. Die Libanesische Republik hatte beschlossen, das Areal für den Bau der Straße von Beirut nach Damaskus zu nutzen. Abroian überzeugte Armen und den anderen Gesellschafter davon, dennoch daran festzuhalten. Nach Abschluss der Arbeiten war das »Grandhotel« von Aley nicht mehr als ein bescheidenes Bauwerk an einer vom Verkehr verstopften Straße. Es erhob sich direkt am Beginn einer Steigung, dort, wo die Lastwagen den Gang wechselten und sich schnaufend und qualmend den Berg hinaufquälten. Wer wollte schon an einem so unschönen Ort die Nacht verbringen? Das Hotel ging pleite und sollte zur Versteigerung angeboten werden. Die Ausschreibung wurde an die Tür des bereits verriegelten und verlassenen Hotels geheftet. Nach Meinung der Behörden war der Verkauf damit öffentlich bekanntgegeben. Die Mazloumians erfuhren von der Versteigerung erst nach deren Abschluss. Das war nicht rechtmäßig, und Armen sandte Koko nach Beirut, um sich um die Angelegenheit zu kümmern. Koko sprach mit ihrem Anwalt. Sie könnten dagegen klagen, lautete die Antwort des Rechtsgelehrten – das Gesetz war auf ihrer Seite –, die Versteigerung hätte allen Teilhabern der Gesellschaft bekanntgegeben werden müssen. »Gut, und welche Chancen bestehen, dabei noch etwas herauszuschlagen?«, fragte Koko. »Das ist eine andere Sache«, erwiderte der Anwalt. »Sie sollten den Prozess persönlich mitverfolgen und am besten, zumindest für eine Weile, nach Beirut umziehen.« Koko und sein Vater entschieden anders. Sie wollten nicht noch mehr Geld in dieser unseligen Angelegenheit verlieren. Sie gaben das Hotel auf. Mit den Überresten jenes unscheinbaren Bauwerks am Rande einer abgasverseuchten Straße ließen sie einen guten Teil ihres Lebenswerkes in Aley zurück.

26

Die ersten langen Schatten – Vorboten eines beginnenden Niedergangs – senkten sich über das Hotel Baron, als die frisch aufgekeimte und so verheißungsvolle Demokratie des neuen Syrien, überrollt vom Machthunger der Militärs, zusammenbrach. Es genügt so wenig, um von einer großen Zukunft in eine bescheidene Vergangenheit zurückzugleiten. Syrien genügte dafür ein einziger Tag, ein Tag im Februar 1949. Die Verfassung, das Symbol der Unabhängigkeit, versank als Erstes unter der Last allzu zahlreicher Sonderrechte. Und wenn etwas diesen Schiffbruch überstand, so höchstens wenige Relikte. Im gleichen Atemzug verschwand die Demokratie. Sie erlosch, einem Kometen am Himmel über Damaskus gleich, und kam nie wieder zum Vorschein. Die Freiheit verpuffte als Letztes, löste sich in Luft auf wie ein zufällig versprühtes Parfüm.

Auf den ersten Staatsstreich im Februar folgten ein weiterer und noch einer, bis schließlich ein Mann namens Adib asch-Schischakli die Macht an sich riss und das Land zurück zu der jahrhundertelang einzig bekannten Staatsform führte: zu der auf unterschiedliche Weise verbrämten Diktatur. Politische Parteien wurden aufgelöst, Zeitungsverlage geschlossen und ein Programm zur Verteidigung der nationalen Interessen in die Wege geleitet.

Das Hotel Baron war nach wie vor die erste Adresse Aleppos. Vor der Terrasse, die sich stolz über der inzwischen »Scharia Baron« getauften Straße erhob, sollten erneut die Wogen der Geschichte toben, und obenauf die neuesten Herren: Sozialisten und Verbündete Ägyptens. Auf dieser Terrasse hatte man unter den Türken Angst und Mut verspürt und mit Feisal und de Gaulle Hoffnung geschöpft. Nun, angesichts von Tito und vor allem von Nasser, spürte man die Demagogie. Eine Menge, die ewig währende Menge, versammelte sich, um dem neuen Credo und den Verheißungen nach Gleichheit zu lauschen: Die Reichen würden ärmer, die Armen reicher und alle glücklich werden. Am Ende applaudierte die Menge. Warum auch nicht?

Koko blieb dagegen ungerührt. Er konnte die Augen nicht von der Uniform des mächtigen Ägypters lösen: makellos, glatt, eine von dreien oder vieren, die der Herrscher tagtäglich wechselte und die die Büglerinnen des Hotels, allem Kampf um Gleichstellung zum Trotz, stets für ihn bereithalten mussten. Auch konnte er den Blick nicht von den groben, plumpen Händen abwenden, die sich Syriens bemächtigten und im Gegenzug kaum mehr zu bieten hatten als das Versprechen, Schukri al-Quwatli wieder an die Macht zurück zu verhelfen.

Das Land erlebte einen tiefgreifenden Wandel. Ganz

anders als das, was Armen seit jeher gekannt, und anders als die goldenen Zeiten, die Koko erlebt hatte. Ganz anders auch – obwohl so wenig Zeit vergangenen war – als die übersprudelnde, verheißungsvolle und hoffnungsfrohe Nation, die Sally bei ihrer Ankunft vorgefunden hatte.

Auch das Leben der Mazloumians gewann neue Gestalt. 1948 hatte Kokos Lieblingsschwester Arda einen Offizier der britischen Marine, den sie während des Krieges kennengelernt hatte, geheiratet und war ihm nach London gefolgt. Der Krieg war bereits seit Jahren beendet, doch sein bitterer Nachgeschmack war noch überall im Herzen des ehemaligen Weltreiches zu spüren. Alles sei so schwierig, schrieben die beiden Eheleute an die Eltern. Der alte Armen antwortete mit der Aufforderung, zurückzukehren und dem Leben dort den Rücken zu kehren. Weshalb sinnlos leiden? Das Paradies befand sich in jenen Jahren in Aleppo, nicht in Europa.

Schließlich kehrten Arda und ihr Mann tatsächlich zurück. Armen bot dem Schwiegersohn vergeblich eine Arbeit im Hotel an. Dann kam ihm eine andere Idee. Er gründete eine Gesellschaft für Agrargeräte, eine der vielversprechendsten Branchen des neuen Syrien. Als schließlich Seta, die Jüngste der Schwestern – die einst zu den Klängen von *Oror,* dem Wiegenlied Kanachyans, geschlummert hatte –, verheiratet war, wurde auch der neue Schwiegersohn, ein Libanese, Teilhaber derselben. Armen fasste daraufhin den Beschluss, dieser Gesellschaft eine ganz besondere Form zu verleihen. Sie sollte mehr als nur ein kühl berechnender Handelsverband sein, sondern vielmehr den »Zement« einer großen Familie bilden, den Stamm eines unumstößlichen armenischen Baumes, auch wenn die Kinder allesamt Frauen und Männer unterschiedlichster Nationen und Religionen gewählt hatten. Armen fühlte sich alt. Er hoffte, dass nach seinem Tod zwar vielleicht nicht Liebe oder gemeinsame Wurzeln, über doch immerhin gemeinsame Interessen seine Kinder, Schwiegersöhne und Schwiegertöchter zusammenschweißen würden. Rechtlich gesehen, gab es nur eine Form, die diesem Wunsch entsprach, die der Kollektivgesellschaft, bei der jeder für alles verantwortlich und mit seinem ganzen Besitz haftbar war.

Es war nur der Traum eines alten Menschen, und ein 1952 verabschiedetes Gesetz versetzte diesem Traum einen ersten Schlag. Es verpflichtete jede Gesellschaft zu einer syrischen Anteilsmehrheit, um die Wirtschaft des Landes vor ausländischen Interessen zu schützen. Armen und den immer widerwilligeren Koko zwang es dagegen, sich auf ein ihnen fremdes Spiel einzulassen. Der alte Patriarch hatte keine andere Wahl. Die beiden Schwiegersöhne waren keine Syrer, also durften sie maximal über 49 Prozent der Anteile verfügen. Es war an ihm und Koko, sich die Hauptlast und die hauptsächliche Verantwortung aufzubürden. Armen war dazu bereit, Koko schien dagegen unschlüssig. Er liebte seine Schwestern und hätte es, aufgrund seines tiefverwurzelten Familiensinns, niemals gewagt, einer Entscheidung des Vaters, auch wenn er selbst sie nicht guthieß, offen zu widersprechen. Doch er hatte nicht die Absicht, sich auf ein Geschäft einzulassen, das ihn nicht im Geringsten interessierte. Zum ersten Mal erwiderte er auf Armens Drängen hin mit klaren Worten: »Das ist nicht meine Arbeit, ich verstehe etwas von Hotels, nichts jedoch von Landwirtschaftsmaschinen.«

So entwickelte sich ein absurder Mechanismus. Der libanesische Schwiegersohn war häufiger in Beirut als in Aleppo: Der jüngste und aus dem Ausland stammende Schwiegersohn kümmerte sich um die Gesellschaft. Die rechtlich gesehen Verantwortlichen trafen keine Entscheidungen: Die Minderheit hatte das Ruder in der Hand. Damit war die Katastrophe vorprogrammiert.

Der zweite Schlag erfolgte durch die Natur. »Viel Regen, gute Ernte, gutes Geld«, lautet ein syrisches Sprichwort. Drei Jahre in Folge verdorrten in anhaltender Trockenheit die Felder und die nachfolgenden Jahre waren noch heikler. Die Bauern zahlten nicht, flüssiges Kapital begann knapp zu werden und fehlte schließlich ganz. Die Kasse blieb leer, während der Stapel an Wechseln in schwindelerregendem Tempo wuchs. Dennoch schien die Situation nicht besorgniserregend. Die Gesellschaft nahm eine entsprechende Zahl von Krediten in Anspruch, so dass alle Teilhaber, ob verantwortlich für die Geschäfte oder nicht, ruhig schlafen konnten.

Den dritten Schlag brachten die historischen Ereignisse mit sich. 1956 kam es zur Suezkrise. Israel, Frankreich und Großbritannien reagierten auf die Drohung, den Kanal zu verstaatlichen, indem sie ihn besetzten. Syrien wurde direkt in den Konflikt miteinbezogen und brach seine diplomatischen Beziehungen zu London und Paris ab. Damaskus, Aleppo und das gesamte Land waren plötzlich von den Landkarten europäischer Touristen gestrichen. Die Bar und die Zimmer des Baron blieben – zum ersten Mal seit vielen Jahrzehnten – leer. Sogar Ernest Altunian und seiner Frau, die gerade in England weilten, wurde die Rückreise nach Aleppo verweigert, so dass sie paradoxerweise aus der eigenen Heimat verbannt waren.

Koko wurde nervös, Armen wirkte dagegen geduldig. Die Geschichte war wie der Himmel: Bisweilen teilte sie mit vollen Händen Reichtümer aus, dann wieder warf sie nur elende Brocken ab. Es hatte Zeiten gegeben, in denen sich englische Soldaten Abend für Abend »wie die Ölsardinen« in der Bar gedrängt hatten; nun war die Zeit des Sozialismus und der Nationalisierung gekommen. Irgendwann in der Zukunft würde eine neue Zeit anbrechen und – mit Gottes Willen – das Hotel Baron wieder aufblühen. Davon war der alte, lebenserfahrene Armen fest überzeugt. Koko ließ sich umstimmen, man musste ihm einfach Glauben schenken.

Doch arrogant und feindselig, wie die Geschichte war, kümmerte sie sich nicht um solch schönes Gerede. 1955 kam Schukri al-Quwatli in einem nunmehr entmachteten Land erneut an die Macht. Während der Suezkrise opferten das zur Provinz Ägyptens degradierte Damaskus und Schukri, ein gehorsamer Diener Kairos, Menschen und Material für die Interessen Nassers. Zwei Jahre später verschmolzen Syrien und Ägypten zu einem einzigen

Land, der Vereinigten Arabischen Republik (VAR), unter einer einzigen gemeinsamen Flagge und mit einem gemeinsamen »Wirtschaftsplan«. Nun, da Syrien de facto nicht mehr existierte, war das entstanden, was Ernest Altunian als »modernen faschistischen arabischen Staat« definierte.

Ernest Altunian hatte seine Gründe, so zu denken, während er aus dem englischen Exil machtlos mitansehen musste, wie das in vierzig Jahre währender Arbeit durch ihn und den Vater aufgebaute Krankenhaus langsam und methodisch durch die Hand ignoranter Gewaltherrscher zerstört wurde, und mit ihm die Hoffnung, der Nahe Osten könne einen klugen und demokratischen Weg in die Zukunft beschreiten.

Alle Syrer, einschließlich der Mazloumians, teilten diesen Pessimismus. Im Zuge eines auf den ersten Blick vereinnahmenden Sozialismus wurden Gesetze zur Einschränkung des freien Unternehmertums und speziell der Hotelbetriebe erlassen. Angestellte zu entlassen wurde praktisch unmöglich und die Preise waren strengsten Bestimmungen unterworfen. Diese beiden Restriktionen zusammen mit den nicht ausmerzbaren Praktiken der Korruption und der Erpressung seitens all derer, die eine wenn auch noch so geringe Machtstellung in Bürokratie und Verwaltung innehatten, gestalteten sich zu einer an den Fundamenten des Hotels Baron deponierten Zeitbombe.

Sie explodierte, als die Agrarreform in Kraft trat. Die Regierung beschlagnahmte Land und Geräte, um sie den

Kleinbauern und Kooperativen zu überlassen. Natürlich hüteten sich die Großgrundbesitzer davor, die für den Erwerb der soeben konfiszierten Geräte vertraglich vereinbarten Schulden zu begleichen. Armen, Koko und die Schwager hofften, dass sich die Kassen wieder füllen würden, wenn es irgendwann in ferner Zukunft zu einem möglichen Urteilsspruch an einem der – wahren Labyrinthen gleichenden – syrischen Gerichte käme. Doch das Problem betraf das gesamte Land, nicht nur Armen und Koko. Es wurde ein allgemeines Abkommen geschlossen, mit dem die Privatbanken zur Deckung von Krediten die von den Großgrundbesitzern unterzeichneten Wechsel akzeptierten. Wir sind gerettet, dachten Armen und Koko. Dem war jedoch nicht so. Nicht alle Banken waren einverstanden. Die Bank of Syria verlangte 1959 als Garantie für die Schulden der Mazloumians die Pfändung der Möbel des Baron. Armen legte sofort Beschwerde ein. Er bestürmte die Anwälte mit Fragen: Allein die Vorstellung, was geschehen könnte, war ihm vollkommen unerträglich. Die Kelims, die Lawrence so viele Jahre zuvor bewundert hatte und die heute Antiquitätenhändler auf der ganzen Welt begeistert hätten; die venezianischen Truhen; die Einrichtung im englischen Stil, die Koko aus Europa hatte kommen lassen; die Massivholzmöbel; all das würde in Lagerhallen übereinandergestapelt nach und nach verstauben, bis irgendein besonders raffinierter Händler sein Geschäft damit machen würde.

Es begann ein langer Kampf, eine nicht enden wollende Zerreißprobe, der sich Ieranik gleich zu Beginn entzog. Sie verstarb an einem Tag im Spätwinter, am 3. März 1960 – ihr erster und letzter Verrat an ihrem Ehemann. Sie hatte ihm stets zur Seite gestanden, im Exil von Zahlé und in den Zeiten des Schreckens in Aleppo, im Schmerz um den Verlust des Erstgeborenen und in den unruhigen Zeiten des Zweiten Weltkrieges. Einen ganzen Lebensweg hatten sie gemeinsam beschritten, doch diesen letzten Abschnitt musste Armen allein zurücklegen.

Armen brachte nicht einmal die Kraft auf, zur Feder zu greifen, wie er es bisher stets getan hatte, und in die Familienbibel zu schreiben, dass die schöne, starke und elegante Ieranik nicht mehr unter ihnen weilte. Es war Koko, der dieser bitteren Aufgabe nachkam. Mit dem Eintrag in das große Buch wurde der Tod der Mutter zu einem Ereignis, das den endgültigen Übergang in eine neue Zeit markierte.

Die Wiederaufnahme der Verbindungen mit dem Westen sorgte für einen erneuten, wenn auch schwachen Zustrom von Touristen. Doch die politische Situation ließ keine Anzeichen von Stabilisierung erkennen. Es gab die Ausgangssperre, und aus Angst vor Bomben und Attentaten verließ keiner das Haus. Aleppo war wie gelähmt. Abends wartete man im Dunkeln auf das Donnern der Explosionen in den Straßen, um mit der Gewissheit, wieder einmal davongekommen zu sein, schlafen zu gehen.

Koko und Sally hatten Angst um die Kinder. Sie schickten ihren einzigen Sohn, Armen, auf eine Touristikschule in Brummana, einem kleinen Städtchen unweit von Beirut. Dort sollte er bis zu seinem achtzehnten Lebensjahr bleiben, um – wie sie hofften – später ein normales Leben in Freiheit und Frieden führen zu können. Sally, Koko und die drei Töchter blieben dagegen in Aleppo.

Bisher hatte der alte Armen alle zum Staunen gebracht. Trotz seiner achtzig Jahre eilte er, wenn er in Sookolouk war, hinter dem kleinen Bus her, der vom Haus ins Dorf fuhr, und sprang während der Fahrt genau an der einzigen Stelle auf, an der das Fahrzeug, aufgrund einer beginnenden Steigung, sein Tempo drosseln musste. Eines Tages sagte er plötzlich zu Koko: »Ich komm mit dir zurück nach Aleppo.« Dort angekommen, legte er sich in sein Bett und verließ es nicht mehr. Koko stand ihm bei, doch innerlich zitterte er bei dem Gedanken, allein zurückzubleiben. Angesichts des Unabwendbaren kam seine alte Unsicherheit wieder zum Vorschein. Überall begann er Katastrophen zu wittern und machte aus jeder Kleinigkeit ein Drama, aus jedem Zwischenfall eine Tragödie.

So vergingen die ersten Monate des Jahres 1962. Gegen Ende des Winters war er nur noch ein Nervenbündel. Als er bemerkte, dass sich ein Freitag der 13. näherte, brach er zusammen. Er verfiel in einen Zustand tiefer Depression, fest davon überzeugt, dass etwas Schreckliches geschehen würde. Am Morgen des Freitags dem 13. erhob er sich mit Kopfschmerzen. Dennoch brach er das Brot für die Vögel, mit jener Geste, die der Vater ihn als Kind gelehrt und die er niemals aufgegeben hatte. Während er das Schälchen mit den Krumen auf die Fensterbank stellte, hob er den

Blick in der Hoffnung zu erkennen, was dieser so tiefblaue Himmel ihm bringen möge.

Er sollte es kurz darauf erfahren. Der alte Armen hatte seine Tage gezählt und verschied ohne ein Wort der Klage.

Ganz Aleppo hielt zum Zeichen der Trauer inne. Auf der Scharia Baron fuhren an diesem Tag keine Autos. Eine Menschenmenge versammelte sich schweigend vor dem Hotel, um einem der Väter der Stadt die letzte Ehre zu erweisen. »13. April 1962, unser Vater, Armenak Mazloumian, ist heute nach langer Krankheit verstorben«, schrieb Koko in die Bibel. Seine Schrift wirkte hastig, als habe er es eilig, dieses große Buch, in dem das Beste für ihn bereits geschrieben stand, so schnell wie möglich zu schließen.

27

Mit Armens Tod war das Ende einer Epoche besiegelt. Der alte Baron, der die heldenhaften Zeiten von Lawrence und Feisal, den Völkermord und die aufkeimende Hoffnung einer Nation erlebt hatte, verschied mit dem strahlenden Aufstieg eines neuen Sozialismus. Der ein wenig steif und antiquiert wirkende Patriarch hatte stets das lebendig greifbare Gedächtnis verkörpert. Als mit seinem Tod diese letzte zarte Brücke zwischen Vergangenheit, Gegenwart und Zukunft zerbrach, folgte das Hotel nicht länger dem äußeren Fluss und verlor die Verankerung in der Wirklichkeit.

Es war keine Entscheidung, sondern es geschah einfach. Rings um das Hotel Baron wuchs oder war bereits eine neue Stadt gewachsen. Spekulationen und Willkür brachten die in Jahrhunderten entstandene Schönheit und Harmonie aus dem Gleichgewicht. Die einst einsam gelegene und als Hort von Banditen gefürchtete Lichtung, der Garten wie aus Tausendundeiner Nacht, in den sich Sally auf den ersten Blick verliebt hatte – sie versanken unter einem stetig wachsenden Geräuschpegel, unter Smog, Zement, Werbeplakaten, Verkehrslärm und Hupen. Ein Stückchen weiter überspannte ein breites, graues Asphaltband das Blau des alten Flusses und das Grün der Uferböschung, um dem bereits kaum noch dem Verkehr gewachsenen Aleppo eine neue Straße zu bescheren.

Das Hotel Baron, das alte, nach wie vor intakte Gebäude aus dunklem Stein, stand dem anhaltenden Fortschritt machtlos gegenüber. Derweil musste sich Koko – nunmehr allein – in jener neuen, von gierigen, geizigen und überheblichen Gegnern okkupierten Umgebung zur Wehr setzen.

Die einige Jahre zuvor von Armen und Kokos Schwagern getroffenen Maßnahmen sollten sich zu Beginn der 1960er Jahre, als die Baath-Partei nach dem Vorbild Nassers an die Macht kam und den Sozialismus in Syrien neu erstarken ließ, als folgenschwere Fehler herausstellen. Die Entscheidung, eine Kollektivgesellschaft zu gründen, um die Familie auf diese Weise zusammenzukitten, erwies sich als tragischer Irrtum, als ein zwar gut gemeinter, aber katastrophaler Schritt. Die Schwager gingen fort: der eine nach Beirut, der andere nach Kanada. Armen war tot. So musste Koko alleine einen Kampf ausfechten, der nicht der seine war. Die neuen Verantwortlichen der Banken weigerten sich, die mit ihren Vorgängern getroffenen Vereinbarungen einzuhalten, und verlangten die sofortige Begleichung der alten Schulden. Deshalb forderten Koko und sein Anwalt die Rückgabe der von den Landwirten unterzeichneten Wechsel.

»Die bekommt ihr, wenn ihr all eure Schulden bezahlt habt«, lautete die Antwort. Die Schulden beliefen sich auf die gewaltige Summe von einer halben Million Syrischer Lire. So viel konnte Koko nicht aufbringen. Zu anderen Zeiten hätte man eine Übereinkunft getroffen. Armen Mazloumian war stets einer der geachtetsten und zuverlässigsten Kunden der Stadt gewesen. Sein Wort und ein Händedruck hatten genügt. Doch diese Zeiten waren vorbei. Das zuständige Kreditinstitut, die Misr Bank, verweigerte jegliche Möglichkeit eines Aufschubs oder einer anderweitigen Vereinbarung.

Ob Koko eine Kämpfernatur war oder nicht, darüber ließ sich streiten. Vermutlich eher nicht. Dennoch musste er einfach Widerstand leisten. Vor allem als 1965, in einem Schritt, der jeglicher rechtlichen Grundlage entbehrte, das Hotel zur Versteigerung freigegeben wurde. Aus Sorge, ein »realer« Käufer könne in Erscheinung treten, wurde die Versteigerung nicht öffentlich bekanntgegeben. Gewinnerin und einzige Bieterin war die Omayad Bank, die spätere Syrische Commerzbank, die sich das Baron für einen Spottpreis unter den Nagel riss: eine Million Syrischer Lire, ein Drittel des realen Wertes. Derartige Operationen waren staatlichen Banken per Gesetz verboten, aber alle, die dagegen hätten Einspruch erheben können, wurden mit Schmiergeldern zum Schweigen gebracht. In der Absicht, möglichst rasch alle Stellschrauben dieser eindeutig gesetzeswidrigen Maßnahme festzuziehen und so schnell wie möglich die Eigentumsrechte des Hotels an sich zu reißen, zahlte die Bank anstandslos gewaltige Steuerbeträge und Versicherungssummen an das Finanzamt und die Sozialversicherungen, ohne mit irgendjemandem Rücksprache zu halten. Schon gar nicht mit Koko.

Nur wenige hätten einer derart weitreichenden und durch alle Instanzen gestützten Aggression, die noch dazu durch eine schlaue und hartnäckige Presseberichterstattung forciert wurde, standgehalten. In den Zeitungen fanden sich verdeckte oder offenkundige Anspielungen. Eines Tages erschien sogar eine Karikatur von Koko. Sie zeigte ihn in Abendrobe, mit einem Hund an der Leine und darunter die Worte: »Der Baron und sein Esel«. Doch Koko, der sonst so leichtherzige Koko, brachte erstaunlicherweise die Kraft – oder die nötige Verzweiflung – auf, um sich zu widersetzen.

Als Erstes sorgte er für die Trennung von Eigentum und Leitung des Hotels. Dieser Schachzug bereitete die nötige Basis, um Widerstand zu leisten und dem Angriff mit einer Flut aus Klagen und Rechtsverfahren zu begegnen. Die Bank reagierte darauf mit der Forderung nach Beschlagnahme des hinter dem Hotel gelegenen Hauses im britischen Stil. Doch das ging zu weit. Der Gerichtshof gab dem nicht statt. Solange für die laufenden Prozesse noch keine Lösung in Sicht war, sollte allerdings das Hotel beschlagnahmt bleiben.

Die Zentralbank stimmte zu. Der Manöverkrieg war zu Ende, nun begann ein langer, endloser und nervenaufreibender Stellungskrieg und damit für Koko der eigentliche Leidensweg. Eines Tages tauchte im Hotelfoyer zur Überraschung von Kellnern und Dienstpersonal ein neues Gesicht auf, das des Zwangsverwalters und Vertrauensmanns der Bank, der geschickt worden war, um alles zu überwachen, zu bewerten und Entscheidungen zu treffen. Jegliche Maßnahme, und sei es nur der Kauf eines Aschenbechers, bedurfte seiner Zustimmung. Koko überließ man die laufende Hotelleitung. In Wahrheit mischte sich diese merkwürdige Person auch hierin ein. In der Regel mit katastrophalen Folgen. Machtgierig, wie er war, entging dem Zwangsverwalter, dass er mit jedem derartigen Eingriff, mit jeder Beanstandung die Dauer seiner unseligen Herrschaft nur verkürzte. Koko und der Anwalt sorgten für die nötigen Beweise und zeigten alle durch den Zwangsverwalter verursachten Schäden auf. Von Anfang an, so beharrten sie, sei er seiner eigentlichen Aufgabe, nämlich die Interessen des Hotels zu vertreten, nicht nachgekommen. Sie bekamen recht und der Zwangsverwalter musste gehen. Man schrieb das Jahr 1967. An seine Stelle trat eine vornehme Person. Der Mann hatte nie etwas mit Hotels oder Restaurants zu tun gehabt, war aber klug genug, sich nicht einzumischen. Koko schien wie neugeboren.

Das dauerte kaum ein Jahr. Eines Morgens wurde Koko vom Chef der Rechtsabteilung der Filiale der Syrischen Kommerzbank angerufen. »Verzeihen Sie die Störung, Herr Mazloumian, aber ich habe die Absicht, den derzeitigen Zwangsverwalter durch eine geeignetere und mein volles Vertrauen genießende Person zu ersetzen. Ich wollte mich erkundigen, ob Ihrerseits irgendwelche Einwände bestehen.« Koko hätte einiges einzuwenden gehabt, aber der neue Zwangsverwalter war ein Freund des

Bankiers, und von dessen Gunst waren Koko und sein Hotel abhängig. Ihm blieb nichts anderes übrig, als zu antworten: »Aber nein, wo denken Sie hin. Wenn es eine Person Ihres Vertrauens ist, so gibt es sicher keine bessere Wahl.«

Es war eine sehr schlechte Wahl. Jeden Tag mussten die Hotelköche als Erstes für den Zwangsverwalter und seine Familie kochen. Erst danach durften sie sich um mögliche Gäste kümmern. Für Koko war es ein unhaltbarer Zustand, und ihm blieb nichts anderes übrig, als weiterzukämpfen. Er beklagte sich nie, doch manchmal fragte er sich, für wen und wozu das alles. Und er verfluchte den Augenblick in seinem Leben, in dem er sich dem Wunsch seines Vaters hätte verweigern sollen und es nicht getan hatte.

28

Die Außenwelt, jenseits Aleppos und jenseits der syrischen Grenzen, nahm keine Notiz von Kríkor Mazloumians tagtäglichen, unermüdlichen Kämpfen. Für alle, die sich aus dem Abendland auf die Reise in die Handelsmetropole begaben, war das Hotel Baron nach wie vor die erste Adresse in Aleppo. Eine lebendige Tradition, die es aufrechtzuerhalten galt, insbesondere unter Archäologen, die dort seit jeher Quartier bezogen hatten. Leonard Woolley hatte den Weg geebnet, und Max von Oppenheim, der unbezweifelbar größte Meister dieses Fachs und einflussreicher Ratgeber des Kaisers bei der »Eroberung« Mesopotamiens, hatte ihn geweiht. Ihren Spuren waren andere gefolgt: Engländer, Franzosen, Deutsche und Italiener. Allesamt verzaubert vom Lockruf der syrischen *Telle*, jener Hügel aus Erde und Sand, die für Archäologen auf der Suche nach versunkenen Zivilisationen das Paradies bedeuten. 1962 waren im Hotel Baron gleichzeitig Paolo Matthiae und Anton Moortgat anwesend. Paolo Matthiae war damals zweiundzwanzig Jahre alt. Er gehörte zu einer Forschergruppe aus Italien. Sie gruben an einem Ort in der Nähe des Euphrat. Anton Moortgat war damals Leiter der Max-Freiherr-von-Oppenheim-Stiftung für Altertumskunde in Berlin und einer der anerkanntesten Autoritäten auf seinem Gebiet. Gemeinsam mit seiner Frau, Ursula Moortgat-Correns, die, wie er, Altertumsforscherin und Grabungsexpertin war, lebte er im Hotel Baron. Matthiae erfuhr von seinem Aufenthalt im Hotel und bat Koko, ihn mit dem berühmten Wissenschaftler bekannt zu machen. Koko unterhielt sich oft mit Moortgat: Der Professor und der begeisterte Amateur diskutierten lebhaft über Archäologie und die Archäologen, denen Koko als Kind begegnet war und die er persönlich kennengelernt hatte. So war es ihm ein Leichtes, während eines Gesprächs beiläufig zu bemerken: »Vor Kurzem ist ein junger italienischer Archäologe nach Syrien gekommen, der sich glücklich schätzen würde, Sie kennenzulernen.« Nachdem sie sich bekannt gemacht hatten, so berichtete Koko, folgten zahlreiche Gespräche, bis Moortgat dem jungen italienischen Archäologen eines Tages eine große Gefälligkeit erwies. »Ich an Ihrer Stelle würde die Ausgrabungsstätte wechseln. Widrige Umstände, Zufälle und inzwischen auch Zeitmangel haben mich davon abgehalten, einen alten, bereits vor vielen Jahren gehegten Traum in die Tat umzusetzen. An Ihrer Stelle würde ich am Tell Mardikh graben.« In Kokos Augen war Matthiae nicht auf Anhieb begeistert gewesen, doch am Ende folgte er dem Rat des älteren Kollegen. Mitten in der Grabungssaison erhielt er vom Minister die Erlaubnis zu wechseln. Er sollte den neuen Ort nicht mehr verlassen: Unter dem Tell Mardikh lag Ebla, der reiche und mächtige Stadtstaat aus dem XI. Jahrhundert vor Christi, eine der wichtigsten und aufsehenerregendsten Entdeckungen der vergangenen Jahrzehnte. Er hätte auch das Hotel Baron nicht verlassen, wenn das italienische Forscherteam nicht eine eigene »Basis« direkt an der Grabungsstätte errichtet hätte.

Neue, modernere und komfortablere Hotels entstanden. Doch Matthiae und die anderen Wissenschaftler jener Jahre legten keinen Wert auf Luxus. Nachdem sie wochenlang auf einem Tell gezeltet hatten – mit Sand, Wind und Regen als ständige Begleiter –, waren sie eher zur Nachsicht bereit als die an abendländischen Komfort gewöhnten Touristen. Sie bemerkten kaum, dass der Service langsam aber unaufhaltsam schlechter wurde.

Koko bemerkte es jedoch sehr wohl. Aber die von den Banken und Zwangsverwaltern auferlegten Beschränkungen zwangen ihn, dem Verfall seines Werkes schweigend zuzusehen. Der Herr des kleinen Savoy Hotels am Tor zur Wüste musste das allmähliche Dahinschwinden seiner Träume erleben. Wie fern waren die Zeiten, als sich königliche Herrscher und berühmte Sänger in das Gästebuch eingetragen hatten; es war ein anderes Leben, eine andere Welt.

Wenn der Druck zu stark, wenn die von allem Übel Aleppos verpestete Luft zu dick zum Atmen wurde, zog Koko sich an die libanesische Meeresküste zurück, wo vom Wasser ein Hauch Europas herüberwehte. Er reiste nach Brummana und von dort, gemeinsam mit seinem Sohn Armen, nach Beirut, wo er die Delikatessen des alten Kontinents – Gulasch, Austern und Spaghetti oder auch Vol-au-vents au fromage oder Canard aux champignons – neu für sich entdeckte. Er wollte dem inzwischen jungen Mann, der noch nichts von den Sorgen um das Hotel ahnte, eine »weltmännische« Erziehung angedeihen lassen. Gemeinsam erlebten Vater und Sohn den Nervenkitzel der neuesten Hollywoodfilme in 3-D-Technik, die es nie und nimmer bis Aleppo geschafft hätten. Den Blick nach oben gerichtet und im Beisein unzähliger weiterer Zuschauer aller Nationalitäten gaben sie sich herzzerreißenden Darbietungen hin, deren harmlos erotische Szenen eher an einen riesigen Vergnügungspark als an ein Rotlichtetablissement denken ließen.

Jeder Abend hielt eine Überraschung bereit. Einmal waren es riesige, von der Decke in die Zuschauermenge herabgelassene Kunststoffkugeln. Sie öffneten sich wie Eier und brachten nicht etwa verängstigte Küken, sondern betörende Tänzerinnen zum Vorschein. Ein anderes Mal war es ein kleiner Zug: Die zwischen den Tischen hindurchratternden Waggons waren mit jungen, halb entblößten Frauen beladen. Ebenso wie die Kellnerinnen, die mehr Tabletts mit Gläsern auf den Händen als Kleidung auf dem Leib trugen, zwinkerten sie dem Publikum verführerisch zu. Kellner und Sommeliers servierten das Abendessen. Fasan, Frikassee, Gerichte nach Burgunder Art, à la Montmorency oder à la Julienne: jeden Tag eine Auswahl des Besten, was die französische Küche zu bieten hatte.

Eines Abends plante Koko etwas anderes: weder Kino noch Kasino. Er führte Armen in das Hotel Phoenicia.

Während des Bürgerkrieges sollte es, ebenso wie andere in den Konkurrenzkampf dieses Gewerbes verwickelte Hotels, zu trauriger Berühmtheit gelangen. In den 1960er Jahren galt es allerdings, nach dem St. George Hotel, als die zweite Adresse in Beirut. Dort, so erklärte Koko seinem Sohn, sei eine alte Freundin von ihm zu Gast, eine Flugpilotin, die er seit dreißig Jahren nicht gesehen habe. Es handelte sich um niemand anderes als Bessie Owen, die überschwängliche Amerikanerin und Autorin von *Aerial Vagabond,* die Frau mit den Fotos vom Simeonskloster. Auf der Durchreise durch den Libanon war ihr die Idee gekommen, Koko anzurufen, obwohl sie nach besagtem Abenteuer, dem zweimaligen Versenden des Buches und dem verlegenen Dankesschreiben nichts mehr von ihm gehört hatte. Koko führte die beiden in sein Lieblingslokal, ein ungarisches Restaurant, aus. Er liebte Gulasch, die schwermütigen Fiedelmelodien und die dort herrschende europäische Atmosphäre. Er und Bessie unterhielten sich über alte Zeiten, über Flugzeuge und alles, was inzwischen mit ihnen und in der Welt geschehen war. Schließlich konnte sich Koko nicht länger zurückhalten: »Bessie, seit dreißig Jahren muss ich dir etwas gestehen, aber ich hatte nie den Mut, es zu tun.« Die Amerikanerin sah Koko mit neugierigem und leicht irritiertem Blick an. »Erinnerst du dich an unseren Rundflug über Aleppo?«, fuhr Koko fort. Natürlich konnte sich die Pilotin daran erinnern. »Erinnerst du dich auch an die Fotos für dein Buch, und insbesondere an das von den Ruinen des Simeonsklosters?« Bessie Owen nickte erneut, nunmehr ganz in Erinnerungen schwelgend. »Nun ja«, erklärte Koko, »es war nicht das Simeonskloster, sondern Mushabbak. Ich habe nie begriffen, wie mir dieser Irrtum unterlaufen konnte. Aber die Fotos waren bereits aufgenommen, die Abzüge fertig und du musstest am nächsten Morgen abreisen …« Er schwieg, in Erwartung einer Reaktion. Bessie sah ihm fest in die Augen. »Du … du …«, sagte sie und brach in derart unbändiges Gelächter aus, dass sich die übrigen Gäste neugierig, den Grund zu derlei Heiterkeit zu erfahren, zu ihnen umsahen.

Solche Abende ließen die Rückkehr nach Aleppo doppelt bitter erscheinen. Die Stadt, der sich Koko einst so verbunden gefühlt hatte, bot ihm nur noch einen einzigen Zufluchtsort: sein Haus, das mit den geblümten Kattunsofas und Sesseln und den Wandregalen voller Geschichtsbücher die verzweifelte Sehnsucht nach Yorkshire verkörperte. Viele seiner Bücher handelten von den Heldentaten herausragender Feldherren der Vergangenheit. Alexander der Große war sein Vorbild; und besonders faszinierten ihn die makedonischen Seleukiden. Aber auch die Römer, die Byzantiner, die Christen und Kreuzfahrer. Vor langer Zeit, als er noch ein Kind war und mit dem Zug reiste, der ihn weit fort von Aleppo in unbekannte Ferne bringen sollte, hatte ihn die Großmutter gelehrt, den Blick stets auf das Morgen zu richten, um sich nicht vom Heute und seiner zerstörerischen Kraft fortreißen zu lassen. Nun erschien ihm dieses Morgen fragil und verschwommen. Die Vergangenheit war es, die einen Rückzugsort und Schutz vor dem Sturm bot. Doch blieb ihm kaum Zeit zum Lesen. Er nahm einen Band zur Hand, blätterte darin und betrachtete einige Stiche, bis er unweigerlich durch irgendeine Störung oder einen Zwischenfall gezwungen wurde, es zuzuklappen und beiseitezulegen. Er packte ein Buch auf das nächste, bis sie sich zu hohen Stapeln türmten. »Ich werde sie lesen, wenn ich alt bin«, sagte er zu Sally. Er stellte sich vor, wie er dasitzen würde, ein Buch zwischen den Händen, in einer fernen Zukunft, in der die Probleme gelöst waren und er ein wenig Frieden gefunden hatte.

29

Armen beendete das Gymnasium 1968. Aleppo und das immer stärker im Verfall begriffene Hotel Baron erwarteten ihn. Er war verwirrt und verunsichert angesichts der Zukunft. Sein einzig klarer Wunsch war es, auf eigenen Füßen zu stehen. Der wurde schnell erfüllt. Seit vierzig Jahren lebten in dem Haus hinter dem Hotel Stockwerk um Stockwerk, Schicht um Schicht die verschiedenen Generationen übereinander. Die oberste Schicht, in Form einer kleinen Zweizimmerwohnung unter dem Dach, war ihm vorbehalten. Nachdem er sein neues Nest erobert hatte, begann Armen sich für das Hotel zu interessieren, allerdings ohne allzu großen Elan.

In dem ersten wieder in Aleppo verbrachten Winter geschah nicht allzu viel. Ein paar vereinzelte Touristen tauchten auf, mehr nicht. Im März brachte ein Anruf die verschlafene Atmosphäre durcheinander. Der italienische Regisseur Pier Paolo Pasolini und sein Team planten, einige Monate später zu kommen. Sie wollten einige Szenen für *Medea* drehen. Die Zitadelle von Aleppo und einige Landstriche in der Nähe der Stadt sollten als Schauplatz und das Hotel Baron als Hauptquartier für das Team dienen.

Die Landung der Filmemacher war für Mai vorgesehen. Koko, Sally, Armen und die Töchter hatten eine Reise in die Türkei geplant. Sie wurde verschoben. Der Mai zog ins Land, doch anstelle Pasolinis kam ein Anruf. »Es sind Schwierigkeiten aufgetreten, wir müssen die Reservierung um einen Monat verschieben.« Im Juni derselbe Anruf, dieselbe Verschiebung. »Kein Problem«, erwiderte Koko und versprach, eine komplette Hälfte des Hotels für den kommenden Monat freizuhalten. Endlich, eines Nachts Mitte Juli, erschien die Chartermaschine am Himmel von Aleppo. Der Flughafen der Handelsmetropole hatte sich seit Kokos Jugend kaum verändert. Noch immer existierte kein Kontrollturm und das Hilfsgerät beschränkte sich auf eine Reihe kleiner, noch dazu ziemlich schwacher Lampen an den Rändern der Start- und Landebahn. Der Flieger mit Pasolini und seiner Mannschaft an Bord drehte einige Runden über dem Flugfeld, ehe er zur Landung ansetzte. Am Ende einer Nacht des Wartens, der Fehlermeldungen, Kontrollalarme und unzähliger Kaffees ergoss sich um fünf Uhr morgens eine Flut von Personen, Kisten, Koffern, Truhen und technischem Gerät in das Foyer des Baron.

Heldenhaft begannen die Ankömmlinge gleich am nächsten Tag die Stadt zu erkunden, um den Grundstein für die kommenden Arbeiten zu legen. Sie inspizierten die Drehorte und begaben sich auf die Suche nach Komparsen. Die halbe Jugend aus dem Suk wurde rekrutiert und großzügige Gagen von fünfundzwanzig Syrischen Lire in Aussicht gestellt. Für westliche Begriffe ein Klacks, für aleppinische Verhältnisse jedoch eine beträchtliche Summe. Auch Kokos Tochter Siranne wurde engagiert. Koko und Sally hatten ein wenig Bedenken. Sirannes Rolle bestand darin, sich von der Mauer der Zitadelle zu stürzen und in einer leicht anrüchigen Szene mitzuwirken. Pasolini persönlich fühlte sich bemüßigt, die Eltern zu beruhigen: Es bestünde keinerlei Gefahr, sie bräuchten keine Angst zu haben. Koko und Sally mischten sich dennoch unter die Schaulustigen, um am Fuß der alten Festung den Dreharbeiten beizuwohnen. Nach langem Warten sahen sie Siranne auf dem obersten Mauerstreifen entlanglaufen. Zu ihrem Entsetzen bemerkten sie, dass in dem Mauerwerk eine breite Lücke klaffte. War das Absicht? War es ein Irrtum? Sally und Koko pressten sich atemlos aneinander, während die Tochter rannte, rannte und der Öffnung immer näher kam. Auch die Menge war nun verstummt. Lautlos verfolgten alle die kleine Gestalt oben auf der Mauer. Wie im Traum sahen Sally und Koko ihre Tochter die Mauerlücke erreichen und zum Sprung ansetzen, sahen einen Mann, der sie auf der anderen Seite im Flug auffing. »Stopp!«, schrie jemand. Es war die Stimme Pasolinis. Die Filmkameras hielten mit den Aufnahmen inne. Unter den staunenden Blicken des gesamten Teams kletterte der Regisseur hinauf bis zum obersten Fußpfad, um sich zu vergewissern, dass die junge Frau unversehrt geblieben und sie nicht allzu erschrocken war. »Es ist das erste Mal, dass er sich einer Komparsin gegenüber so verhält«, flüsterte man Siranne zu, nachdem Pasolini wieder an seinen Platz zurückgekehrt war. Doch der Regisseur hatte Sally und Koko ein Versprechen gegeben. Später, nach der Rückkehr ins Hotel, entschuldigte er sich bei den beiden. Jemand musste Siranne die falsche Richtung gewiesen haben. Nach den Dreharbeiten an der Zitadelle zogen Pasolini und sein Team weiter an den wenige Kilometer östlich von Aleppo gelegenen Salzsee Jabboul.

Abend für Abend wartete die Stadt auf ihre Rückkehr. Das verdankte sich nicht nur ihrer Großzügigkeit gegenüber den Komparsen, sondern auch dem ungewöhnlichen Wettstreit zwischen Pasolini und seinem Produzenten Franco Rossellini. Morgens zum Frühstück sagte Rossellini nicht etwa »Guten Morgen!«, sondern: »Gestern waren es drei.« Pasolini erwiderte daraufhin ernst: »Das ist doch gar nichts, ich habe es auf sechs gebracht.« Offenbar handelte es sich hierbei nicht um Kuchenstücke, sondern um junge Knaben, die sie – ob angeblich oder tatsächlich – erobert hatten.

Drei Wochen lang herrschte im Hotel Baron eine an die goldenen Zeiten erinnernde festliche Bohemien-Stimmung. Alle, mit Ausnahme des für Spezialeffekte zuständigen Franco Fabio Galliano, schienen sich zu amüsieren. In den ersten Tagen erschien er mit Ringen unter den Augen und schlecht gelaunt zum Frühstück. Er sprach mit niemandem, und als Koko in Erscheinung trat, beschwerte er sich bei ihm, dass er nicht habe schlafen können. Bis morgens um drei oder gar vier habe von der Terrasse eines nahe gelegenen Restaurants in voller Lautstärke eine Kassette mit schlechter arabischer Musik herübergedröhnt und ihm den Schlaf geraubt.

Gegen solche Unannehmlichkeiten war Koko machtlos. Offenbar gewöhnte sich Galliano an die Lärmbelästigung, denn er beschwerte sich nicht länger. Am Vorabend der Abreise bat er Koko jedoch um ein Gespräch. Sein Gesichtsausdruck war merkwürdig. Er wirkte sehr ernst und auch die Stimme klang gewichtig. Koko erschrak. »Ist etwas vorgefallen?«, fragte er. »Mister Mazloumian, ich muss Sie um einen großen Gefallen bitten: Ich brauche die Musik aus dem Restaurant. Bitte besorgen Sie mir die Kassette.« »Aber die Musik taugt nichts!«, wandte Koko ein. »Das stimmt. Während der ersten Nächte habe ich dasselbe gedacht. Aber dann habe ich mich daran gewöhnt, und ich fürchte, dass ich daheim in Rom ohne dieses Gedudel nicht mehr einschlafen kann.«

Zum Abschied vollzog Koko eine Geste, die im Lauf der Jahre immer seltener geworden war. Er hielt das geöffnete Gästebuch zwischen den Händen. Pasolini schrieb: »Danke für die große Freundlichkeit.« Dann lud er Siranne ein, mit ihm nach Italien zu kommen, er wolle sie adoptieren. »Ich habe mehrere Villen, du kannst dir eine aussuchen und mit mir zusammenleben«, beharrte er.

Es war bereits Ende August, als die Mazloumians endlich in die Türkei reisten. Im September kehrten sie erholt zurück. Armen war nunmehr entschlossen, sich der Herausforderung zu stellen und sein Reich zu verteidigen. Wie dieser so feste und unumstößliche Vorsatz gereift war, vermochte er nicht zu erklären. Vielleicht lag es an dem Aufenthalt Pasolinis und seines Teams, bei dem er nicht nur eine Reihe italienischer Flüche und Beschimpfungen gelernt, sondern zum ersten Mal auch jenes berauschende Gefühl, eine Berühmtheit zu beherbergen, verspürt hatte. Vielleicht konnte er darüber hinaus, angesichts des im Vergleich zu den Vorgängern nunmehr weniger verheerenden Zwangsverwalters, endlich seinen Stolz auf das Hotel und dessen guten Ruf in Gänze auskosten. Vielleicht war es auch das aus verspäteten Schuldgefühlen erwachsene Angebot seiner Tante Seta, ihm einen speziellen Lehrgang in England zu finanzieren, welches eine Rolle gespielt hatte. Vielleicht hatte er in Wahrheit aber auch nie etwas anderes gewollt: Als Baron war er geboren worden und als der letzte Baron würde er sein Leben führen.

30

Hafiz al-Assad kam zum düsteren Jahresbeginn, am 9. Januar 1970, in das Hotel Baron. Drei Tage nach dem armenischen, gut zwei Wochen nach dem katholischen und dem protestantischen Weihnachtsfest und sechs Tage vor dem gerichtlich festgelegten Termin für die Versteigerung der gesamten Hoteleinrichtung.

Inzwischen war dieser Hotelbesuch zu einem regelrechten Ritual, einem Initiationsritus zum Machtbeginn eines jeden neuen Herrschers in Syrien geworden, den es auch diesmal zu befolgen galt. Doch die Einhaltung der alten Zeremonien war schwieriger als früher. Während dieser finsteren Januartage schien jeder Versuch, die Tradition in altem Glanz aufleben zu lassen, vergebens. Die drohende Katastrophe brachte jeden Funken Freude zum Erlöschen. Nicht einmal Armen, der nach seiner Rückkehr aus England so viele Neuigkeiten zu berichten hatte, vermochte die Stimmung aufzuhellen. Zwar fanden die üblichen Feierlichkeiten, Glückwunschbekundungen und Geschenkübergaben statt, aber gleichsam auf Zehenspitzen, als würde man sich durch das Zimmer eines Schwerkranken bewegen. Die Vorstellung von dem plötzlich kahlen Hotel, von den nackten weißen Wänden, auf denen sich die Linien und Umrisse der dort gestandenen Möbel abzeichnen und jeden Augenblick daran erinnern würden, wie sie einst ausgewählt, angefertigt und mit großer Sorgfalt angeordnet worden waren, lastete schweigend und bedrohlich, einem Beute witternden, zum Sturzflug bereiten Raubvogel gleich, über allem.

Die Beute war das Hotel Baron. Eine kleine Schatzkammer, der sich der hagere, in Haltung und Kleidung militärisch anmutende, nunmehr die Macht verkörpernde Mann näherte. Neugierig trat er ein und sah sich mit einem Drama konfrontiert. So unmittelbar vor der Versteigerung der Möbel blieb Koko keine andere Wahl. Er zog alle ihm zur Verfügung stehenden Register. Er sprach von seinem Vater und wie dieser für die Unabhängigkeit des Landes gekämpft hatte. Er erzählte die Geschichte des Hotels, all die erlittenen Demütigungen. Assad war beeindruckt von den Worten dieses Mannes, dem der neunzehnjährige Sohn zur Seite stand. Er konnte die Dramatik und Ungerechtigkeit nachempfinden. Zurückhaltend und meist eher wortkarg, wie er war, zeigte er sich dieses Mal überraschend großzügig: »Die Möbel werden nicht versteigert«, versicherte er. »Es wird sich ein Rechtsweg finden, um sie wieder in den Besitz des Hotels zu bringen. Schicken Sie mir ein entsprechendes Gesuch.« Die beiden Mazloumians trauten ihren Ohren nicht. »Er ist unser ›Christmas President‹, unser schönstes Weihnachtsgeschenk«, scherzte Koko in Anspielung auf die lautliche Ähnlichkeit der Wörter »President« und »Present«. Dann überreichte er Assad eilig das Gästebuch. Der »Löwe« unterschrieb zwar nicht – sei es aus Zerstreutheit, sei es aus Vorsicht, um die eigene Unterschrift nicht zu sehr in Umlauf zu bringen –, füllte aber eine ganze Seite mit seiner klaren und präzisen Handschrift: »Ich schätze mich glücklich, in diesem vor sechzig Jahren erbauten, geschichtsträchtigen Hotel zu wohnen. Ich danke den Mazloumians für all die mir erwiesene Freundlichkeit und wünsche ihnen viel Erfolg.«

Es war, wie Koko sagte, das schönste Weihnachtsgeschenk, das sie je bekommen hatten. Sogleich verfassten sie das Gesuch und schickten es nach Damaskus. Die Versteigerung wurde abgesagt, und dann folgte eine lange Zeit der Stille. Nach einigen Monaten erkundigten sich Koko und Armen schließlich vorsichtig nach ihrem weiteren Schicksal. »Man wird in Aleppo eine Kommission bilden, um eine Lösung für das Hotel zu finden«, erklärte Assads Sekretär. Es war die erste positive Nachricht nach Jahren des Kampfes und der Niederlagen.

Die Kommission wurde eingesetzt. Sie bestand aus dem obersten Verwaltungsbeamten der Stadt, dem Direktor der Tourismusbehörde und einer Handvoll Regierungsbeamter unterschiedlichen Ranges. Assad hatte sein Versprechen gehalten, doch die Personen, von denen Kokos und Armens Schicksal abhing, brachten die Angelegenheit nur langsam, sehr langsam voran. Endlos lange Wochen verstrichen, ehe das Abschlussdokument vorlag. In einem ausführlichen Vorwort wurde genauestens die Geschichte des Hotels mit all ihren Schwierigkeiten aufgezeigt, aber entscheidend war das Ergebnis. Die Kommission empfahl, die Eigentumsrechte des Hotels an die Mazloumians zurückzugeben. Lediglich Kokos angeborener Pessimismus hinderte die Familie daran, die Nachricht aufwändiger zu feiern, als sie es tatsächlich tat. Koko sollte recht behalten, auch wenn er noch nicht ahnte, welche Schicksalswendungen einem vorläufigen Happy End im Wege standen. Das Kommissionsgutachten begann seine Reise nach Damaskus. An einem schwülen Spätsommertag landete es auf irgendeinem Schreibtisch. Es bekam eine Nummer und einen Stempel und wurde in einem Regalfach abgelegt, wo es – durch oberste Staatsräson gebremst – bis auf Weiteres liegenblieb. In jenen Tagen erteilte König Hussein von Jordanien seinen Truppen den Befehl, die Lager der palästinensischen Fedajin anzugreifen. Es war der so genannte schwarze September: Die syrische Regierung, die die Palästinenser mit einigen Militäreinheiten unterstützte, rechnete damit, von einem Moment zum anderen in den Krieg gegen Jordanien einzutreten. Es blieb keine Zeit, sich um das Hotel Baron zu kümmern.

Inzwischen war es Herbst. Armen reiste zurück nach England, um seine Ausbildung fortzusetzen. Koko sah seine Hoffnung auf einen schnellen Sieg schwinden und fand sich damit ab, auf unbestimmte Zeit die Schikanen und das Machtgebaren des neuen und schlimmsten Zwangsverwalters der gesamten Serie ertragen zu müssen.

Wenig später kam ein Herr von unscheinbarem Aussehen in das Hotel und verlangte ein Zimmer. Was genau geschah, sollte man nie erfahren. Tatsache ist, dass der Mann, erbost über den Zwangsverwalter, das Hotel verließ. So erfuhr man seine Identität: Er war Inspektor der Zentralbank in Damaskus, von der sowohl das Hotel Baron als auch der Zwangsverwalter und die Kommerzbank abhingen. Einige Wochen darauf erschien eine Delegation von Inspekteuren im Hotel. Die Leitung des Hotels wurde der wohl gründlichsten Prüfung seiner gesamten Geschichte unterzogen. Herauskam, dass der Zwangsverwalter sich etliche schwerwiegende Unregelmäßigkeiten hatte zu Schulden kommen lassen: Er wurde fristlos entlassen.

An seiner Stelle kam ein pensionierter General, kaum jünger als Koko, ein Mann, der es gewohnt war, Befehle zu erteilen und Gehorsam zu verlangen, eine autoritäre, nicht sonderlich intelligente Person mit einer Vorliebe für Süßigkeiten und junge Frauen. Die Tortur begann erneut.

1973, etwa ein Jahr nach Dienstantritt des pensionierten Generals, kehrte Armen endgültig aus London zurück. Sein in verschnörkelter Handschrift verfasstes, soeben erworbenes Diplom in Hotelmanagement und Catering brachte auf den Punkt, was er ohnehin längst wusste: dass er nämlich über alle nötigen Kenntnisse verfügte, um die Zügel an der alten Wirkungsstätte in die Hand zu nehmen. Er fühlte sich mehr als bereit, doch Entschlossenheit und Diplome zählten weniger als nichts. Um in »seinem« Hotel arbeiten zu dürfen, brauchte er die Genehmigung des Zwangsverwalters. Koko musste auch diese bittere

Pille schlucken, musste in dem vom Vater gegründeten Hotel einen Fremden darum ersuchen, eine Beschäftigung für den Sohn zu finden. Die Antwort des Generals war eine kaum zu überbietende Demütigung. »Die Stellen an der Rezeption sind vergeben«, sagte er, »der Chefposten ebenfalls. Wir können ihm anbieten, einmal pro Woche für den Koch einzuspringen, wenn der seinen freien Tag hat.« Armen geriet außer sich vor Wut, doch dem Vater gelang es, ihn zu beruhigen und ihn zum Einlenken zu bewegen. Das sei nur »der erste Schritt, eine Möglichkeit, den Anfang zu machen«. So tauchte Armenak Mazloumian, der letzte Baron, auf der Gehaltsliste des Baron auf. Funktion: Hilfskoch. Und für eine sehr kurze Zeit auch Barmann.

Man kann nicht behaupten, dass Armen in den folgenden Monaten ein besonders interessantes Leben führte. Aber zumindest hatte er ein Ziel, und das half ihm, unfähige Küchenjungen, faule Mitarbeiter und die Machenschaften eines Kochs zu ertragen, der nichts von der geschmacklichen Vielfalt des Abendlandes verstand und lediglich vier verschiedene Gerichte, die einzigen, die er auf Lager hatte, aufzutischen bereit war. Ein internationales Unternehmen bot Armen an, sich dieser Trostlosigkeit zu entziehen: Man würde ihn mit Geld überschütten, wenn er bereit wäre, die Leitung eines neuen Hotelkomplexes in Bagdad zu übernehmen. Armen geriet ins Schwanken. Auf diese Weise würde er endgültig mit Aleppo, mit dem Hotel Baron und dieser nicht enden wollenden Odyssee brechen können.

Doch er lehnte ab. Kurz darauf erhielt er ein zweites Angebot. Ihm wurden die Direktion, ein hervorragendes Gehalt, ein Firmenwagen und sogar ein Gewinnanteil an dem zur obersten Klasse von Aleppo gehörenden Ramsis Hotel, einem ernst zu nehmenden Konkurrenten des Barons, in Aussicht gestellt. Doch der junge Mann war ein ausgesprochener Dickkopf. Er hatte seinen »eigenen« Kampf auszufechten. Sich als Söldner im Kampf anderer zu verdingen reizte ihn nicht.

So begann sowohl für Armen als auch für Koko eine seltsame und schwierige Zeit. Damals lernten sie sich wirklich kennen und begannen – wie konnte es anders sein – ihre Klingen zu kreuzen. Jahrelang hatten sie weit entfernt voneinander gelebt. Sie waren einander durch gemeinsames Blut, durch Tradition und durch vieles andere, was sich nicht in Worte fassen lässt, verbunden. Sie verband ein gemeinsamer Kampf. Was sie trennte, war ihr Charakter. Einerseits der gesellige Koko, der sich gern vergnügte und anderen Vergnügen bereitete, eine merkwürdige Mischung aus Naivität und südländischer Raffinesse. Auf der anderen Seite der eher introvertierte Armen, der die Einsamkeit liebte. Die Gesellschaft der Leute empfand er sehr schnell als ermüdend. Koko mochte Tennis und Gesellschaftsspiele. Armen zog Strategiespiele wie Schach und Bridge vor. In ihm erkannte Koko den wahren Erben des Vaters, fand in ihm die Rationalität und Präzision, mit denen der »alte« Armen sein Leben lang vergeblich versucht hatte, ihm, Koko, seinem Wesen, seinem Charakter und seiner Überschwänglichkeit Schranken aufzuerlegen. Armen war stets wütend geworden, wenn er herausfand, dass Koko Empfänge, Bankette, Cocktailpartys veranstaltet hatte, ohne auf die vereinbarten Summen und die unumstößlichen Regeln der Wirtschaftlichkeit zu achten und nur der eigenen Werteskala zu folgen, in der Ansehen und der gute Ruf des Hotels an oberster Stelle standen. Allen Geldinstituten, Zwangsvollstreckern und Finanzdesastern zum Trotz vermochte Koko das Hotel auch jetzt nicht anders zu leiten und schauderte allein schon bei dem Gedanken an das Trinom Ausgaben-Einnahmen-Gewinn, das sein Sohn so gern immer dann zitierte, wenn es galt, dem Vater anhand der Rechnungen die Verluste aufzuzeigen. Koko fand das traurig und armselig angesichts des »Prestiges« des Baron – ein Wort, das er gern betont französisch aussprach –, das sich, wie man zugeben musste, nicht mit Sparsamkeit vertrug, sondern vielmehr der Inbegriff seines Lebens und der Schlüssel zum Erfolg des Hotels war.

Derart beharrlichen Eigensinn legte Koko jedoch nur gegenüber Armen an den Tag. Sein stets entgegenkommendes typisch orientalisches Wesen und seine Großzügigkeit machten es ihm nahezu unmöglich, ein klares Nein auszusprechen oder jemandem vorsätzlich etwas auszuschlagen, auch wenn er am Ende persönlich dafür geradestehen musste.

Langfristig trug dieser Mangel an Klarheit dazu bei, das Hotel Baron in ein Netz aus Unstimmigkeiten, Schwierigkeiten und halbherzigen Vertuschungsmaßnahmen zu verstricken. Zu normalen Zeiten hätte man das vielleicht noch billigen können, nicht jedoch in einer solchen Ausnahmesituation. Ein langer, mit Problemen gespickter Weg wartete auf Armen, wenn er wenigstens einige der Verstrickungen lösen wollte, ohne dem Vater dabei zu nahe zu treten. Er begann dort, wo er ein Schlupfloch vermutete: zwischen all den Zahlen und Rechnungen, die vollständig im Blick zu bewahren Koko einfach nicht im Stande war. Koko nahm sich zurück, froh, wenigstens an einer Front dieses von ihm nie gewollten, ihm stets fremden Krieges aus der Schusslinie treten zu können. Gleichzeitig ergriff ihn aber auch ein Gefühl der Verzagtheit, der Nutzlosigkeit. »Sprechen Sie mit meinem Sohn«, sagte er zu den Anwälten, zu den Vertretern der Geldinstitute und der staatlichen Behörden.

Als die Rechtsstreitigkeiten über die Beschlagnahme des Hotels eine positive Wendung zu nehmen schienen, war es nicht etwa Koko, sondern Armen, der spürte, dass die Zeit gekommen war, jenem merkwürdigen bürokratischen Kartenhaus, unter dem das Hotel begraben lag, einen Stoß zu versetzen. Er begann beim General. »Ich werde dich hier rausschmeißen«, verkündete er mit finsterer Miene. »Ich habe Hotelmanagement studiert. Hier ist mein Platz, hier will ich hin, und du wirst mich nicht daran hindern.« Der General war klug genug zu begreifen, dass sich die Situation rasch zu verändern begann, und gab sofort klein bei. So entstand zwischen den dreien ein Teufelskreis: Wenn Armen etwas von dem Zwangsverwalter wollte, sprach er mit dem Vater und der richtete sich an den Exgeneral. Wollte der Zwangsverwalter etwas erwirken, so war es Koko, den er darum ersuchte. Doch sollte dem Gesuch wirksam entsprochen werden, musste Koko zunächst mit Armen darüber reden.

Auch die Bank witterte den neuen, für die »Beschlagnahme« ungünstigen Wind, der aus den verstaubten Gerichtssälen hinüberwehte, und heckte eine List aus. Der Bankdirektor schlug Koko vor: »Wenn Ihnen der General nicht passt, sind wir gern bereit, jemand anderen zu ernennen.« Koko sah darin eine gute Chance, sich des Exgenerals zu entledigen, doch Armen bremste ihn. »Das ist eine Falle«, erklärte er. »Wenn wir dieses Angebot annehmen, lassen wir uns grundsätzlich darauf ein, wir akzeptieren implizit die Beschlagnahme. Dann könnten wir uns nicht länger vor Gericht dagegen zur Wehr setzen. Unsere Klage hätte kein Fundament mehr.« Er überzeugte den Vater. Doch ihm gelang noch mehr, nämlich ein kleines strategisches Meisterwerk, durch das die Bank begreifen musste, dass die Züge auf dieser Seite des Spielfeldes fortan von einem anderen, sehr viel gefährlicheren Gegner als Koko getätigt wurden.

Nach seiner Rückkehr nach Aleppo hatte Armen sich nicht nur um die Küche und die Buchhaltung des Hotels gekümmert. Er hatte auch neue Freundschaften geschlossen und frischen Wind in alles gebracht. Er suchte eine in Aleppo sehr einflussreiche Persönlichkeit auf und legte seine Situation dar. Der Freund ließ sich nicht lange bitten. Er rief den Bankdirektor an und verkündete ihm rundheraus, dass er es nicht wagen solle, den Exgeneral aus dem Hotel Baron abzuziehen, da er andernfalls am nächsten Tag im Gefängnis landen würde. Der Bankdirektor versuchte sich zu entschuldigen, den Spieß umzudrehen und sich mit einer Lüge herauszureden: »Ich halte mich bloß an die Anweisungen aus Damaskus«, stotterte er. Er war sich der Unwahrheit seiner Behauptung bewusst, denn aus Damaskus war lediglich die Zustimmung für seine eigenen Pläne gekommen. Zu seinem Pech war Armens Freund diesbezüglich auf dem Laufenden. »In Damaskus können sie tun und lassen, was sie wollen«, erwiderte er, »in Aleppo entscheiden wir. Wenn einer zu gehen hat«, setzte er noch eins drauf, »dann bist es du.« Und so geschah es.

Der Exgeneral wurde pflichtgemäß in Kenntnis gesetzt. Er wusste, dass er Armen seinen Verbleib im Hotel verdankte und dieser nunmehr über sein Schicksal entschied. Von diesem Augenblick an übernahm der Hilfskoch die Hotelleitung und der Zwangsverwalter beschränkte sich darauf, seine Zustimmung zu geben und seine Unterschrift zu leisten.

Dieser Krieg, der Beschlagnahmekrieg, war überstanden. Auch formal gesehen, als nämlich das Gericht endlich sein Urteil verkündete: Die Mazloumians hatten das Recht, das Hotel frei und unabhängig zu leiten. Es war eine Niederlage für die Bank, die durch eine unverzeihliche Unbedachtsamkeit noch erschwert wurde. Man hatte »vergessen«, den Exgeneral fortzuschicken. Dieser fuhr unrechtmäßig fort, zu unterzeichnen und zu »entscheiden«, was zu entscheiden Armen ihm suggerierte.

Er blieb ein ganzes Jahr länger als rechtlich vorgesehen. Als die Leitung des Bankinstituts es bemerkte, wurde der Alte aufgefordert, das Hotel unverzüglich zu verlassen.

Der Exgeneral, Exzwangsverwalter und auch Exhotelchef wandte sich daraufhin an den neuen Chef: nicht etwa an Koko, sondern an Armen. »Mach dir keine Sorgen, wir werden dich weiterhin bezahlen. Vorläufig solltest du für ein Weilchen verschwinden. Wenn du zurückkommst, werden wir schon eine Arbeit für dich finden«, versicherte ihm Armen. Am selben Abend verkündete der Exzwangsverwalter, er sei im Begriff, in den Urlaub zu fahren. »Wir sehen uns in vierzehn Tagen wieder«, versprach er. Um das Ganze zu feiern, bestellte er Süßigkeiten, Tee und ein junges Mädchen. Er schloss sich in seinem Zimmer ein. Einige Minuten später hörte man eine Frauenstimme um Hilfe schreien: Beim ersten Kosten der Süßspeise hatte sich der General plötzlich unwohl gefühlt. Ein Krankenwagen kam und brachte ihn in die Klinik. Er starb noch in derselben Nacht.

Die »Rückeroberung« hatte exakt zehn Jahre gedauert. So lange hatte man gebraucht, um sich von der Überwachung durch unfähige Eindringlinge zu befreien. Es blieben noch die Schulden der mit den Schwagern gegründeten Kollektivgesellschaft zu tilgen, die Eigentumsrechte zu klären und ein neuer Führungsstil zu etablieren, um das Hotel, dem just in dem Augenblick die Hände gebunden gewesen waren, als die Konkurrenz immer härter zu werden drohte, wieder auf die Beine zu bringen. Doch die erste Schlacht war gewonnen und neue Hoffnung schimmerte auf. Nach drei unruhigen Jahren gewann die syrische Regierung 1974 endlich wieder an Stabilität. Das Parlament fand Zeit, ein Gesetz, das Gesetz Nummer 21, zu verabschieden, durch das die Schuldentilgung im Agrarsektor erleichtert werden sollte. »Jeder Schuldner kann sein Land zum aktuellen Preis zurückerlangen«, hieß es für all diejenigen, die, wie das Hotel Baron, ein Interesse daran hatten. Die auferlegten Konditionen waren gewaltig, aber immerhin bot sich für die Mazloumians auf diese Weise ein endgültiger Ausweg aus ihren Problemen. Eilig gingen sie darauf ein. Um die entsprechenden Vergünstigungen zu erlangen, musste man die Genchmigung des Kreditgebers einholen. Diesem stand ein Jahr Bedenkzeit zu. Armen und Koko verfassten ihr Gesuch in nur drei Stunden und überreichten es. Die Bank ließ kein Mittel unversucht, ihnen Steine in den Weg zu legen, und dachte sich immer wieder etwas Neues aus. Sie überzeugte die Hauptgeschäftsstelle in Damaskus davon, sich gegen das Gesetz zu stemmen, und verlangte dessen Einfrierung, bis schließlich der Agrarminister endgültig das Inkrafttreten desselben verfügte. Die Antwort aus Damaskus kam nach zehn Monaten, kurz vor Ablauf der festgelegten Frist. Für die Bank war es eine erneute Niederlage. Das Gesetz – so lautete das Urteil – sei rechtskräftig und das Hotel Baron habe Anspruch darauf, es für sich geltend zu machen. Armen und Koko beeilten sich, ihre Schulden zu begleichen und ihren Besitz zurückzuerwerben. Doch man räumte ihnen ein weiteres rechtswidriges Hindernis in den Weg. Der Bankdirektor und der Wirtschaftsminister ersannen einen letzten Trick. Obwohl das Gesetz dergleichen nicht erwähnte, verlangten sie Garantien, um ihre Einwilligung geben zu können. Hohe, viel zu hohe Garantien. Die Frist verstrich und die Mazloumians kamen nicht zum Zuge.

31

Freya Stark war 85 Jahre alt, hatte eine Hüftoperation hinter sich und einige weitere kleinere Gebrechen zu verzeichnen, als sie den gesamten Euphrat – von Dscharabulus bis zur Tabqa-Talsperre am Assadsee – entlangreiste. Es war das Jahr 1977 und die BBC hatte sich an sie als eine der größten und berühmtesten englischen Forschungsreisenden des Jahrhunderts gewandt, um sie zu bitten, eine Reportage über den großen Fluss, an dem die ältesten Zivilisationen der Welt entstanden waren, anzufertigen. Ein Team sollte die Reise filmen.

Die Filmaufnahmen zogen sich einige Wochen lang hin. In den Intervallen zwischen den verschiedenen Drehs drängten sich die Mitarbeiter in einen kleinen, etwas altersschwachen Bus, um nach Aleppo zu sausen und sich dort ein wenig auszuruhen. Das Team wohnte im Hotel. Freya kehrte nach Hause zurück, will heißen: in das kleine, etwas runtergekommene und vom Smog geschwärzte Haus hinter dem Englischen Garten. Die oberste Etage, Armens kleines Reich, war ihr Domizil.

Für die Mazloumians gehörte Freya Stark längst zur Familie. Bereits 1930 war sie zum ersten Mal im Hotel Baron abgestiegen. Damals hatte sie Koko um einen Reitburschen und ein Pferd gebeten und war verschwunden. Bei ihrer Rückkehr berichtete sie ganz selbstverständlich, wie sie bis an die Küste nach Tripolis gelangt war. Sie war bestens gelaunt, denn während des Unternehmens hatte der Bursche ihr nicht nur als Reiseführer gedient, sondern sie auch darin unterstützt, ihre jüngst im Libanon bei Farida al Akle erworbenen Arabischkenntnisse zu praktizieren. Bei derselben Lehrerin hatte einst Lawrence die Sprache des Koran erlernt.

Es war der Beginn einer Freundschaft, die über ein halbes Jahrhundert halten sollte. Fast fünfzig Jahre später legte die alte Dame noch immer denselben Kampfgeist an den Tag. Ungeachtet ihrer Gebrechen und des Alters, verlangte sie erneut ein Pferd und einen Burschen. Koko kannte sie zu gut, um ihr offen zu widersprechen. Sally war mutiger. »Du stehst hier unter unserer Verantwortung. Was meinst du, was man sagen würde, wenn dir etwas zustieße? Dass wir die Schuld tragen«, erklärte sie ihr. Freya Stark sah sie empört an. Wie konnte diese Frau ihre Fähigkeiten in Zweifel ziehen, hielt sie sie etwa für eine alte Frau? »Auf einem Pferd fühle ich mich weitaus sicherer und wohler als auf meinen eigenen Beinen«, erwiderte sie würdevoll und ging hinaus, um ihren Ritt anzutreten.

Sally wartete daheim auf sie: voller Sorge um diese dickköpfige Fünfundachtzigjährige, die bereits am Stock lief und sich dennoch darauf versteifte, wie eine junge Amazone aufzutreten. Sie überredete Koko, die alte Dame zum Reitplatz zu begleiten – aber bitte mit unbekümmerter Miene! –, ihre Besorgnis durfte keinesfalls durchschimmern. Eine gewisse Gleichgültigkeit an den Tag zu legen erwies sich als kluger Schachzug. Nicht nur fiel Freya nicht vom Pferd, sondern sie ritt großartig und unterhielt sich mit dem Burschen, Samir, einem Neuling im Hotel Baron, den sie fortan öfter mitnahm, um ihr »Arabisch ein wenig aufzufrischen«. Koko wartete, bis sie sich umgezogen hatte, bot ihr den Arm und plaudernd schlenderten sie gemeinsam durch die Straßen von Aleppo in Richtung Hotel. »Da sind wir, sehen wir nicht aus wie frisch verlobt?«, begrüßte Freya Sally beim Betreten des Hauses. Die frische Farbe der Wangen und das wilde Glitzern in den Augen sprachen Bände.

Eigensinnig, eitel, egozentrisch, kompromisslos und faszinierend: So war sie schon immer gewesen und die Zeit hatte diese Charaktereigenschaften nur noch tiefer ausgeprägt – sowohl zum Guten als auch zum Schlechten. Koko konnte sich ziemlich genau daran erinnern, wie in den Fünfzigerjahren ein noch relativ junger, offenkundig homosexueller englischer Herr in das Hotel gekommen war. Er trug sich als Mr. Stewart ein; Beruf: Verleger. Koko und Sally schenkten weder dem Namen noch der Person besondere Aufmerksamkeit. Am Abend in der Bar unterhielten sie sich mit ein paar Freunden, als der Neuankömmling eintrat und sich zu einer Gruppe an einem der Tische gesellte. »Ah, da kommt ja Freya Starks Gatte«, rief einer der Anwesenden an Kokos und Sallys Tisch. Die beiden sahen sich ratlos an. Koko stand auf, um den Mann zu begrüßen. »Bitte entschuldigen Sie, wenn ich Sie heute Morgen nicht mit der gebührenden Herzlichkeit empfangen habe«, erklärte er. »Aber ich war ein wenig in Eile. Wir kennen Ihre Frau sehr gut.« Der Mann warf ihm einen scheuen und verlegenen Blick zu. »Sie meinen wohl meine Exfrau? Wir haben uns vor einiger Zeit getrennt. Jetzt bin ich nur noch ihr Verleger.«

Mehr als zwanzig Jahre später erzählte Sally Freya lachend von ihrem einstigen Fauxpas. Doch sie hätte niemals mit so einer heftigen Reaktion gerechnet. »Er ist keineswegs mein Verleger.« Verärgert beeilte sich die Schriftstellerin, einige Bücher herbeizuholen. Nach diesem Punktsieg ging sie die Angelegenheit ein wenig gelassener an und ließ sich sogar dazu herab zu erklären, wieso sie sich hatte scheiden lassen. Das habe nichts mit den sexuellen Vorlieben ihres Exmannes zu tun gehabt. »Wir hätten wunderbar wie Geschwister zusammenleben können«, sagte sie, »um der Zweisamkeit willen. Aber er hat meine Katzen geschlagen, und das konnte ich nicht hinnehmen.« Dann berichtete sie, wie sie, nachdem sie bereits geschieden waren, beschlossen hatte, seine Briefe ohne sein Wissen zu veröffentlichen. Der Exmann erfuhr dennoch davon und warnte sie: »Ich habe sie für dich geschrieben und nicht für die Welt. Wenn du sie veröffentlichst, wirst du dich vor Gericht verantworten müssen.« Aber Freya war anderer Meinung und entgegnete: »Sie sind ein Stück Geschichte, jeder hat das Recht, sie zu kennen.«

Diese Frau nahm sich furchtbar wichtig. Nicht einmal beim Scrabblespielen legte sie dieses Gebaren ab. 1977 verbrachten sie viele Abende so, vor dem Spielbrett, eine Handvoll Buchstaben in der Hand und vor sich etliche leere Kästchen, die es zu füllen galt. Sally und Koko gaben sich die größte Mühe, denn sie wussten, gegen welch gewaltigen Gegner sie antraten, gegen eine intelligente, außergewöhnliche Person, eine Schriftstellerin, die es gewohnt war, mit Wörtern zu arbeiten. Man hätte von Freya, die ganz in ihrem Element war, eine gewisse Gelassenheit erwarten können. Doch das Gegenteil war der Fall. Sie konzentrierte sich auf das Spiel, als hingen von dessen Ausgang ihr Leben, ihre Ehre, ihre Karriere, ihr Ruf und wer weiß was noch alles ab. Sie begann mit einem Buchstaben und war im Stande, eine halbe Ewigkeit herumzutüfteln, ehe sie das Zepter aus der Hand gab. Gespannt und mit grimmiger Miene verfolgte sie die Züge ihrer Gegner und war erst wieder zum Scherzen und Lachen aufgelegt, nachdem sie gewonnen hatte.

In Wahrheit war sie nicht einmal dann zufrieden. Intellektuelle Überlegenheit genügte ihr nicht. Mit zwölf Jahren hatte ein Unfall seine grausamen Spuren an ihr hinterlassen: Das tragische Ereignis hatte sie viel Haut, ein Stück Ohr und einen großflächigen Teil ihres Haares an der rechten Schläfe gekostet. Und es hatte in ihr ein unstillbares Verlangen, anderen zu gefallen und verführerisch zu wirken, hinterlassen. Sie verdeckte die Narbe mit reizenden Spitzenhütchen und verbrachte jeden Tag mindestens eine halbe Stunde lang vor dem Spiegel. Sie kämmte ihr Haar so lange, bis es sich zu einer weich über das Auge fallenden Welle bauschte.

Mit Spitze und gut versteckter Narbe erschien sie auch während ihres letzten Besuchs im Hotel Baron, im Jahr 1984, als sie bereits die neunzig überschritten hatte und das Hütchen obendrein dazu diente, das Hörgerät zu verbergen. Eines Abends gab es einen Cocktailempfang im großen Saal des Hotels. Freya verbrachte wie üblich eine Ewigkeit vor dem Spiegel, um sich zu frisieren. Dann begab sie sich in Richtung Saal, doch bevor sie eintrat, näherte sie sich Sally: »Darf ich dich um einen Gefallen bitten? Könntest du mir Bescheid geben, sobald das Gerät anfängt zu pfeifen?« Sally versprach es und sie traten ein. Sie gesellten sich zu einer der bereits anwesenden Personengruppen, man stellte sich vor, begann zu plaudern. Nach einiger Zeit ertönte das Pfeifen. Sally gab ein Zeichen und Freya trat beiseite, um das Gerät zu justieren. Neue Gäste trafen ein: neue Vorstellungsrunden, neues Geplauder. Plötzlich ein zweites Pfeifen. Sally sah besorgt zu Freya hinüber. Die begriff und entfernte sich. Beim dritten Pfeifen trat Sally zu der alten Dame und fragte, ob sie ihr helfen könne. »Nein«, antwortete sie, »es ist alles in Ordnung. Leider fängt der Apparat immer, wenn ich ihn abschalte, nach einer Weile an zu pfeifen.« »Und weshalb schaltest du ihn dann ab?«, fragte Sally. »Nun, weil es manchmal einfach derart langweilig ist, den Leuten zuzuhören …«, erwiderte Freya durchtrieben arglos und wandte sich mit einer eleganten Drehung, einer jungen Dame beim ersten Ball gleich, dem Saalgeschehen zu.

Es war ein wunderbarer Abend. In dem lichtdurchfluteten, von Gesprächen, Gelächter und plötzlichen Heiterkeitsausbrüchen erfüllten Saal des Hotels gönnte man sich eine Nacht lang den Luxus, den täglichen Kampf mit Zwangsverwaltern, Banken und Gerichten zu vergessen. Das konnte man sich erlauben. Vor allem während Freya Starks vorletztem Besuch, 1977, stand es um das Hotel gar nicht allzu schlecht. Es hatte viele heftige Stürme überstanden, sich aber seine alte Würde bewahrt: eine stolze, elegante Galeone inmitten eines Meeres aus plumpen, unförmigen Frachtern, unpersönlichen, stillosen Hotels, reinen Schlafstätten für Scharen von Touristen.

Es war dasselbe Jahr, in dem auch David Rockefeller, dreißig Jahre nach seinem ersten Besuch, wieder auftauchte. In Begleitung des Gouverneurs von Aleppo und einer Schar von Leibwächtern und Polizisten auf Motorrädern. Koko empfing ihn begeistert und aufgeregt. Sie wechselten einige konventionelle Worte über die Vergangenheit. Schließlich raunte Koko seinem Gast zu: »Ich kenne eine Geschichte über Sie, aber ich kann Sie Ihnen jetzt nicht erzählen.« Später nahm Rockefeller ihn beiseite und brach in schallendes Gelächter aus, als er erfuhr, wie verdutzt Peter, der Barmann aus den Zeiten des Zweiten Weltkrieges, gewesen war, als er Zeuge wurde, wie der Herr, den man ihm als den reichsten Mann der Welt vorgestellt hatte, sein Bier bezahlte und die beiden amerikanischen Offiziere, mit denen er gemeinsam am Tisch gesessen hatte, ihre Rechnungen selbst begleichen ließ. Rockefeller, noch immer lachend, wollte sich unbedingt mit dem Barmann fotografieren lassen, und es war unmöglich, ihm begreiflich zu machen, dass der gute Peter gestorben und der junge Barmann, mit dem er sich verewigen lassen wollte, ein ahnungsloser, mindestens dreißig Jahre jüngerer Bursche war.

An diesem Abend speiste der Bankier nicht im Hotel, er war anderswo eingeladen. Koko verbrachte den Abend damit, das Tafelsilber aus dem Keller zu holen und zu polieren. Rockefeller blieb Rockefeller und am nächsten Morgen sollte er ebendieses seit Jahren nicht benutzte Besteck und Zubehör aus den goldenen Zeiten des Baron – Tee- und Kaffeekanne, Milchkännchen, *Toast-Rack* – auf dem Frühstückstisch vorfinden. Koko polierte und Armen spöttelte: »Was soll das bringen? Es ist unnütz und auch kontraproduktiv. Du schämst dich, ihm zu zeigen, in welch schlechtem Zustand sich das Hotel befindet, das kann ich verstehen. Aber nur für ihn einen Tisch wie für einen König zu decken ist noch schlimmer. Er muss sich nur umsehen, um den Unterschied zu bemerken. Welchen Sinn hat es also?« Koko antwortete nicht, sondern polierte weiter.

Am folgenden Morgen stand das gesamte Tafelsilber des Hotels glänzend und schimmernd auf einem einzigen Tisch: dem von Rockefeller. Koko, bei dem die Nachtarbeit tiefe Augenringe hinterlassen hatte, eilte in die Küche, um die Konsistenz des Rühreis und der Toasts zu prüfen. Nach dem Frühstück reiste der Bankier ab. Er hinterließ einen warmherzigen Eintrag im Gästebuch, einen

Aschenbecher mit dem Logo der Chase Manhattan Bank und einen Brief. Er war nicht sehr lang, aber Koko las ihn immer und immer wieder. Dutzende Male wiederholte er im Geiste den Satz: »Dies ist das Hotel meines Herzens«, bevor er die Augen schloss und ein Schläfchen hielt.

32

»Diese Speisen sind köstlich«, kommentierte Präsident Assad nach der ersten Vorspeisenrunde. Er hatte seinen Sekretär gebeten, zu Ehren einer sowjetischen Delegation ein großes Bankett in Damaskus zu organisieren. Seine zur Moskauer Nomenklatur zählenden Gäste sollten eine vorbildliche Kostprobe der syrischen Gastronomie geboten bekommen. Ein Wettbewerb wurde ausgeschrieben: Die Meister der nationalen Küche waren aufgerufen, ihr Bestes zu zeigen.

Armen war der glückliche Auserwählte. Präsident Assad lächelte, als ihm der Name des Mannes zugeflüstert wurde, der es auf derart perfekte Weise verstand, ihm seine Wünsche zu erfüllen. »Gutes Essen kann nur aus Aleppo stammen«, bemerkte er. Das Kompliment drang durch die geheimnisvollen Kanäle der Schar an Beratern und Sekretären, die den Präsidenten begleiteten, und kam schließlich auch Armen zu Ohren. Er hatte nichts anderes erwartet und zögerte keinen Moment länger. Vorsichtig schlüpfte er zwischen den Beamten und Leibwächtern hindurch, bis er neben Assad stand. »Ich hoffe, Sie haben das Essen genossen, Herr Präsident. Erinnern Sie sich an mich?«

Sechs Jahre waren seit jenem Dreikönigsfest von 1971 vergangen, an dem der »Christmas President« im Hotel Baron erschienen war. Assad erinnerte sich noch genau. »Ach, das Hotel Baron. Und wie ging es weiter? Was ist dann passiert?« Armen schüttelte den Kopf: »Nichts, Herr Präsident. Leider nicht das geringste bisschen.«

»Nicht zu fassen«, erwiderte Assad. »Ich habe doch eigens eine Untersuchungskommission zu eurem Fall ins Leben gerufen.« Er war im Begriff, noch etwas hinzuzufügen, als der russische Dolmetscher ihn unterbrach. Das Gespräch bewegte sich in eine andere Richtung. Armen zog sich zurück, in Gedanken den Dolmetscher verfluchend. Doch dann bemerkte er, wie Assad dem Ministerpräsidenten etwas zuflüsterte und dabei zu ihm hinübersah. Schließlich gab dieser Armen ein Zeichen näherzutreten. »Können Sie mir in knappen Worten ihr Problem schildern?«

»Schon, aber nicht in knappen Worten.«

»Gut, dann sprechen wir uns nach dem Essen.«

Das Bankett war eine der gelungensten Prestigeveranstaltungen, die Koko je organisiert hatte. Langsam und üppig, ganz im guten alten Stil des Baron nahm es seinen Lauf. Niemand zählte mehr die Gänge oder achtete auf die Zeit. Kaffees, Toasts, Ansprachen, erneute Toasts. Mehrfach im Wechsel erhoben sich die Notabeln und Mitglieder der Nomenklatur. Es war bereits später Nachmittag, als auch Assad sich aus seinem Sessel erhob und auf den Ausgang zubewegte. Armen versuchte, mit dem Strom der in Richtung Tür hastenden Menschen

Schritt zu halten, um den Ministerpräsidenten zu erreichen. Doch die Leibwache stellte sich ihm unerbittlich in den Weg, ließ sich durch keinen Protest erweichen. »Der Ministerpräsident erwartet mich«, flehte er, aber der war bereits weit weg. Armens Flehen ging im Lärm des Saals unter. Verdammt, dabei hatte er doch Assads Wort und das Versprechen des Regierungschefs! Vielleicht war noch nicht alles verloren: Er könnte versuchen, ein Treffen zu vereinbaren, überlegte er. Tags darauf setzte er alle dazu nötigen Hebel in Bewegung. Von allen Seiten kam die beruhigende Nachricht: Natürlich, kein Problem, es würde zu dem Treffen kommen.

Vermutlich wäre es tatsächlich zu einem Treffen mit dem Ministerpräsidenten gekommen, wenn dieser nicht unterdessen – während einer der gelegentlichen und immer wiederkehrenden politischen Erdbeben in Syrien – hätte abdanken müssen. Immerhin war Assad noch da, fester im Sattel denn je. Vielleicht wäre der Versuch, das Hotel auf diese Weise zu retten, von Erfolg gekrönt gewesen, hätte nicht eine neue Terrorwelle das Land und seine Hoffnungen unter sich begraben. Bomben, Explosionen, Massaker: Der islamische Fundamentalismus witterte seine Chance zur Machtergreifung. Der Auftakt war blutig, was dann – einer vertuschten, aber fatalen Krankheit gleich – folgte, sollte jeglichen Fortschritt auf Jahre hin zum Erliegen bringen. Von nun an wurde das Leben der Aleppiner zu einem schier endlosen Kampf, um der täglichen tödlichen Bedrohung zu entkommen. Als selbst die Offiziersschule, in der die Kadetten für wichtige militärische Ämter ausgebildet wurden, nicht länger von Attentaten verschont blieb, kesselte das Militär die Stadt ein, unterteilte sie in abgegrenzte Bereiche und durchkämmte sie »fein säuberlich«. Militär und Polizei riegelten Straßen und Plätze ab, führten Razzien durch, durchsiebten und durchsuchten immer wieder Häuser und Geschäfte. Sie drangen auch ins Hotel Baron ein. Seltsamerweise blieb das Wohnhaus der Mazloumians verschont. Vom Smog geschwärzt, heruntergekommen und ein wenig versteckt im hinteren Teil des halb verwilderten Gartens, hielt man es vielleicht für ein Lagergebäude. Doch weder Razzien noch Massenverhaftungen schienen gegen die Wut der Terroristen etwas ausrichten zu können.

Die in Regierungshand befindlichen Orte sowie die staatlichen Betriebe und die Symbole der von den Hardlinern so verhassten atheistischen, teuflischen Macht wurden zu Hauptangriffszielen. Das Hotel Baron befand sich in unmittelbarer Nähe der Syrian Arab Airlines und der Büros der Aeroflot. Beide gingen in Flammen auf. In Straßenkämpfen wurden sie mit Molotowcocktails und Steinen unter Beschuss genommen. Doch das alte Hotelgebäude aus dunklem Gestein hielt dem Sturm jener Jahre stand.

Seine Besitzer erlitten ein anderes Schicksal. Sie waren Christen und der Kampf der Fundamentalisten war nicht zuletzt ein Religionskrieg, ein Kreuzzug unter anderem Vorzeichen. Am Abend vor Ostern wurde in der Stadt die Ausgangssperre verhängt. Und am Tag der Auferstehung bedurfte es einer gehörigen Portion Mutes, um sich zur Messe in die Kirche zu begeben.

Alle gläubigen Christen waren potenzielle Opfer. Armen erhielt regelmäßig Drohbriefe von irgendjemandem, der ihm einen einzigen Satz schrieb: »Wir bringen dich um.« Es war eine regelrechte Jagd; und Koko, mit seinen sechsundsechzig Jahren, hatte dergleichen schon zu oft erlebt, um das nicht auf den ersten Blick zu begreifen. Wie bereits unter Nasser wusste er, dass der Sohn besser für einige Zeit verschwinden sollte. Er drängte ihn, nach London zu gehen.

Armen zuckte nur mit den Schultern. Fortan trug er eine Pistole bei sich, lebte aber weiter wie bisher. Er hatte sich mit einer jungen Armenierin namens Roubina verlobt. Sie trafen sich öfter am Nachmittag, während einer der wenigen Pausenzeiten im Arbeitsalltag des Hotels. Eines Tages ging er sie abholen, aber sie war noch nicht bereit. Seufzend stieg er die Treppe hinauf. Roubinas Mutter wollte ihm unbedingt einen Kaffee servieren. Eigentlich hatte Armen keine Lust dazu, doch ihm blieb nichts anderes übrig, als die Einladung unter erneutem Seufzen anzunehmen. Er nahm nicht einmal Platz, sondern blieb stehen, hielt das Tablett in der Hand und wollte gerade die Tasse an die Lippen führen, als ein Donnern das Haus zum Erzittern brachte und die Scheiben in tausend Stücke zersprangen. Alle stürzten auf die Straße, wo sich ein grauenhafter Anblick bot: Leichen und zerfetzte Körper lagen herum, überall ertönten Schreie und Hilferufe, Sirenen heulten und aus einem geschwärzten Loch stieg Rauch empor: Es waren die Reste eines staatlichen Bekleidungsgeschäftes, in dem eine Bombe der muslimischen Fundamentalisten explodiert war. Der Gehsteig an der Ecke, wo Armen für gewöhnlich auf Roubina wartete, war nur noch ein Gewirr aus Textilfetzen, Mörtel, zersplittertem Glas und rauchgeschwärzten Mauern.

Es blieb keine Zeit für Schrecken und Entsetzen. Als sei nichts geschehen, stürzte Armen sich erneut in die alltäglichen Pflichten. Eines Tages begleitete er, auf Bitten Kokos, einen englischen Vizekonsul, der im Hotel zu Gast war, zum Suk. Er ließ ihn aus dem Auto steigen und fuhr anschließend zurück, in Richtung nach Hause. Auf der Höhe der großen Moschee hielten einige bewaffnete Männer seinen Wagen und kurz darauf zwei weitere Autos an, in denen ebenfalls nur jeweils der Fahrer saß. So fand sich Armen in Begleitung von vier bis an die Zähne bewaffneten Fundamentalisten wieder. Sie kurbelten die Scheiben runter und stellten seelenruhig die Läufe ihrer Maschinengewehre zur Schau. »Fahr bis zur Morgue!«, befahl der Kommandochef.

Die Morgue war eine weitläufig besiedelte Wohngegend am Stadtrand von Aleppo. Als sie sich einem der Häuser genähert hatten, sprangen die Terroristen aus dem Auto und wiesen ihn an, ein paar Meter entfernt zu parken. Armen fuhr weiter; im Rückspiegel sah er, wie die Maschinengewehre das Feuer auf das Gebäude eröffneten. Ein Geschoss prallte ab und durchbohrte sein Autodach. Während die Schießerei andauerte, bedeutete ihm einer der Terroristen durch eine brüske Geste, endlich am Gehweg zu halten. Armen fuhr weiter. Vor ihm lag eine Kurve und kurz dahinter eine freie Straße. Er gönnte sich keinen Augenblick zum Nachdenken, trat aufs Gaspedal, fuhr um die Hausecke und raste davon. Wie ein Irrer raste er. Den Blick starr auf die Straße geheftet, wagte er nicht, in den Rückspiegel zu schauen, aus Angst, dort noch immer den Alptraum sehen zu müssen. Endlich vernahm er das vertraute Knirschen der Reifen auf dem Kiesweg des Hotels. Er war in Sicherheit.

Diesmal war die Angst tatsächlich groß gewesen. Er beschloss, dem Rat des Vaters zu folgen, doch London verwarf er. Zu weit weg, zu kostspielig. »Geh halt nach Beirut«, schlug Koko vor, doch dann wurde ihm bewusst, dass es keine besonders gute Idee war. In den Klauen des Bürgerkrieges war der Libanon noch gefährlicher als Aleppo. Am Ende fiel die Wahl auf Damaskus. Armen reiste ab. Über einen Monat lang erhielten die Eltern kein Lebenszeichen von ihm. Da die Telefone abgehört wurden, hatten sie vereinbart, sich nicht anzurufen. Die Stille, diese Stille lastete schwer auf Sally und Koko. Sie hofften auf eine Karte, eine schriftliche Nachricht. Nichts dergleichen kam. Weihnachten rückte näher. Es würde das erste ohne den Sohn werden. Sie mussten sich damit abfinden, hatten keine andere Wahl. Doch am Morgen des 25. stand Armen treuherzig lächelnd vor der Tür. »Ich kann euch doch nicht das Weihnachtsfest verderben«, sagte er und schloss sie in die Arme.

Er war zurückgekehrt. Nicht nur zum Weihnachtsessen. Er war es leid und davon überzeugt, seine Zeit so weit entfernt vom Hotel zu vergeuden. Lieber wollte er ein paar Risiken in Kauf nehmen, aber dafür in Aleppo sein. Er machte sich sogleich ans Werk. Arbeit gab es genug, denn Assad hatte beschlossen, dem Terrorismus mit militärischer Gewalt, aber auch per Gesetz zu trotzen. »Wir müssen verhindern, dass das Land lahmgelegt wird«, predigte er seinen Mitstreitern immer wieder.

Die ersten Maßnahmen trugen bereits Früchte. Langsam erwachte Syrien aus seiner Starre. Das Parlament nahm seine Aufgaben wieder wahr, die Gerichte bauten die sich stapelnden Prozessakten ab und auch der Rechtsstreit um das Hotel Baron schien voranzukommen. 1980 urteilten die Richter, dass niemand anderes als Koko und Armen die rechtmäßigen Inhaber seien. Im Jahr darauf erfuhren die beiden von der Verabschiedung eines zweiten Gesetzes zum Umgang mit vorgängigen Schulden im Agrarsektor, dem Gesetz Nummer 42. »Jeder, der das Gesetz Nummer 21 von 1974, aus welchem Grund auch immer, nicht für seine Zwecke in Anspruch nehmen konnte, ist nunmehr berechtigt, es mit allen neu ergänzten Sonderrechten für sich geltend zu machen.« Armen und Koko erschien es wie ein Wunder, denn die neu ergänzten Sonderrechte ermöglichten die separate Tilgung jeglicher Schulden. Zwar war ein neuer Rechtsstreit nötig, aber schließlich wurde die Zahlung akzeptiert.

Die nächste Etappe auf dem langsamen Weg der Rückeroberung waren die Steuer- und die Sozialversicherungsbehörden. Als die Banken Mitte der 1960er Jahre in ihrer Gier, sich die Eigentumsübertragung zu sichern, ohne Zögern die von den Behörden geforderten exorbitanten Summen zu zahlen bereit gewesen waren, hatte Koko damals Widerspruch eingelegt. Mit der Berufung bezichtigte Koko seine Gegner, illegal gehandelt zu haben. Er hatte Erfolg. Steuern und Sozialversicherungsbeiträge wurden jeweils auf ein Fünftel beziehungsweise Viertel der ursprünglichen Forderungen reduziert, und somit wurde anerkannt, dass die Bank illegal und eigenmächtig gehandelt hatte. Nachdem nun, etliche Jahre später, Anfang der 1980er Jahre endlich das Schuldenproblem gelöst war, ersuchten Koko und Armen ihrerseits darum, die Steuer- und Versicherungsschulden begleichen zu dürfen. Doch die Behörden weigerten sich, das Geld anzunehmen. 1982 eröffneten die Mazloumians zum x-ten Mal einen nicht enden wollenden Prozess, um sich am Ende das Recht auf Schuldentilgung zu erstreiten.

1982 läutete die Tragödie mit den islamischen Fundamentalisten den letzten Akt ein. Ausgehend von ihrer Hochburg Hama setzten die Terroristen in riskanter Weise auf Revolte. Assad reagierte, indem er die Stadt abriegeln und brutal unter Beschuss nehmen ließ. Ein ganzes Viertel wurde dem Erdboden gleichgemacht. Zehntausende Menschen verloren ihr Leben. In Syrien verhüllte ein Schleier des Schweigens die Geschehnisse. Für den Löwen aus Damaskus war das Land nun endlich bereit, zu Ruhe und Ordnung zurückzukehren. Auch die Mazloumians waren bereit. Als nunmehr voll anerkannte Inhaber des Baron brauchten sie nicht mehr zu fürchten, dass irgendein dahergelaufener Zwangsvollstrecker an ihrer Stelle über die Leitung des Hotels entschied. Wenn nach Gottes Willen auch die Verhandlungen mit dem Finanzministerium und der Sozialversicherung zu einem guten Abschluss kämen, würden sie frei von allen Schulden sein, frei für einen unbeschwerten Neubeginn. Ganze fünfundzwanzig Jahre hatte die Zeit der Ungewissheit gedauert.

33

Schließlich zog sich die Bank aus dem Streit zurück. Doch nur, um die Mazloumians einem noch tückischeren und gefährlicheren Gegner als bisher zu überlassen. Sein Name lautete Amin Abu al-Shammat. Er war der letzte Spross eines alten räuberischen Beduinenstammes und nunmehr Tourismusminister im vom Alptraum des fundamentalistischen Terrors befreiten Syrien.

Jahrhundertelang hatte der Clan der Shammat in der Wüste zwischen Palmira und Damaskus sein Unwesen getrieben, hatten die räuberischen Horden wehrlose Pilger, Reisende und Handelskarawanen, mit denen sie leichtes Spiel hatten, erpresst und terrorisiert. Natürlich war das Schnee von gestern. Amin und seine Angehörigen waren längst keine Beduinen mehr und lebten seit mindestens ein bis zwei Generationen in den Städten. Doch das genetische Gedächtnis verblasst nur langsam. Al-Shammat hatte sich etwas von der Art seiner Vorfahren bewahrt. Als er zum Minister ernannt wurde, griff er im Umgang mit Kulturgütern in exzessiver und gedankenloser Weise auf Baggerschaufeln und Radikallösungen zurück. Wo immer er auf altes Gemäuer und verblasste Wandmalereien stieß, ordnete er statt einer Restaurierung den Abriss und kompletten Neubau mit möglichst lebendiger Farbgestaltung an. Sein »Meisterwerk« war die Restaurierung der Großen Moschee in Damaskus: Eine derartige Verschandelung erregte selbst im diktatorischen Syrien unter Assad Unmut, brachte dem Land scharfe Kritik aus aller Welt und eine Verurteilung durch die UNESCO ein.

Mit dem Hotel Baron hatte der Minister seine ganz eigenen Pläne. Das gesamte Erdgeschoss sollte in eine schöne Diskothek verwandelt werden, die erste in Aleppo und die größte von ganz Syrien, mit einer Tanzfläche, wie sie der Nahe Osten noch nicht zu sehen bekommen hatte. Das war es, was man brauchte, um Europäer in das für sie ansonsten langweilige Aleppo zu locken und bei Laune zu halten. Ganz zu schweigen von den Syrern: Sie würden buchstäblich durchdrehen. Natürlich bedurften auch die anderen Teile des Hotels einer Verbesserung, eines moderneren Anstrichs: hier und dort ein auf altarabisch getrimmter Brunnen, zwei, drei Kronleuchter mit üppigem Glasperlengehänge, ein bisschen Email, ein paar andalusische Kacheln.

Amin Abu al-Shammat hatte an alles gedacht, sogar an den humanen Aspekt des Ganzen. In die Sprache des Nahen Ostens übersetzt hieß das, welchen Freund gedachte er bei der Gelegenheit unterzubringen. Der nannte sich Selim Allah und war ein Muster an Einfalt und Großspurigkeit. Er selbst war es, der Armen vorwarnte. Vor einem Café erklärte er beiläufig, als sei es das Normalste von der Welt: »Der Minister hat vor, dich rauszuwerfen. Dann übernehme ich die Hotelleitung. Ich werde einiges zu tun haben, um frischen Wind in den Laden zu bringen.«

Armen rief in Damaskus an. Er bat um ein Treffen mit dem Minister. Man gewährte ihm zehn Minuten. Als er Shammat gegenüberstand, wiederholte er, was Selim Allah gesagt hatte. Der Minister teilte ihm mit vielbeschäftigter Miene, und als gingen ihn diese »kleinen Nöte« nichts an, mit, dass er eine Kommission entsenden werde, um die Sache zu verhandeln. Ende der Unterredung. Armen kehrte nach Aleppo zurück und wartete. Vergeblich. Keine Spur von einer Kommission. So beschloss er, einen zweiten Vorstoß bei dem Minister zu wagen. Er nutzte einen Besuch desselben in Aleppo, um im Büro seines alten, einflussreichen Freundes, der vor einigen Jahren so entschlossen und erfolgreich das Problem mit dem »General« gelöst hatte, ein Treffen zu organisieren. Die Anwesenheit des Freundes nötigte den Minister, zumindest zu Beginn der Unterredung, seinen schroffen Ton zu mildern und eine vermeintlich versöhnliche Haltung an den Tag zu legen. »Ich habe die Kommission entsandt«, stieß er, an Armen gewandt, hervor. »Was ist also Ihr Problem?«

»Ihre Kommission ist leider nie angekommen, Exzellenz«, antwortete Armen, wobei er sich zur Ruhe zwang.

»Ich wiederhole, dass sie gekommen sein muss.«

»Wenn sie gekommen ist, hat zumindest niemand nach mir gefragt oder um ein Treffen ersucht. Sollte mir irgendjemand etwas mitzuteilen oder mit mir zu verhandeln haben, stehe ich gerne zur Verfügung«, erwiderte Armen.

»Nicht mehr lange. Wir werden über alles verhandeln, aber Sie werden das Hotel innerhalb der nächsten zwei Monate verlassen«, erklärte der Minister drohend und nunmehr Zähne zeigend.

Armen erhob sich. Auf eine solche Anmaßung etwas zu entgegnen gab keinen Sinn. Die Unterredung endete mit einer harschen Kriegserklärung. »Seien Sie versichert, Euere Exzellenz, dass der einzige Ort, an dem wir verhandeln werden, der Gerichtssaal ist«, sagte er scharf. Dann öffnete er die Tür und ging hinaus.

Der Minister war ein harter Knochen. Ihm war eine Krankheit Kokos zu Ohren gekommen. Er schickte einen Gesandten nach Aleppo, um mehr in Erfahrung zu bringen. Der Spion kehrte mit zahlreichen Informationen zurück: Es stimmte, Krikor Mazloumian war schwerkrank, vielleicht musste er operiert werden, allerdings bestand wenig Aussicht auf Heilung. Die Mazloumians hatten also vorerst andere Sorgen. Abgesehen von der Ungewissheit mussten Untersuchungen durchgeführt, Ergebnisse abgewartet, eine Klinik gefunden und das Geld für den Eingriff aufgetrieben werden. Amin holte zum Schlag aus, der, wie er hoffte, der letzte und endgültige sein würde. Das Hotel Baron sollte, einem Park oder Gehweg gleich, zum »Allgemeinbesitz« erklärt und die Mazloumians wie Penner von der Parkbank vertrieben werden. Innerhalb weniger Stunden war der Erlass geschrieben, verabschiedet und bekanntgegeben. Es handelte sich um eine Verwaltungsmaßnahme, die somit, sofern gültig, im Kern nicht mehr gerichtlich anfechtbar war: Nach Ablauf der zwei Monate würde sie amtlich in Kraft treten.

Der Countdown lief. Der Minister hatte den richtigen Zeitpunkt gewählt. Koko war zu geschwächt. Wäre er allein gewesen, hätte er vermutlich klein beigegeben.

Aber er war nicht allein. Armen war da und Armen legte Berufung ein. Es folgte ein neuer erbitterter Papierkrieg. Das örtliche Verwaltungsgericht gab den Mazloumians recht. Bei einem zweiten Vorstoß erklärte auch die zuständige Behörde in Damaskus den Erlass für »null und nichtig«. Die Mazloumians wurden nicht verjagt, sondern der Minister seines Amtes enthoben. Die bedauernswerte Episode mit dem Hotel war lediglich einer von unzähligen völliger Unfähigkeit geschuldeten Skandalen, die mit der weltweit angeprangerten Verschandelung der großen Moschee in Damaskus ihren Höhepunkt erreichten. Als Amin Abu al-Shammat von der Bildfläche verschwand, nahm auch das Dekret ein ähnliches Ende. Doch die Frage nach den Eigentumsverhältnissen des Hotels blieb weiterhin offen. Man wartete auf die Entscheidung des Verfassungsgerichts: Das entsprechende Urteil war endgültig. Wenn es günstig ausfiel, wäre damit die gesamte Angelegenheit beendet und das Baron würde ein für alle Mal an die Mazloumians zurückgehen. Doch die Urteilsfindung kostete Zeit. Monate, Jahre vergingen. Zermürbt durch den langen Kampf gegen die Krankheit fürchtete Koko bereits, es nicht mehr zu erleben, niemals die Genugtuung zu verspüren, das Wort »Ende« unter seine Leidensgeschichte setzen zu können.

34

Für das Hotel Baron ging die Zeit der Staatsoberhäupter, der bedeutenden Persönlichkeiten und großen Namen faktisch 1985 zu Ende. Der letzte war der »Anführer der libanesischen Drusen«, Walid Dschumblat.

Danach kam die Zeit der Touristenscharen, und Assad hegte die Hoffnung, die erlahmte Wirtschaft wieder anzufachen. Noch waren es keine US-Bürger – das Weiße Haus hatte ein »Veto« gegen das der Aufrüstung des internationalen Terrorismus bezichtigte Land verhängt –, sondern Deutsche, Franzosen, Engländer. Statt Abenteuer- und Pioniergeist brachten sie nun ihre All-inclusive-Pakete mit. Die Abkommen mit den großen Reiseveranstaltern und der Gewinn waren größtenteils dem Aushängeschild des syrischen Tourismus, der renommierten Hotelkette Sham vorbehalten. Eine kleine Gruppe enger Freunde sahnte das Geld und die bequemsten Posten ab. Das Hotel Baron wurde nicht einmal in Betracht gezogen. Zu klein für die große Zahl der Reisegruppen. Zu schlecht geführt für die gehobenen Ansprüche der westlichen Welt: Allenfalls auf einen Kaffee lohne es den Besuch, so das Urteil der Veranstalter.

Es gab jedoch noch eine Welt, in der sich das Baron etwas von seinem alten Ruf bewahrt hatte: die Welt der Nostalgiker. Staub und Verfall üben auf dem alten Kontinent eine unwiderstehliche Faszination aus, und für alle Erinnerungshungrigen war das Baron eine Art Heiligtum oder Pilgerstätte. Die besonders Bewanderten fragten nach Krikor Mazloumian. Sie suchten nach dem Protagonisten einer achtzig Jahre währenden Geschichte, nach dem Mann, der einst in London im Savoy, in Wien im Sacher und in Paris im La Tour d'Argent zu speisen pflegte. Sie wurden zu einer kleinen Tür geführt. Ein struppiger Hund lag ausgestreckt davor. Man bat sie in einen düsteren, nur von schwachem rötlichem Licht erhellten, kleinen Raum. Dort saß Koko: ein alter Herr, eingezwängt zwischen Papierstapeln, einem stotternd vor sich hin brummenden Faxgerät und einer Flasche armenischem Likör mit einigen dazugehörigen Gläsern.

Der Alte hob den kahlen Schädel und blickte dem Neuankömmling hinter dunklen Brillengläsern entgegen. Als hätten seine Augen bereits zu viel Licht gesehen, verloren sie seit einigen Jahren nach und nach an Sehkraft. Einer brennenden Kerze gleich erlosch das Augenlicht allmählich. Dagegen vermochten auch die Operationen und die in der Hoffnung auf Heilung unternommenen traurigen Pilgerreisen nach Europa nichts auszurichten. Koko musste stets die dunkle Brille tragen: Selbst Kunstlicht bereitete seinen schwachen Pupillen Schmerzen. Langsam, Tag um Tag, versank er tiefer in der Dunkelheit.

Es war nicht erkennbar, was sich hinter diesem abgeschirmten Blick verbarg. Doch auf Fragen antwortete er in bekümmertem Ton. Bestand anfänglich noch Misstrauen, so wich es nach den ersten Worten rasch der Leidenschaft und einer tiefen Scham ob des Zustandes, in dem der Gast ihn selbst und das Hotel vorfand.

Mit den Worten des müden alten Mannes brach sich in dem bescheidenen, vollgestellten Büro eine Flut an Erinnerungen und Namen Bahn. Die Gegenwart verschwand und aus der Vergangenheit tauchten de Gaulle und Feisal, Lawrence und Rockefeller, der Prunk zahlloser Bankette und Tanzabende empor, um in Gedanken und Erzählungen lebendig zu werden. Der Erinnerungsstrom riss einen gewaltsam mit, er füllte die leeren Anrichten, brachte längst verschwundene Kronleuchter zum Strahlen, behängte die kahlen Wände mit kostbaren Antiquitäten, bedeckte die nackten Böden und zerbrochenen Fliesen mit weichen Teppichen, brachte Risse und das abgewetzte Leder der Barsessel zum Verschwinden.

Wenn die Flut abebbte und sich der Blick wieder der Gegenwart zuwandte, brannten Wut und Scham umso heftiger in Koko. Verbittert und mit gesenktem Kopf zog er große Fotoalben aus einer Schublade. Mit fast mechanischen Bewegungen blätterte er die Seiten um und erklärte, wie man ihm das Leben schwer gemacht, ihm nicht einmal erlaubt hatte, einen Wasserhahn auszuwechseln, ohne zuvor Dutzende von Formularen unterzeichnet, ein Vermögen gezahlt und Ewigkeiten auf die amtliche Genehmigung gewartet zu haben. Meist endeten Kokos Erzählungen genauso: mit einem, wie er selbst wusste, sinnlosen Zornesausbruch.

Der Besucher verschwand und die Seele so vieler Tanzabende, der Mann, der einst stundenlang mit seinen Gästen in der Bar hatte plaudern, lachen und scherzen können, blieb mit gesenktem Kopf in seinem von schwachem rötlichem Licht erfüllten Büro zurück. Nur selten ließ er sich noch in der Bar blicken, noch seltener stieg er hinauf in den ersten Stock. Nachdem er bereits einen Herzinfarkt hinter sich hatte, musste er, wenn er die große Freitreppe hinaufwollte, langsam einen Fuß vor den anderen setzen, bis er oben angekommen war. Es war traurig, ihn sich so mühsam voranschleppen zu sehen, dabei litt er in Wirklichkeit viel schlimmer, als es den Anschein hatte. Sein Leben lang hatte er zwei, drei Stufen auf einmal genommen. Er hatte nie den Mut gehabt, es zu gestehen, aber eines Tages hatte er einem Freund den Grund für so viel Eile verraten. Es war Aberglaube, jedes Mal nur eine Stufe brachte Unglück, so dachte er. Nun, da er sich seine Kräfte einteilen musste, raubten ihm die beiden Treppenabsätze den Atem und hinterließen ein Gefühl drohenden Unheils in ihm.

Fast ein ganzes Jahrhundert hatten Koko und das Hotel Baron gemeinsam durchlebt, vom allerersten Tag an. Obwohl niemand sein tatsächliches Geburtsdatum kannte, hatte er stets auf 1911 beharrt, um dieser Bindung größere Kraft und Bedeutung zu verleihen. In jungen Jahren, während der Glanzzeiten des Hotels, war Koko stolz auf diese zufällige Koinzidenz gewesen und hatte gern betont, wie eng ihre Schicksale miteinander verknüpft waren. Inzwischen spielte er nicht mehr darauf an. Nun fürchtete er fast die letzte Konsequenz seiner Worte: er und das Hotel unauflöslich miteinander vereint, auch auf dem Weg in die Dunkelheit, dem letzten Schimmer eines langsamen, traurigen und stillen Untergangs entgegen.

In seinen Gebeten, die er jeden Dienstag in der Vierzig-Märtyrer-Kathedrale an die Muttergottes richtete, verschmolzen seine Leiden und das Schicksal des Hotels zu einer einzigen Herzensangelegenheit. Doch damit nicht genug. Die Teppiche bekamen Löcher, feine Risse durchzogen die Wände und unheilvolles Quietschen zeugte von nicht mehr schließenden Fensterläden, während Koko gleichermaßen von heftiger Migräne und anhaltenden Kopfschmerzen geplagt wurde. Keine Behandlung, kein Arzt schien in der Lage, ihm das Augenlicht zurückzugeben. An den Seiten der Brille mussten dunkle Streifen, eine Art Schirm, angebracht werden, um seine Augen permanent, Tag und Nacht, zu schützen. Denn schon der kleinste Lichtschimmer hätte ihm Schmerzen zugefügt.

Doch die Wirklichkeit drang auch durch den Filter der Dunkelheit. Deutlich nahm Koko das herrschende Gefühl der Leere wahr, wenn sie sich in dem großen Speisesaal niederließen, um nunmehr allein ihre Mahlzeiten einzunehmen. Er sprach nicht gern darüber. Weder darüber noch über viele andere schmerzliche oder unangenehme Themen. Er hatte sich vollständig aus der Hotelführung und den Rechtsstreitigkeiten zurückgezogen und beschränkte sein Interesse auf Details und Feinarbeiten, auf kaum mehr als die Pflege von Lampen und Vorhängen. Armen kümmerte sich um alles, genau wie Koko es erhofft hatte. Jetzt hatte er Zeit, oh ja, sogar viel Zeit. Die Zeit, auf die er sich ein Leben lang gefreut hatte, die ihm nun jedoch nichts mehr nutzte. Hunderte von Büchern hatte er angesammelt, in der Hoffnung auf einen langen vergnüglichen Lebensabend. Doch dieses Vergnügen blieb ihm verwehrt. Gestützt und geführt betrat er abends das Haus am Ende des Gartens, jenes Fleckchen England im Herzen Aleppos, den Rückzugsort, den er und Sally sich in ihrem rund vierzig Jahre währenden Kampf mit der Welt geschaffen hatten, und ließ sich in einen Sessel fallen. Nicht einmal herumblättern konnte er in seinen geliebten Büchern. Jeden Abend nahm Sally im Wohnzimmer mit den Kattunbezügen neben ihm Platz. Sie knipste eine einzige Lampe an und in deren schwachem Licht las sie ihm langsam vor. Er hörte schweigend zu.

35

Allein, der Wirklichkeit enthoben, besteht das Baron fort, in steter Erwartung und ewiger Hoffnung auf die letzte Entscheidung: das Urteil des Verfassungsgerichtes, um einen dreißig Jahre dauernden Kampf zu beenden.

Die Welt draußen nimmt ihren Lauf. Das Hotel verharrt an einem Ort und in einer Zeit, die anderswo verflossen ist. Im Dämmerlicht der Bar sind die Ledersessel, englischen Landschaftsszenen und Aquarelle zu erkennen, die Koko 1933 in London erstanden hatte. Das unstete Surren der Ventilatoren streift über ein paar staubbedeckte Flaschen Whisky und Gin mit längst nicht mehr gebräuchlichen Etiketten hinweg.

Hinter der schweren Holztür liegt der mit dunklem Holz verkleidete Speisesaal, den Koko kurz vor dem Zweiten Weltkrieg eingerichtet hatte: die Privatarena eines »Athleten der guten Gesellschaft«, Schauplatz für Cocktailpartys, Bankette, Empfänge; ein Kaleidoskop bekannter und unbekannter Gesichter. Der unerbittliche Zahn der Zeit hat seine Spuren hinterlassen und ihn in ein altes Schiff verwandelt, verloren auf hoher, stürmischer See. Sieben, acht Tische unter alten, kaum Licht spendenden

Armleuchtern sind mit vergilbten Stofffetzen bedeckt, die angesichts all der geflickten Risse und notdürftig ausgewaschenen Flecken kaum noch als Tischtücher erkennbar sind.

Aber Staub, Flecken und Risse bilden eine vollkommene Einheit mit dem Hotel. Den Quasten eines alten, von zu vielen Schlachten in Mitleidenschaft gezogenen Banners gleich, kennzeichnen sie stolz die letzte zarte Demarkationslinie zwischen der glorreichen Vergangenheit und einer Gegenwart in ärmlicher Würde.

Armen ist kein junger Kerl mehr. Das Haar bereits gelichtet, trägt er einen Schnauzbart im Kolonialstil des frühen 20. Jahrhunderts zur Schau und dazu ein Oxfordenglisch, das ebenso tadellos ist wie sein Anzug und der Pfeifentabak. Die Bauchpölsterchen zeugen von gelegentlicher Schwäche und Übermaß, die tiefen Augenringe von mangelndem Schlaf. Doch er hat sich zu einem Leben als letzter Baron entschlossen, und als letzter Baron lebt er, ohne jemals seine tägliche Bürde mit Anwälten, Gerichten, Formularen und Rücksendungen aus dem Blick zu verlieren.

Sallys Augen haben sich eine Spur von Leichtigkeit bewahrt, aber das Leben hat auch sie gezeichnet und seine Schatten hinterlassen. Das lange blonde und in ganz Aleppo einst Staunen hervorgerufene feine Haar ist zusammengebunden und den Blicken fast gänzlich entzogen. Die noch immer schönen Hände sind nackt. Nur am Ringfinger steckt ein großer funkelnder Bernstein, eines der vielen Schmuckstücke, die Koko ihr geschenkt und die sie nie zuvor getragen hat. Nun tauchen sie aus den Schmuckkästchen auf wie lang vergessene und plötzlich wieder deutliche Erinnerungen. Es sind die einzigen, denen dieses Vorrecht zuteilwird. Nach Kokos Tod hat Sally ihr Gedächtnis verloren und die Tür zur Vergangenheit geschlossen. Nur einmal am Tag, zur Mittagszeit, wird sie geöffnet. Dann verlässt Sally das Haus hinter dem Hotel, durchquert den Garten und betritt das Foyer. Sie hakt sich bei Armen ein und gemeinsam betreten sie den großen Saal. An dem Ecktisch zwischen Fenster und Rückwand, der immer öfter als einziger gedeckt ist, nehmen sie Platz. Dann sieht man einen Mann durch den Saal schreiten, eine weiße Serviette über dem Arm. Eine Verbeugung vor dem Servieren. Ein höfliches »Madam«, das er mit gesenktem Blick an Sally richtet. Eine weitere Verbeugung und ein ebenso respektvolles »Baron«, wenn er sich Armen zuwendet. Dann zieht er sich wortlos zurück. Mutter und Sohn bleiben Seite an Seite allein zurück, den Platz am Tischende absichtlich frei lassend. Die von Lärm und Geschrei erfüllte Welt bleibt vor der Schwelle. Nichts darf die Mahlzeit von Madam und Baron Armen stören. Es ist der letzte Augenblick, in dem die Mazloumians noch sie selbst sein können, die Barone von Aleppo, die Besitzer des kleinen Savoy Hotels am Tor zur Wüste.

36

Niemand kann ganz genau abschätzen, was die Zukunft bringt, doch Armen trafen die Ereignisse von 2011 völlig überraschend. Das Hotel Baron wurde hundert Jahre alt. Ein Jahrhundert lang hatte es die Geschichte und Geschicke eines Landes miterlebt: von der osmanischen Herrschaft bis zum zarten Wiederaufblühen unter britischem Mandat, vom Freudentaumel der Unabhängigkeit bis hin zu der erzwungenen Ruhe aus Furcht vor dem Regime.

Für Armen hielt das Schicksal eine der traurigsten Zeiten bereit: den langsamen und unaufhaltsamen Niedergang und das Bewusstsein, dem Hotel niemals mehr den alten Glanz zurückverleihen zu können. Nur in der Erinnerung konnte die großartige Vergangenheit, konnten die mitreißenden Walzerrhythmen der Eröffnungsgala, die raschelnden Ballkleider der Damen, der kehlige Klang der Gespräche all der Deutschen, die sich anlässlich des Baus der Bagdadbahn in Aleppo aufhielten, wieder lebendig werden. An jenem Abend hatte alles seinen Anfang genommen, war unter dem Funkeln und Schimmern Hunderter kostbarer Kristallgläser, mit denen die Paschas und die Offiziere Kaiser Wilhelms einander zugeprostet hatten, der Grundstein für die zukünftige Geschichte gelegt worden. Deutsches und Osmanisches Reich stießen gemeinsam auf das neue Hotel, aber vor allem auf ihr Bündnis, den tödlichen Schulterschluss an, der einen Genozid, die Aufteilung in drei verschiedene europäische Einflusszonen und den Keim für die blutige, zerstörerische Gewalt im Nahen Osten nach sich ziehen sollte. Damals konnte das niemand ahnen. In jener Nacht lag die Zukunft heiter am Horizont. Ein Jahrhundert später war dieser Horizont verschwunden und die Heiterkeit dem unschönen Anblick von rissigen Wänden und zerbrochenen Fliesen, der gähnenden Leere der Hotelzimmer und dem Ausbleiben der Gäste gewichen. Einzig die Abwesenheit des Vaters und Großvaters, denen ein derart ungerechtes Ende ihres Traums erspart geblieben war, bildete einen schwachen Trost.

Das verlassene, vom Zahn der Zeit und mangelnder Pflege gezeichnete Hotel Baron blieb trotz allem geöffnet. Angesichts des gewaltigen Sturms, der sich über Syrien zusammenbraute, waren die Touristen aus dem Ausland nach und nach ferngeblieben. Tunesien und Ägypten hatten ihren kurzen, traurigen arabischen Frühling eingeläutet. In Syrien wurden die Proteste gegen das Assad-Regime von Tag zu Tag lauter. Nach Aleppo verschlug es nur noch wenige Journalisten oder Personen, die aus irgendeinem Grund nicht umhinkamen, dorthin zu reisen, wo schon bald das Inferno losbrechen sollte. Keiner von ihnen übernachtete im Baron. Nur ab und zu tauchte eine syrische Familie auf der Durchreise auf der Hotelterrasse auf, die Zeuge eines ganzen Jahrhunderts nahöstlicher Geschichte geworden war.

Dennoch sollte das 100-jährige Bestehen gefeiert werden. Die übrigen, im Ausland lebenden Familienmitglieder der Mazloumians trafen kurz vor Ostern ein. Siranne kam mit Kindern und Enkelkindern sowie einem Schild in Erinnerung an das zurückliegende Jahrhundert. Glänzend, aber schlicht. Blauer Grund und keinerlei Schnörkel: lediglich Daten, der Name des Hotels und die stolze Aussage, seit 1911 für Gastfreundschaft, Service und Tradition zu stehen. Armen und Sally lächelten. Allen Widrigkeiten zum Trotz blieb es das Hotel Baron. Gerade in diesen schweren Zeiten war es Balsam für die Seele, sich das ins Gedächtnis zu rufen. Das Schild wurde im Foyer aufgehängt.

Der Gedanke an den Großvater und den Vater erfüllte Armen mit Traurigkeit, doch Siranne hatte bereits an alles gedacht. Zumindest glaubte sie das. »Jetzt müssen wir uns um die Planung einer Feier kümmern«, erklärte sie. Armen stimmte ihr zwar zu, aber eigentlich mehr um des Vergnügens willen, sich den Abend in Gedanken auszumalen, als aus anderen Gründen. »Und wann? Uns ist gar nicht bekannt, wann die Eröffnung war«, fügte er nach einigem Nachdenken hinzu. »Wir wissen, dass sie im November stattfand. Wähle einfach du den passenden Tag. Dann müssen wir überlegen, wer eingeladen wird, und unseren Freunden im Ausland Bescheid geben«, erwiderte Siranne.

Armen verharrte in Schweigen. Bis November waren

es noch über sechs Monate. Ein langer Zeitraum für eine derart ungewisse Situation, die täglich unüberschaubarer zu werden schien. Hinzu kamen die Einladungen und die Vorstellung, den seit so langer Zeit leerstehenden Saal voller Menschen zu sehen. Er schüttelte den Kopf, es erschien ihm gänzlich unrealistisch. »Lass es uns versuchen. Du wirst sehen, dass auch diese Krise vorübergeht«, versuchte die Schwester ihn zu ermuntern. Armen entfernte sich, beunruhigt. Für ihn hatte das hundertjährige Bestehen eher den Beigeschmack von Auflösung und Zerfall als von altersbedingter Beständigkeit und Stabilität. Diese Krise war anders als alle bisherigen und sechs Monate würden für eine Lösung nicht genügen. Aber niemand schien seinen Pessimismus ernst zu nehmen.

Siranne kehrte im August zurück. Assad begann, dem Aufstand mit Härte zu begegnen, und die Vereinigten Staaten forderten seinen Rücktritt. Doch die Mutter wurde neunzig und Siranne wollte den Geburtstag unbedingt mit ihr gemeinsam verbringen. Sally, die sich während ihres langen Lebens – trotz all der Diktaturen und finanziellen Rückschläge – stets ein Lächeln bewahrt hatte, verließ kaum noch das Haus, jenes kleine Gebäude, das Koko in den 1930er Jahren errichtet hatte und dem damals etliche Pistazien- und Feigenbäume im Garten hatten weichen müssen. Es war ihre Oase, ihr Yorkshire des Nahen Ostens gewesen, ein Sammelsurium aus geblümten Kattunsofas, Drucken mit Fuchsjagdszenen und Sherry-Flaschen, die sie mit Gästen wie Agatha Christie oder Freya Stark leerten. In diesem Sommer war das Haus leer. Es gab keine Gäste. Nicht einmal die Enkel hatten es geschafft herzukommen, und selbst Armen musste fernbleiben. Sein Gesundheitszustand hatte sich innerhalb weniger Wochen stark verschlechtert. Herz und Leber bedurften der Behandlung, aber einen Arzt oder Medikamente aufzutreiben, wurde immer schwieriger. Armen kam kaum noch die Treppen hinauf. Er lebte nur wenige Meter von der Mutter entfernt, konnte sie aber nicht besuchen.

Mutter und Tochter feierten allein mit einer Torte und einem Gläschen, um auf die Zukunft anzustoßen, was auch immer sie bringen würde. Die Torte wurde, wie stets, mit dem Hotelpersonal geteilt. In Gedanken stießen sie auch mit all jenen an, die nicht bei ihnen waren. So musste es sein.

Einen Monat später, im September, kam Siranne, von einer Art Vorahnung getrieben, erneut zu Besuch. Als sie abreiste, verabschiedete sie sich von der Mutter mit dem Versprechen: »Wir sehen uns im Frühling.«

Die Jubiläumsfeier fand weder im November noch zu einem anderen Zeitpunkt statt. Die Auseinandersetzungen zwischen Regierungskräften und den aus dem Ausland finanzierten Rebellen wurden heftiger. Im Frühling war Syrien ein Schlachtfeld. Siranne rief die Mutter täglich an.

»Weshalb bist du nicht hergekommen?«, fragte Sally.

»Es herrscht Krieg, Mama«, erwiderte Siranne.

»Seit ich in diesem Land lebe, gibt es solche Probleme«, spielte Sally das Ganze herunter. Zwei Drittel ihres Lebens hatte sie unter Bomben, Militär, Staatsstreichen und allen möglichen anderen Bedrohungen zugebracht. Nicht einmal die durch die Scharia Baron pfeifenden Geschosse der Scharfschützen konnten sie davon abhalten, sich auf den Balkon zu setzen, um die halbverwilderten Pflanzen zu betrachten oder mit den Hunden zu sprechen, die aus dem Garten zu ihr hinaufsahen, und den Vögeln, die noch nicht die Flucht aus dieser auch für sie nicht wiederzuerkennenden Stadt ergriffen hatten, ein paar Krumen hinzustreuen. Die Betreuerin war besorgt und drängte sie inständig, hineinzugehen, sich in Sicherheit zu bringen. Doch Sally hörte nicht auf sie. Siranne bat die Frau, nicht darauf zu beharren, sie tun zu lassen, was ihr gefiel.

Armen lebte im Hotel. Er bewegte sich kaum weiter als von seinem Schlafzimmer zur Terrasse. Sommers wie winters, ob warm oder kalt, setzte er sich hierher, in Begleitung seiner geliebten Hunde. Ebenso wie die Mutter betrachtete er diese Welt, die einst die seine gewesen war und die er nicht mehr als seine wiedererkannte. Die mitten im Zentrum, fünf Minuten vom Suk entfernte Scharia Baron war seit jeher eine neuralgische Verkehrsader gewesen. Jahrelang, Tag und Nacht, hatten hupende Autos, laute, aus Geschäften und Radioapparaten dröhnende Musik, Motorenabgase und das Stimmengewirr der Passanten eine permanente Hintergrundkulisse an der Grenze des Erträglichen gebildet.

Seit Ausbruch des Konflikts war Aleppo von einer strikten Trennlinie der feindlichen Lager zerschnitten, und das Hotel befand sich in dem vom Regime kontrollierten Gebiet. Die Scharia Baron hatte sich in eine schweigsame, verlassene Straße verwandelt. Hin und wieder zerriss eine Bombenexplosion oder der Lärm eines Panzerfahrzeugs die Stille. Die Regierungsarmee hatte hier einen festen Stützpunkt. Sie sorgte für den Schutz der Straße vor der Verwüstung, der bereits der älteste Suk des Nahen Ostens, die osmanische Moschee und jene Karawansereien zum Opfer gefallen waren, in denen einst die Mazloumians – nach ihrer fast anderthalb Jahrhunderte zurückliegenden Flucht aus Anatolien in die Stadt – eine erste Bleibe gefunden hatten.

Doch die Präsenz der Soldaten genügte nicht, um Armen zu beruhigen. Wenn er nach den Zukunftsaussichten gefragt wurde, antwortete er in bekümmertem Ton: »Syrien ist am Ende, Aleppo ist am Ende.« Mit den Bomben, die vom Himmel fielen, ließ sich niemand gegen irgendwen verteidigen. Wer konnte, hatte die Flucht ergriffen, solange es noch möglich war. Vielleicht hätte auch Armen sich einige Jahre zuvor, als der Gesundheitszustand noch weniger heikel war, den vielen Flüchtenden anschließen können. Es wäre nicht das erste Mal für ihn gewesen. Doch inzwischen lastete die gesamte Verantwortung auf seinen Schultern. Niemals hätte er den Traum seines Vaters und Großvaters im Stich lassen können. Was sollte man machen, wenn es kein fließendes Wasser gab, wenn immer wieder der Strom abgestellt wurde, wenn man Lebensmittel nur nach Vorlage des Ausweises kaufen konnte und Christen wie er nicht immer ihre Identität preisgeben wollten. Armen hatte beschlossen, bis zum Ende zu bleiben, wie auch immer es aussehen mochte. Und für alle, die ein Dach über dem Kopf brauchten, blieb die Tür des Baron geöffnet. So wie ein Jahrhundert zuvor sein Großvater und seine Großmutter all die aus Anatolien Deportierten bei sich aufgenommen hatten.

Sally starb am 26. Dezember 2013. Das Familiengrab befand sich in dem von den Rebellen besetzten Teil der Stadt. In der Hoffnung auf bessere Zeiten wurde sie im Kloster der Karmelitinnen beigesetzt. Armen überlebte sie um ein gutes weiteres Jahr. Er starb am 15. Januar 2015 im Krankenhaus. Das Hotel Baron steht noch, düster und streng wie immer. Die Bomben haben einen Hotelflügel und das kleine Haus, jene Stätte der Erinnerung an Krikor und Sally, zerstört. In den alten Räumen herrscht nach wie vor Leben: Armens Frau Roubina und die wenigen noch verbliebenen Mitarbeiter wohnen hier. Doch ein Kapitel der Geschichte ist nach 100 Jahren in Aleppo abgeschlossen: Der letzte Baron ist gegangen.

Anhang

Glossar

Agha – in der osmanischen Sprache bedeutete *Agha* so viel wie »Herr« oder »Grundbesitzer«. Im Osmanischen Reich war die Bezeichnung als Titel für militärische oder zivile Würdenträger gebräuchlich.

Al Kutla al-Wataniyya – dt.: Nationaler Block; eine 1928 unter französischem Mandat in Syrien gegründete politische Partei, deren oberstes Ziel die Unabhängigkeit des Landes war.

Arak – ein aus dem Nahen Osten stammender klarer, ungesüßter Anisschnaps; nicht zu verwechseln mit dem asiatischen Reisbranntwein Arrak.

AUB – Abkürzung für American University of Beirut.

Babà – Napfkuchen aus süßem Hefeteig.

Bey – ursprünglich osmanischer Herrschertitel, der später auch für höhere Verwaltungsbeamte (zum Beispiel Statthalter) und bestimmte Militärs verwendet wurde.

ENSA – Entertainments National Service Association, eine Organisation von Künstlern und Schauspielern, deren Ziel es war, Soldaten im Zweiten Weltkrieg zu unterhalten und moralisch zu stärken.

Entente cordiale – 1904 zwischen Großbritannien und Frankreich geschlossenes Abkommen, mit dem die jeweiligen Einfluss- und Interessensbereiche auf dem afrikanischen Kontinent geregelt wurden.

Fatteh – beliebtes arabisches Hühnerfleischgericht, das in zahlreichen regionalen Varianten existiert. Vergleichbar unserem Hühnerfrikassee.

Fellache – (meist Plural: Fellachen) Bezeichnung für Zugehörige zur einfachen Landbevölkerung des Vorderen Orients (insbesondere Ägyptens).

Giaour – im Osmanischen Reich abfällige Bezeichnung für nicht-muslimische, nichtosmanisch-stämmige Menschen.

Hohe Pforte – (u. a.) Bezeichnung für den osmanischen Großwesir bzw. die osmanische Regierung.

Jungtürken – Ende des 19. Jhs. gegründete politische Bewegung im Osmanischen Reich, deren Ziel liberale Reformen und die Einführung einer konstitutionellen Staatsform war. Im Dezember 1908 gelangten sie an die Macht.

Katholikos – Titel für das Oberhaupt der armenischen Kirche (sowie einiger weiterer orientalisch-orthodoxer Kirchen).

Kaymakam – im Osmanischen Reich (ebenso wie in der heutigen Türkei) Bezeichnung für den obersten Verwaltungsbeamten eines jeweiligen Landkreises.

Kustodie des Heiligen Landes – Ordensorganisation der Franziskaner im Heiligen Land.

Massaker von Adana – im April 1909 von der osmanischen Regierung an den armenischen Bewohnern der Stadt Adana verübtes Massaker, dem 20 000 bis 30 000 Armenier zum Opfer fielen.

Meharisten – kamelberittene Soldaten der Kolonialtruppen.

Messageries Maritimes – ehemalige bedeutende französische Reederei, die u. a. Liniendienste nach Fernost, Indien, Australien und Neuseeland betrieb.

Mezze – (auch Meze oder Mezza) in der Türkei und dem Nahen Osten übliche kleine Gerichte, die entweder als Vorspeisen oder als Snacks serviert werden.

Sandschak – Verwaltungsbezirk im Osmanischen Reich.

Scherif – hoher Gelehrter, Titel für die Nachkommen des Propheten Mohammed.

Suk – in orientalischen Städten das Viertel der Basare und des Handels.

Tarbusch – auch unter der Bezeichnung Fes bekannte, einst im Orient und auf dem Balkan beliebte kegelstumpfförmige Kopfbedeckung mit flachem Deckel, meist aus Filz gearbeitet und mit einer Quaste verziert.

Tell (pl.: Telle) – in der Archäologie Bezeichnung für eine durch wiederholte Bebauung entstandene Erhebung (Siedlungshügel).

Train Bleu – (von den Briten *Blue Train* genannt) ein französischer Luxuszug, der von 1886–1939 und von 1947–2007 zwischen Calais, Paris und Nizza verkehrte.

Vilâyet – im Osmanischen Reich ab der Verwaltungsreform 1864 Bezeichnung für eine Großprovinz (vergleichbar dem französischen Département), an deren Spitze der so genannte Wali stand.

Wali – hoher osmanischer Verwaltungsbeamter.

Geographische Namen und Ortsbezeichnungen

Akbes – eigentlich: al-Midan Akbes; im deutschen Sprachraum auch als Meydan Ekbaz bekannte, an der heutigen türkisch-syrischen Grenze gelegene kleine Ortschaft.

Alexandrette – (auch Alexandretta) nach Alexander dem Großen benannte, nunmehr unter dem Namen Iskenderun geläufige Stadt im Süden der heutigen Türkei.

Amanosgebirge – das östlich des Golfs von Iskenderun gelegene Nurgebirge.

Bab Antakya – (auch Bab Antakeya oder Bab Antaki geschrieben) antikes Stadttor in Aleppo.

Bab el-Faradsch – eines der neun ehemaligen Stadttore der Altstadt von Aleppo, das 1904 zerstört wurde und nach dem der zwischen 1898 und 1899 in der Nähe desselben errichtete Uhrenturm (eines der Wahrzeichen der Stadt) benannt ist.

Babdje' – anderer Name für die Stadt Gölbasi.

Beilan – alte Schreibweise für das heutige Belen.

Casino du Liban – ein zwanzig Kilometer nördlich von Beirut gelegenes bekanntes Spielcasino.

Dschazira – auch al-Dschazira (dt.: »Insel« oder »Halbinsel«) ist der alte arabische Name für das heutige Gebiet des Westirak und Nordostsyriens (also für den nördlichen Teil des Zweistromlandes Obermesopotamien).

Gozan – antiker Name: Guzana; im 2. Jh. v. Chr. gegründete Stadt am Tell Halaf, die zunächst aramäische Hauptstadt und später wichtiges Zentrum der Assyrer wurde.

Hedschas – Gebiet im heutigen westlichen Saudi-Arabien mit den Städten Mekka und Medina.

Islahia – üblicherweise meist Islahiye geschrieben. An der heutigen Grenze zu Syrien gelegene Stadt in der Türkei.

Karkemisch – (andere Schreibweisen: Karkemis, Karkamiš) ca. 100 km nördlich von Aleppo, am Westufer des Euphrat gelegene Stadt der Mitanni und Hethiter.

Maskanah – (auch Meskene gschrieben) rund 100 km südöstlich von Aleppo gelegene syrische Kleinstadt.

Meidereji-Pass – andere Schreibweise für Mdeirej-Pass.

Missis – alter türkischer bzw. armenischer Name für die in der heutigen Türkei gelegene antike Stadt Mopsuestia.

Mushabbak – frühbyzantinische Basilika im Verwaltungsbezirk von Aleppo.

Salibe – alte Bezeichnung für das heute unter dem Namen Dschudaide (andere Schreibweise: Judeida) bekannte christlich-armenische Viertel von Aleppo.

Sookolouk – alternative Schreibweise für den türkischen Ortsnamen Sogukoluk.

Tchork Marzemene – anderer Name für die südanatolische Stadt Kilis.

Zeytun – (auch Zeitoun geschrieben) das heutige, in der Türkei gelegene Süleymanli. Das kleine Dorf war 1895/96 Schauplatz grausamer Massaker an den Armeniern.

Personennamen

Abd al-Halig, Mustafa – (1881–1957), auch unter dem Namen Mustafa Abdülhalik Renda oder Mustafa Chalil geläufig.

Adib asch-Schischakli – (1909–1964), auch Adib Shishakli geschrieben; syrischer Militärführer und von 1953 bis 1954 Staatspräsident Syriens.

Andonian, Aram – (1875–1951), armenischer Schriftsteller, Historiker und Journalist.

Granville, Christine – (eigentlich Krystina Skarbek, 1908– 1952), gebürtige Polin, die während des Zweiten Weltkrieges für den britischen Geheimdienst arbeitete und gegen die Besetzung ihres Landes durch die Nationalsozialisten kämpfte.

Matthiae, Paolo – (geb. 1940), italienischer Archäologe und Professor für Kunstgeschichte und Archäologie des Vorderen Orients an der Universität La Sapienza in Rom.

Moortgat, Anton – (1897–1977), auf den Vorderen Orient spezialisierter deutscher Archäologe belgischer Herkunft.

Nazim Bey – (1870–1926) auch als Doktor Nazim bekannt; war einer der führenden Politiker der Jungtürken und maßgeblich am Völkermord an den Armeniern beteiligt.

Odian, Yerevant – (1869–1926), gilt als der einflussreichste armenische Satiriker der Geschichte. Weitere Schreibweisen: Jerevant Odjan; Yereva Hodlan.

Saadallah al-Dschabiri – (1891–1947), auch Sa'd Allah al-Dschabiri geschrieben; unter französischem Mandat Vorsitzender des Nationalen Blocks sowie zwischen 1943 und 1946 zweimalig Ministerpräsident der Syrischen Republik.

Schukri al-Quwatli – (1891–1967), Staatspräsident der Syrischen Republik von 1943 bis 1949 und von 1955 bis 1958.

Schukri Bey – (1882–1959), heute unter dem Namen Sükrü Kaya geläufiger osmanischer Beamter und türkischer Politiker, der maßgeblich am Völkermord an den Armeniern beteiligt war.

Serengüian, Vartkes Hovhannes (alias Gisak) – (1871–1915); armenischer Lehrer und politischer Aktivist, der, zusammen mit Krikor Zhorab, dem Völkermord an den Armeniern zum Opfer fiel.

Talaat Pascha – (1874–1921; eigentlich Mehmed Talaat Bey), auch Talât Pasha oder Pascha geschrieben, war Innenminister und Großwesir des Osmanischen Reiches und einer der führenden Köpfe der Jungtürken.

Tókatilian – dem Armenier Migirdiç Tókatlian gehörten in Konstantinopel bzw. dem späteren Istanbul zwei von ihm gegründete, sehr gefragte Luxushotels.

Vardapet, Komitas – (1869–1935), auch Gomidas Vartabed geschrieben. Bedeutender armenischer Komponist und Musiker, der als Begründer der klassischen Musik Armeniens gilt.

Zhorab, Krikor – (1861–1915); osmanisch-armenischer Jurist, Schriftsteller und Politiker, der sich öffentlich gegen die Armenien-Politik des Osmanischen Reiches stellte und von politischen Gegnern ermordet wurde.

Weiterführende Literatur und informative Links zu Armenien, zur armenischen Geschichte und dem Völkermord

Aram Andonian (Hg.) *The Memoirs of Naim Bey. Turkish Official Documents Relating to the Deportation and the Massacres of Armenians,* London 1920.

Hoffmann, Tessa, *Annäherung an Armenien. Geschichte und Gegenwart,* München 2006.

Kantian, Raffi (Hg.) *Armenien. Geschichte und Gegenwart in schwierigem Umfeld,* Frankfurt a. M. 1998.

Ramming-Leupold, Gisela, *Armenien, Land am Ararat. Geschichte, Religion und Tradition,* Halle (Saale) 2013.

Ternon, Yves, *Tabu Armenien. Geschichte eines Völkermordes,* Berlin 1981.

Vierbücher, Heinrich, *Was die kaiserliche Regierung den deutschen Untertanen verschwiegen hat. Armenien 1915. Die Abschlachtung eines Kulturvolkes durch die Türken,* Bremen 1987.

Werfel, Franz, *Die vierzig Tage des Musa Dagh,* Berlin 1933.

https://de.wikisource.org/wiki/Der_Todesgang_des_armenischen_Volkes/Erster_Teil/Erstes_Kapitel/Erster_Teil/Vierter_Abschnitt

Die italienische Originalausgabe erschien 2009 unter dem Titel
»I Baroni Di Aleppo« bei La Lepre Edizioni, Rom.

FSC
www.fsc.org
MIX
Papier aus verantwortungsvollen Quellen
FSC® C014889

Verlagsgruppe Random House FSC® N001967

1. Auflage
Deutsche Erstausgabe April 2018
btb Verlag in der Verlagsgruppe Random House GmbH,
Neumarkter Straße 28, 81673 München

Covergestaltung: semper smile, München
Covermotiv: © Michael Jenner/Alamy Stock Photo
Fotos Innenteil © Joseph Eid/AFP/Getty Images
Satz: Uhl + Massopust, Aalen
Druck und Einband: Friedrich Pustet, Regensburg
Printed in Germany
ISBN 978-3-442-75770-1

www.btb-verlag.de
www.facebook.com/btbverlag